アマルティア・センの世界

――経済学と開発研究の架橋――

絵所 秀紀
山崎 幸治 編著

晃洋書房

はしがき

　これまでのノーベル経済学賞受賞者の中で，アマルティア・センほど大きな社会的反響を呼び起こした事例は見当たらない．日本でも多くのマスコミがセンのノーベル経済学賞受賞を大きく報道し，彼の主要著作も次々と翻訳された．セン・ブームとでもいうべき現象である．
　このブーム，センが獲得したのはノーベル経済学賞ではなくノーベル平和賞ではないかと勘違いするほどのものであった．マスコミの受け取り方には，明らかにそう思わせるところがあった．朝日新聞紙上での大江健三郎との対談もそうであったが，それ以上になんとも表現のできない喜劇的な事例もあった．1つは，ノーベル賞受賞直後にケンブリッジ大学で行なわれたNHKのインタヴューである．インタヴューを行なったアナウンサーは，センの主張する「合理的な愚か者」の意味をわれわれが日常生活で使用する意味——すなわち，「なんでも合理的に考え処理してしまう人間は，他者への気遣いのない，あるいは人間の感情を理解できない愚か者である」という意味——で理解し，センに質問した．センは困った顔をして，「私は合理的な愚か者という言葉を，そういう意味で使ったわけではないのです」と答えていた．この事例は，インタヴューアーの単なる勉強不足の結果生じたものである．もう1つは，ノーベル経済学賞受賞直後に出版された *Development as Freedom* の邦語訳タイトルが，『自由と経済開発』[Sen 1999 d]とされたことである．この場合は，もちろん誤訳ではなく，意識的なタイトルの変更である．『自由としての開発』と原本どおりに翻訳したならば，日本語としておさまりが悪い，あるいは読者に意味がよく伝わらないとでも思ったのであろうか．しかし，そうしたことによって，従来所得の増加という観点から理解されてきた開発という概念に対するセンの批判的なスタンスが，残念ながら失われてしまった．この著作の中で，センは「異端として始まり，迷信として終わる．これが新しい真理のお決まりの運命だ」というT. H. ハックスレーの言葉を引用しているが[Sen 1999 d：邦訳125]，センがこの邦語訳タイトルを理解したならば，おそらく同じような思いにとられたことであろう．このように，セン・ブームはセンに対する誤解や身勝手な解釈を生み，昨今の反グローバリズムのセンティメントと重ね合わせられながら，

日本社会の中で受容されている印象がある．

　周知のように，センのノーベル経済学賞は厚生経済学と社会選択論の分野でのアカデミックな貢献に対して与えられたものである．その貢献を真正面から捉えて評価をしたものとして，鈴村興太郎・後藤玲子両氏の『アマルティア・セン――経済学と倫理学――』[鈴村=後藤 2001]がある．両氏の著作は，「福祉的自由に視点をすえた彼(セン)の新しい規範的経済学の精粋を読者に伝える」[鈴村=後藤 2001：281]ことを目的にしたものである．これに対し本書は，もう少し守備範囲を広げ，むしろセンの開発思想に焦点を当て，その議論の広がりと実践的な意義を念頭に置きながら，センの「経済学と開発研究」を紹介し評価することを目的にしたものである．センの主張がいわゆるエコノミストの枠を大きく越えて広がり，多くの誤解だけでなく，より多くの共感をもたらしているのも，彼の業績が厚生経済学と社会選択論の分野でのアカデミックな貢献にとどまっていないためである．とりわけ貧しい人々の生活に思いを馳せるセンの開発研究にとって，彼の業績は狭義でのアカデミックな分野にとどまり得ないものであった．本来，経済学は現実問題との緊張関係を保ち，実社会の問題の分析，原因究明と政策提言を目指した学問である．しかし分析方法が著しく洗練されるに伴い，論理的ではあるが抽象的にならざるを得ない数理モデルに基づく経済理論と，実社会の現状分析や具体的な政策提言との接点を求めることは，現在ではきわめて困難な課題となっている．しかしセンはその両方の世界，つまり「アカデミックで専門的な経済学の世界と政策やパンフレット制作者の世界とを楽々と股にかけた」[Basu 1999：42]のである．厚生経済学・社会選択論分野での理論的研究と発展途上国の貧困・開発問題の分析・政策提言という，2つの異なった分野を成功裡に結びつけた点に，「セン経済学(センコノミクス)」，すなわちメグナド・デサイの言う"SENsible economics"[Desai 1995：xiii]の魅力がある．

　本書は，こうした広がりをもったアマルティア・センの世界へと読者を誘う試みである．同時にセンの世界に向けてのわれわれ自身の旅の始まりでもある．困難に満ちた旅路であるが，読者と共に，最初の一歩を踏み出してみたい．

目　次

はしがき

序章　アマルティア・センへの招待 …………………… *1*
　　　　──基本概念を中心にして──
　はじめに　(*1*)
　1．基本概念　(*2*)
　2．自由の概念とその周辺　(*9*)
　3．政治経済学の基本概念　(*21*)
　おわりに　(*27*)

Column　人物評伝：アマルティア・センとその周辺　(*28*)

第Ⅰ部　センコノミクスの視座

第1章　センの市場経済論 ……………………………… *33*
　はじめに　(*33*)
　1．経済合理性と経済行動の動機付け　(*33*)
　2．市場の機能　(*42*)
　おわりに　(*50*)

第2章　アマルティア・センと社会選択論 …………… *51*
　はじめに　(*51*)
　1．アローの一般不可能性定理　(*52*)
　　　──社会厚生関数の構成不可能性──
　2．センの社会決定関数の可能性定理　(*60*)
　3．センのリベラル・パラドックスとその反響　(*62*)
　　　──権利論──

4．センのケイパビリティ・アプローチと分配的正義論　(75)
   おわりに　(81)

第3章　貧困・不平等研究におけるセンの貢献　……………83
   1．貧困研究　(83)
   2．不平等研究　(94)
   3．センの貧困・不平等問題へのアプローチから何を学ぶか　(100)
   Column　日本の貧困研究とアマルティア・セン　(103)

第Ⅱ部　セン開発研究の射程

第4章　センのインド経済論と開発思想　……………107
   はじめに　(107)
   1．経済発展と技術選択　(107)
   2．インド農業の制度的特徴　(113)
   3．エンタイトルメント論の展開　(118)
   4．飢えと公共政策　(124)
   　　　――ケイパビリティ論の射程――
   おわりに　(126)

第5章　インド社会・政治研究とセン　……………129
   　　　――民主主義と多元主義の擁護――
   1．インド政治とアマルティア・セン　(129)
   2．経済自由化論を超えて　(132)
   3．「公共活動」と民主主義　(137)
   4．多元社会におけるセキュラリズムの模索　(141)
   おわりに　(150)
   　　　――アイデンティティからグローバルな正義へ――
   Column　ベンガルの文人オモルト・シェーン　(152)

第6章　現代アフリカ研究とセン …………………154
——比較開発学のための試論——
はじめに（154）
1. 『貧困と飢饉』をめぐって（155）
2. 飢饉, エンタイトルメント, ケイパビリティ（160）
3. 地域比較の手法（165）
おわりに（171）

第7章　センとジェンダー：構築的普遍主義へ …………………176
はじめに（176）
1. フェミニスト経済学とジェンダー（177）
2. 共通の課題（180）
3. セン for ジェンダー（185）
4. ジェンダー for セン（187）

第8章　人間開発指数とセンの経済思想 …………………193
——指ではなく月を観る指標——
1. 指標と観月（193）
2. 貧困と開発思想（198）
3. 社会経済指標の研究方法（202）
4. 新しい社会経済指標の試み（205）

あとがき（209）
参考文献（211）
人名索引（235）
事項索引（238）

序章

アマルティア・センへの招待
―― 基本概念を中心にして ――

はじめに

　本章ではアマルティア・センの思想の基本概念を解説し，センの思想を学びたい人へのガイドを与えてみたい．

　センの考え方をわかるようになりたい，と思っている人はずいぶんいると思う．しかしセンの本を覗いてみると，始めのうちは独特な言葉や概念に出会ってなかなか読み進められないものである．筆者自身，センの思想に憧れて，彼の書いたものならなんでも読んだ．それでも，堅い学術的な表現を通じてセンが伝えたいと思っているメッセージがなんとなく感じられるようになったのは，センの著作に出会ってから10年近くすぎてからであった．

　そういうわけで，素人から出発した筆者がセンの思想を読んでいく中でつくってきたノートをまとめると，初心者がセンの思想に親しむ手がかりが得られるように思われた．センの思想は経済学，哲学と倫理学から歴史や文学，古典などを素材にしているので，広範な分野に知識のない人は，センの著作を一人で読み進むことは難しいかもしれない．そこで，センの議論の背景も示して，センがなぜこのような概念を使うのかを解説することにしたい．

　開発途上国の雇用問題を論じた書物の最後でセンは，雇用政策は政府だけが関心を持つことがらではなく，市民もまた雇用政策に関する書物を読み，考えることが大切なのだ，と述べている[Sen 1975b：109-14]．このようなセン自身の言葉にもあるように，センの思想を必要としているのは，研究者だけではなく，一般の市民であるはずである．センの言葉を使いながら，市民が自分の問題を，それまでとは違った視点から考えることができた時，はじめて「センの思想がわかった」ということになるのだと思う．

　本章では参照するとよい文献を紹介しながら，(1)日本語と原語，その定義・

意味の説明，(2)思想的背景（どのような文脈の中で出てきた概念なのか，類似概念との違い），(3)セン自身の研究における位置付けなどを解説することにしたい．読者はどの項目から読んでいただいてもかまわない．

1．基本概念

ファンクショニング（機能，functionings）

　ひとが生きていることを実感できるのは，日常の生活や社会活動を十分に行っている時の方が多い．そうすると，福祉を見るときには所得や余暇というよりは，実際の人の状況を詳しく見た方がよい．しかし，日本語の「福祉」や「幸福」といった言葉はひとの具体的な活動から離れた抽象的なものになりがちである．センは「福祉」を考える時には，社会状態の制約の中でひとが財貨などを使って実現できる活動やあり方に焦点を当てていくことを強調する．このように，センの言葉では「ひとがなしえること，あるいはなりうるもの」[Sen 1985 b：邦訳2]のことを，センはファンクシニング（機能）という言葉で表現する．

　ひとは財や所得（資源）を使って生活上の必要を充たし，健康を維持し，その結果，歓びや失望を経験する．だからひとの生活の良さを評価するには，このような人の生活過程全般をきめ細かく見なければならない．ところが経済学による生活評価は，ひとの持っている財や所得（資源）の程度（富裕）を基準にするものと，本人の主観的な幸福感に注目するものとにわかれてしまっている．しかし，幸福であるとか，欲望を持つということは主観的な特性であって，ひとが現実にどのように暮らしているか（どれだけ長生きできるか，病気にかかっているか，コミュニティの生活にどの程度参加できるか，など）を無視したり，それとかけ離れたものになってしまうこともある．また幸福感というのは感情に関わるものだが，一回しかない人生をどのようにおくるかという重大な問題の評価に，周りの状況や時代環境に左右されて移ろいやすい感情を基礎にしようというのは，望ましいことではない [Sen 1985 b：邦訳4－5,「日本語版への新しいてびき」参照]．もともと不遇の生活に追い込まれてきた人は自分の生き方について希望を持つこともなくなって，現状に対してあえて不満を述べないかもしれない．もし主観的な不幸の感情がないということだけを取り上げて，恵まれない境遇に追い込まれたひとを助けることをしないならば，社会改良という社会科学の志と反

することになる．それではひとの境遇を客観的に評価することは，その人の豊かさを見るのがよい，という考え方も間違っている．ひとの所得が向上して自転車を買えるようになれば，それは健康体の持ち主であれ障害者であれ，ひとの移動の自由を広げるだろう．しかし体に障害があれば自転車を自由に乗り回すことも難しいかもしれない [Sen 1985 b：邦訳 22]．移動の自由を広げることを必要としているのは障害のあるひとなのである．そのひとたちにこそ，移動の自由を実現できるように，障害のあるひとも利用しやすい公共交通機関が提供されなければならない．そして，この問題を社会の問題として取り上げる公共の場が必要になるだろう．このときの「移動できる」などというひとの活動可能性をセンはファンクショニングといっている．

　センの自身の言葉を見てみると，「ひとの福祉について理解するには，われわれは明らかにひとの『機能』にまで，すなわち彼／彼女の所有する財とその特性を用いてひとはなにをなしうるかにまで考察を及ぼさねばならないのである．（中略——引用者）機能とは，ひとが成就しうること——彼／彼女が行いうること，なりうること——である」[Sen 1985 b：邦訳 22]．

　個人が実際に何ができるかは，その人の利用できる財・サービス（住宅や衣服，交通機関などで，ベクトルの形で表現できる）と，それを利用するパターン（利用関数）の両方によって決まる．たとえばパンという財は栄養素を与えるという特性を持っている．しかしパンを買って友達と会食するとか，社交的な会合をするなどという特性も持っている．パンが持つ様々な特性を引き出してひとの活動に実現できるかは，その人のパンの利用パターンに依存する[Sen 1985 b：邦訳 41-42]．センは「それは，ひとの『状況』の一部を反映するものであって，これらの機能を実現するために利用される財とは区別されなくてはならない．機能はまた，機能が生み出す幸福とも区別されなくてはならない．このように，財と特性は機能に先立ち，効用は重要な意味で機能の後にくるのである」[Sen 1985 b：邦訳 22]と述べている．おおまかに図式化すると，以下のようになる．

　　財（パン）→利用関数（食べる）→ファンクショニング（栄養をとる）
　　財（パン）→利用関数（友達と会食する）→ファンクショニング（友人と語り合う）

　ここで，財（または財ベクトル）も利用関数も，個人の特性（体のサイズや活動水準など）や状況（家族や社会でのその人の立場など）によって違ってくる．財の特性と，

それを使ってひとができることとの間には人の能力や状況が介在している．

☞ more !

「私の主張は，ひとの福祉とはひとの機能の指標に他ならないと考えるのが最も適切であるというものである」[Sen 1985 b : 邦訳 41]とまで述べているくらい，ファンクショニングはセンの思想にとって欠かすことのできないものだが，セン自身は，このような思想の源流をアリストテレスに見ている[Sen 1999 d : 75]．ひとが基本的なニーズを充足していくことに固有の価値を認めていることが，アリストテレス，アダム・スミスやマルクスにセンが共感する所以なのであろう [Sen 1989 a : 770-72]．また Dasgupta [1990 : 18] は開発経済学でもよく出てくるベイシック・ヒューマン・ニーズやセンの概念と，アリストテレス的な思想が似ていることを詳しく解説している．意欲のある人はこれらの文献や Sen [1993 c : 42-44]，および川本 [1995 : 88] も読んでみて，センの思想に親しんでほしい．

ケイパビリティ（潜在能力，capability）

センの「ケイパビリティ」（潜在能力 capability）は，ひとが自分のしたいことができる能力を表現したものである．ケイパビリティはひとがどのようなファンクショニング（「ファンクショニング」の項参照）を実現できるか，その選択肢の広がりを示すことによって実質的な自由を表現しようとする概念である．それは資源や財，機会を福祉に変換する能力でもある．

センは，自分の立場は生活水準の焦点の置き場所として正しいものは，物財でもなく，特性でもなく，ましてや効用でもなく，ひとの能力とでも呼べるようなものだと主張したい，と述べている．この対比は自転車の例解で示すと，自転車は運搬という特性を持っているが，これを使うとひとは，移動できるという能力を持つことができる．この時に，もし本人が移動ということに歓びを感じれば，そこに効用が生まれる．このように考えると，財から特性，ファンクショニングを実現するための能力を通じて効用へと至る一連の連関が生まれる．生活水準の評価で一番よいのは，この能力の部分であろう，とセンは考える（以上の点は Sen [1983 c : 160] 参照）．

ファンクショニングの項で示したように，個人が実際に実現できる機能は財の利用パターンを反映する利用関数と財ベクトルの選択に依存する．洗濯機を所有している人が洗濯機の操作方法を知らなければ，「洗濯する」という洗濯機

の特性は実現出来ないことになる（朝日［1992：304-6］の例）．人が持つ利用関数の集合（F_i）の中からある利用関数f_iが取り出され，ひとが利用できる財貨の集合（「エンタイトルメント」の項参照）X_iの中からある財ベクトルx_iがひとに利用できるとする（たとえば（パン1枚，牛乳1本）というのが財ベクトルの例）．ひとは財の特性（たとえば「タンパク質を供給する」）を引き出すが，それは特性関数$c_i(x_i)$として表現できる．

ひとは財の持つ特性（$c_i(x_i)$「ものを運ぶ」，「暖める」など）と，それを利用する活動（利用関数f_iで示されるが「自転車を乗り回す」など）を組み合わせることで，ファンクショニング（例えば「移動する」）を実現し，生活していくことになるが，このファンクショニング（b_i）は，$b_i = f_i(c_i(x_i))$と表現できることになる．利用関数も財ベクトルも限定された範囲（条件の下）ではひとは，ある程度の選択はできる．このような限定された諸条件の下で，ひとが選択できるファンクショニング（機能）ベクトルの全体（集合）が，その人のケイパビリティである．ケイパビリティは，財の特性をファンクショニングに変換する個人的特徴F_iと，財に対する支配権X_iに条件づけられたものである［Sen 1985 b：邦訳25-26］．

読者にとって一番知りたいのは，ケイパビリティに注目すると，今までの社会保障や地域開発などがどのように違って見えるか，ということだろう．これについては鈴村［1998］，作間［1998］，朝日［1992］などのまとめがわかりやすい．ケイパビリティの決定要因のうちで，ひとが選択できる要因と選択できない要因を区別することが重要である［Sen 1985 b：邦訳42-43］．そして，ひとの選択できる範囲を広げることが開発や社会政策の重要な課題になるのである．経済学では政府の役割の一つとして公共財の提供が挙げられることが多い．これは料金を払うかどうかに関わりなく一括して提供するしかないもの（非排除性），多くの人がつかっても競合しないもの（非競合性）とされていて，この条件を満たす財は非常に狭い範囲でしかない［作間 1998：14-21］．しかし実際に人が地域開発などによってどのくらい充実した生活をできるかということが政府の役目であるならば，経済学の公共財の条件をいくらか満たしそうな施設をつくっただけでは不十分である．施設のもっている特性を実現していくのはその土地に生活する人の能力にかかっているからである．次に朝日［1992：304-6］の例を紹介すると，臨海埋め立て工事に関する情報は「新しいビジネスチャンスの拡大」，「所用時間の短縮」「地域の安全性の高まり」などの特性を持っている．

しかし情報の特性の一つである「新しいビジネスチャンスの拡大」が実現するには，個人の蓄積したノウハウ，経験，能力が重要なのである．情報技術の革新が人の生活の改善に結実するかどうかも，個人の能力と条件にかかっている．このようにして朝日 [1992：304-6] が指摘しているように，ケイパビリティ理論は財・サービスに拘って，本質を見失わないように警告を発しているということになる．

☞ more !

「ケイパビリティ」の訳語には，「潜在能力」のほかに，「能力」[塩野谷 1984：384, 441, 444-45]，「活動能力」[長谷川 2001：119-22] などがあり，それぞれ工夫や苦心の跡が見られる訳語である．なお，川本[1995]によるとヌスバウムはセンの capability を，アリストテレスの「ディナミス」(「可能態」，「能力」などの訳語あり) を現代語に置き換えた用語と解しているとのことである [川本 1995：89]．

「ケイパビリティ」の概念は，人的資本 (human capital)，権利 (rights)（「権利」の項参照）などと重なるところがある．人的資本は経済の生産に役立ち，その結果生まれる所得がひとに利用されて，間接的にひとの福利を改善する側面からひとの能力を見たものである．これに対してケイパビリティは，経済活動に役立つかには関係なく，ひとの福祉を改善するひとの生活能力も視野に入れた広い視点 (in a broader perspective) から，ひとの能力を見たものである [Sen 1999 d：296]．ひとの能力を十分に理解するには，人的資本とケイパビリティは，共に重要な概念である[Sen 1997 d；Sen 1990 b；Sen 1999 d：292-97]．センがケイパビリティの視点から雇用問題や失業問題に触れているが (Sen [1996 a] [2000 b] および Sen [1999 d：94-96] など)，働く機会が得られるということも，人的資本の視点（生活の糧を得るため）だけでなく，ケイパビリティの視点から，人の社会活動を支える基礎として考察しなければならない．この点について作間 [1998：14-21] は失業や能力主義の浸透によって，人間らしい職場環境が損なわれつつあることをケイパビリティの視点から警告を発している．

何が基礎的なケイパビリティなのかは，社会の文化的条件や発展水準によって違うのではないか，という疑問も出てくるだろう．センは，ファンクショニングを実現するために必要な財貨 (commodities) はいろいろな社会の間で違っているかもしれないが，これらの財貨を使う能力にはそれほど違いはないはずだ，と考える [Sen 1993 c：47]．このように，より本質的なレベルにおいて偏差が小さいということに注目する立場は，アリストテレスが「価値（徳）は相対的なものなのではないこと (non-relative virtue)」と考えていたことと関連する．だからと言って，それがただ 1 つのものに決められる (uniqueness) とまで主張するのは行き過ぎである，とセンは考えている[Sen 1993 c：46-47]．これらの問題を開発援助研究の文脈で捉えたものとして，佐藤仁 [1997] は是非参照してほしい論文である．

貧困 (poverty)

　貧困の概念には，ひとが生活する社会の生活様式，文化的条件，発展水準を重視した相対的な視点と，どのような社会に生きようと必要な基礎的な生活条件に注目する絶対的な視点がある．セン［1983c］は，どのような社会であっても問題にしなければならない貧困 (an irreducible absolutist core in the idea of poverty [Sen 1983c : 159 ; Subramanian 1997 : 166]) というものがあると考えて，絶対的視点を重視している．センによると，ひとには生きていくために絶対に必要なこと（例えば「十分は栄養を得ているか」，「移動したい場所に移動できる」，「病気にかからないでいられる」など）があり，その必要を充たす能力を実現する条件は社会における個人の相対的な位置や社会全体の条件に依存するかもしれないとしても，ひとである限り何らかの形で絶対に保障されなければならないことがあると考える［Sen 1983c : 158-59 ; Subramanian 1997 : 166-67］．したがって，ひとの生死に関わる事項や基本的な生活条件の整備は，個別社会が好きにやってよい，ということには必ずしもならないことになる．なお，正義や価値の相対主義の考え方をわかりやすく解説したものとして加藤［1997 : 223-27］はわかりやすい解説をしてあり，ここでも参考にした．

　またセンは貧困を所得だけに焦点をおいて分析することには批判的であり，基本的なケイパビリティ（「ケイパビリティ」の項参照）が与えられていない状況として貧困を見ようとする．なぜならば，個人個人の違い，生活環境の違い，社会状態の違い，消費慣習の違いなどによって，所得を生きるための能力に変換する度合いに差が出てしまうからである．センは「財の特性を機能の実現へと移す変換は，個人的・社会的なさまざまな要因に依存する」［Sen 1985b : 邦訳42］と述べている．ケイパビリティの欠落として貧困を見る視点は，たとえばSen［1999d : 87-110］が比較的わかりやすい．

不平等 (Inequality)

　ひとは価値観，能力など，あらゆる次元で様々である．このような人間の多様性を尊重することは，平等への要求と矛盾してしまうのだろうか．センはそうは考えない．反対に，多様であるからこそ，何かの次元で平等な扱いをうけることを求めざるを得ないのだ，とセンは主張する．人間の多様性の故に求められる平等論を示そうとしているのが，センの思想のおもしろいところだろう．

ひとの多様な生き方を実現するためにひとの自由があるのだが,自由な社会を主張するひとは,公共の討論の場で特定のひとにだけ自由を認めるということはできないので,自由の平等は受け入れることになる.したがって,自由と平等は矛盾することにはならない.個人の自由と機会を重視する自由主義者から,結果としての福祉の平等を重視する社会主義者に至るまで,何らかの平等を尊重することは共通するとセンは考える.セン自身は自由の平等を重視するのだが,自由の平等といっても,どのような自由を考えるかが問題になる(「自由」の項参照).センは自由を福祉的自由,すなわちケイパビリティで捉える.センは,不平等を論じるには,ひとの境遇が他人と比較してどのくらい恵まれているかどうか(センの言葉では「優位性」(advantage).Sen [1985 b:邦訳 15],「福祉,優位性」の項参照)の評価が必要になるが,この評価はひとの生きるプロセスの1つである機会や所得(あるいは結果)だけを見るだけでは不十分であって,より総合的なひとの生きるための能力,すなわちケイパビリティに注目することが必要だと考えている [Sen 1992 b;Sen 1999 d].

　平等への要求は,何か特定の次元で平等を求めることに成らざるを得ないから,それが他の次元での平等とは対立する可能性は残る.たとえば,働きに拘わらず生活の必要を満足できるように所得を分配すれば努力や能力に対する報酬という側面では,ひとを不平等に扱うことになる.この時に,どの次元での平等を一番大切だと考えるかは,社会全体でよく考える必要がある.

☞ more！

　　消極的自由(「自由」の項参照)だけを重視する自由至上主義によると,所得や雇用機会など(機会や資源)について特定の分配パターンが社会的に望ましいとすると,実際の分配が望ましいパターンから乖離する度に政府が政策介入をしなければならなくなり,市民的自由や経済の効率性に与える損害が累積してしまうと考えられる.このために自由至上主義者は所有権や財産権などの保障以外には政府介入は認めないので,それが実際にひとびとのくらしにいかなる帰結をもたらしたか,を十分に考えない[Nozick:1974].しかし自由を尊重するとしても,資源に限りがある社会では人々の協力が生産や開発の基盤なのだから,極端な格差を是正することが自由社会でも必要だと考えることができる.この立場によると,社会活動に参加する基本的な財・機会の平等のために社会保障が正統化されることになる[Rawls 1967；Rawls 1968；Rawls 1971；Rawls 1993].このような平等論を発展させたものがセンの平等論であり,その内容はSen [1980 a] [1992 b] [1999 d] などで詳しく論じられている.しかしセンは,他の平等論が持っている道徳的価値を否定しているわけではなく,「道徳的な善さの中で平等

という理念に結びつけられた一部分に対してのみ適用される局部的な指針，それが基本的潜在能力の平等である．局部的であるけれども，それが他の平等論にない長所を有していること，それが私のいいたかった点である」と限定を加えている［Sen 1980a：邦訳256］．また Roemer［1996］はこれまでの平等理論に関する包括的な研究書であり，内容はかなり難しいが，一読の価値がある．世代間公正の問題は Anand and Sen［2000］を参照するとよい．また池本［2000］はタイの地域間格差，所得格差をケイパビリティの視点から分析したものであり，開発問題への具体的な応用の試みとして参照される価値がある．

2. 自由の概念とその周辺

コミットメント (Commitment)

　自分の正義感に照らして不正なことに抗議することは私たちの生活にもある．たとえそれが自分の生活に直接関わらなくとも，また時には自分の利益を損なうとしても，である．大規模な選挙の場合，自分が投票してもしなくても，結果にはあまり影響ないかもしれないし，投票するにはそれなりのコストと時間がかかる．しかし，それでもひとが投票にいくのは，自分の政治的信条を，投票によって公式の記録に残したいなどの動機があるからであろう（Sen［1977b：邦訳142-43］の例による）．このように，自分の福祉が下がることを知った上で，あえて自分が価値を認める行動を選択することをコミットメントと呼ぶ．自分から進んであと戻り出来ないような状況に自分を追い込むことはよくあるが，センの場合には正義感から自分の行動をしばる，という点に特徴がある．またセンのコミットメントは共感(Sympathy)とも違う．他人が虐待を受けている事実を知って心を痛めることは共感である．心は痛まないが虐待は間違っていると考えて，それを是正するような何らかの行動をとることはコミットメントである．共感に発する行動は他人の状態を見て自分の効用が変化することから起こるので利己的な行動といえる（経済学では「外部性」といわれる場合である）．これに対してコミットメントにもとづく行動は自分より低い効用しかもたらさないと分かっている選択もあえて行うところに特色がある（ここでの説明は朝日［1992：119］による）．つまり，コミットメントは「選好に逆らう選択」（反-選好的選択 (counterpreferencial choice) を含んでいるのである［川本 1995：81-82］．

　共感はある意味では分析しやすい概念である．というのは，共感が異なる個

人の厚生相互の関連を見ているのに対して，コミットメントはひとがある時点で行う選択を，その結果として予期できるそのひと自身の厚生水準に結びつける概念だからである．コミットメントの場合には，自分の選択がもたらす厚生の予期されたレベルが比較されていることが重要であって，単に結果を予測しそこなったことによって自己利益に反する結果になったとしても，それはコミットメントには含まれない [Sen 1977b：邦訳134]．

☞ more！

　　コミットメントの考え方は，日本人には馴染みがないかもしれない．樋口 [1989：46-48]が指摘しているように，日本では建前や原則によって権力をしばるという考え方は好まれず，そのため「原則をコトバではっきりと表明し，そうした建前によって自分自身をもしばるというルール」は定着しなかったようである（この点については川本 [1995：236-37]の指摘に基づいている）．

　　センがコミットメントの概念を重視する1つの理由は，ひとの選択の背後にある様々な動機や要因を視野に入れるためである．というのは，伝統的な経済理論の大半は個人的選択と個人的厚生を同一視することの上に築かれてきたのに対して，コミットメントの特性は，それが個人的な選択と個人的な厚生との間にくさびを打ち込むという事実にあるからである [Sen 1977b：邦訳138]．センはひとの選択とそのひとの効用（あるいは厚生）を直結させて考えることはしないので，センの立場では功利主義（「帰結主義，功利主義」の項参照）で捉えられないひとの様々な側面を考えることもできる．というのは，功利主義は人々が効用をできるだけ大きくできるように社会の仕組みを整備することを要請しているが，人々の自由を尊重するということは，過ちを犯す自由をも人々に許容することを意味するからである [Sen 1990b：邦訳75]．

　　また自由な人間は自分の行為に対しての責任を引き受けることが不可欠である．しかし責任を問われる存在であるためには，まず基本的な自由と，それを支える物質的基盤がなければならない．社会の構成員全員にこのような自由の条件を約束することが社会の追うべき責任（社会的コミットメント (social commitment) [Sen 1999d：282-98；Sen 1990b]）なのだ，とセンは考えている．

　　しかし，センはコミットメントに基づく行動が常に倫理的に望ましいと考えているわけではない．ひとに影響を与えるコミットメントは，たとえば非常に視野の狭い党派性の強い目的から生じていることもある．たとえば特定の政治思想や宗教的信条を尊重するあまり，自分や他人の人生を台無しにしてしまうこと（たとえば特定の民族に対する殺害行為まで起こる場合もあるだろう）もあるからである [Sen 2001a：59]．

エージェンシー（行為主体性，agency）

　ひとが責任ある個人として自由で主体的に活動できる存在であること，社会

に対する働きかけが出来る存在であること (individual initiatives and social effectiveness [Sen 1999 d : 18-19]) をセンは「エージェンシー」という言葉で表現している．この時に，ひとが追求するのは，自分の福祉だけとは限らない．

経済学では人間は自分の福祉を最大化すると想定されることが多い．しかし，実際には，ひとは他人や地域社会の願いなどを自分の課題として引き受けていくことを主体的に選ぶこともある．自分の福利だけにとらわれないで，主体的に行動するところにこそ，自由な人間の特徴がある．このように，人が自分の福祉に直接関わりのない事柄（例えば理念や信念，あるいは本人以外の主体の福祉の向上など）も大切だと考えて，その実現を求めることもある，という視点から責任ある自由な人間の在り方を捉えようとした概念が「エージェンシー」である(Sen [1985 a : 203-4]，なお後藤 [2000 a : 47] 及び鈴村・後藤 [2001 : 222-25] も参照されたい）．

ひとが生きたいと願う生き方が他者から見て客観的に見て人間として相応しい生き方であるとは限らない．しかし，あるひとの人生が生きるに値するかという総合的評価は，このような本人の価値観を抜きにしてはできない．エージェンシーは，ひとが自分の主観的な価値観をどの程度実現できるか，という点に注目して，ひとの自由の程度を考えたものである [Sen 1987 a : 43-44]．また，ひとが望んだ目的は自分が直接関わらなくても，他者によって実現されることもあるから，目標実現のプロセスには関心を寄せないで実現した結果（帰結）だけが重要な場合と，その実現の過程でその人自身の果たした役割に注目する場合がある [Sen 1992 b : 邦訳 86-88]．

エージェンシーとしての人間が求める目的には，その人自身の福祉も含まれる．したがって，センも述べているように「エージェンシーというひとの側面は，福祉 (Well-Being) の側面よりは，もっと広い範囲のひとのあり方をみたものであって，その中には様々なことが達成されることに価値を見いだすこと，またそれらを自分の目的にして実現させていくことへの能力も含んでいる」ということになる [Sen 1987 a : 59]．エージェンシーという点から見た自由と福祉の対抗を見るケースとして，センの挙げている次のような例をみてみよう．犯罪現場に居合わせたひとが，その犯罪を防ごうとして負傷すれば，そのひとの福祉の水準は低下するが，その人は主体的に自由に行動したのだ，ということはできる [Sen 1992 b : 邦訳 90-91]．しかし「エージェンシー」に注目するだけで

は十分な倫理的判断はできない。第1に，どんなに妥協を重ねたとしても，ひとは複数のことに関心を持つのが普通であり，時には深刻なディレンマに陥ることもある。第2に，多様な営みをしている人々の生き方を比較する時には，福祉とエージェンシーという見方は違った役割を果たすことに注意する必要がある。ある人が自分の福祉を犠牲にしてまでも，ある目標を追求している場合，主体的な人間（エージェンシー）としてその人が活動しているのは理解できるとしても，その人の周囲の人や社会がその人の福祉は無視してよいということにはならないのである［Sen 1992 b：邦訳102-6］。

☞ more！

センによれば，人間は，政策の受益者（beneficiary）であるだけでなく，「自分の生き方はこれでよいのだろうか」と悩む「審判者（judge）」でもあり，また自分が大事だと想うことを自分で実現する「行為者（doer）」でもある［Sen 1985 a：208］。このように，ひとは実に様々な側面を持っているのであるから，ひとの生き方を評価するには，生活水準という側面と，「主体的に行動できるかどうか」という側面の両方から行われなければならない。エージェンシーは，評価の対象になっている当事者の主体性を捉える概念である。福祉評価の基礎になってきた厚生経済学は，社会の望ましさを個人の効用だけの関数と考えて，効用以外の情報を排除するという考え方（効用主義（Welfarism），「帰結主義，功利主義」の項参照）をしている［Sen 1980 a：邦訳169-72］。しかし，センはこのような立場には2つの点で問題があると考える。第1に，ひとが自分の人生を立派に成し遂げたといえるには，そのひと自身の生活水準が十分か，ということだけではない。自分の生活とは直接関わりのない社会（たとえば開発途上国の人々）や他人のことが，本人にとって非常に重要な人生の目標であることもあるからである。第2には，ひとの生き方が良好であるという判断は，本人の効用だけで判断されるのではなく，もっと別な指標を使って判断することも必要である。したがって，センはひとの生き方を倫理の観点から評価する時には，ひとが自分の目標，コミットメント，あるいは自分にとって価値ある目的を実現できる能力を持っているという「エージェンシー」の視点と，その人が実際に良好な生き方をしているか（Well-Being）という視点が組み合わされる必要があると考えている［Sen 1987 a：40-41］。

ひとの自由に注目するセンの立場は *Development as Freedom*［Sen 1999 d］に集大成されている。そこではひとは施策の恩恵を受ける立場（patient）ではなく，自己の尊厳を形作り，互いに助け合える存在，すなわちエージェントととらえられている［Sen 1999 d：11］。

ひとの生き方の質を評価するために，エージェンシー（あるいは主体性）概念がどのように使われているかを見るには，たとえば Sen［1990 a］および Drèze and Sen［1995］の第7章「ジェンダーの不平等と女性の主体性」（Chapter 7 Gender Inequality and Women's Agency），Sen［1999 d：190-203］の部分を見るとよい。女性が主体的に活動

できることは，社会にとって望ましい効果を持つが，それは女性自身の福祉を促進することと共通する部分を持っている [Sen 1999 d : 190]．特に女性のニーズや権利要求を軽視する認識のバイアス (the pervasive perception basis) が定着している社会では，女性を単に施しを受ける人 (patient) と考えるのではなく，政治的な領域でも主体的に活動できること (the political agency of women) が重要なのである [Sen 1990 a : 148-49]．女性が十分に納得できる生き方 (Well-Being) をしていくためには自分の状況を認識 (perception) し，主体的に行動できること (agency) が必要なのである．このための手段の中には，家庭内で女性に発言力 (voice) と主体的な能力 (agency) を促進すること，女性の教育や労働力参加，財産所有権，政治活動などが含まれる[Drèze and Sen 1995 : 159-61, 194]．

自由 (Freedom)

セン [Sen 1989 a : 770-71] によると，自由の概念には

(1)消極的自由と積極的自由
(2)固有の価値を持つ自由と手段としての自由

という分類ができる．

「消極的自由と積極的自由」という分け方はアイザイア・バーリン (Isaiah Berlin) [Berlin 1969] によるものである．消極的自由は主体が他人からの干渉を受けることなく自分のしたいことをし，ありたいものであることを放任されていることである[Berlin 1969 : 邦訳303]．これに対して積極的自由は自分自身の主人でありたいという個人の側の願望からくるものであり，みずから決定し，自分で方向を与える行為者でありたいという願いからくるものである [Berlin 1969 : 邦訳319]．消極的自由は「自分の領域を侵犯されない自由」と言えるから，人々の間の関係に焦点を置いたものである [Dasgupta 1990 : 16-20]．

積極的自由は，「実際にひとが自分の望むことをどのくらいできるか」，「まともな生活ができるという自由」(the freedom that people enjoy to lead a decent life, Sen [1989 a : 769] の言葉) である．飢えから自由であるには食物が得られなければならない．失業から自由であるには，まともな仕事への機会，あるいは「まともな仕事への自由」(freedom for decent work, UNDP [2000 : 1] の言葉) が得られなければならない．したがって，積極的自由は，個人に様々な資源がどのくらい利用できるかを示すもの，個人の多様な自由が可能になる条件を問うこと

になる（間宮 [1989：81]，Dasgupta [1990：16-20] 参照）．

次に自由であることそれ自体が大切だというのが「固有価値としての自由」である．これに対して，「ひとが自由でありたいのは，それで何かができるからである」という「手段としての自由」の見方もある．手段としての自由は経済学には馴染みやすい．所得や時間が多ければそれだけ選択する範囲が広くなり，高い満足が得られるからである（ミクロ経済学の消費者理論で予算集合が拡大する場合など）．また，営業の自由が保障されれば，人々に経済的インセンティブを与えることになり，生産が拡大することもある[Sen 1989 a：778]．しかし，ひとはたとえ貧しくとも，政治的自由がほしいとか，言論や表現の自由がほしいと思うだろう．その場合には，言論や表現の自由には，経済的な利得とは別個の固有の価値を持っていることになる．

「消極的自由と積極的自由」，「固有価値としての自由と手段としての自由」という次元は独立した分類軸なので，自由には4つの分類ができる．すなわち，

　　消極的自由に固有の価値を求める人
　　消極的自由に手段としての価値を求める人
　　積極的自由に固有の価値を求める人
　　積極的自由に手段としての価値を求める人

経済自由化を強調する人は消極的自由（政府介入の廃止）を経済効率改善の手段と考える．これに対して，ベイシック・ニーズを開発の目標として重視する人は，積極的自由（人が基本的な生活の必要を満たしていくこと）それ自体に価値を認めていることになる [Sen 1989 a：771-772]．ところで「手段としての自由」といっても，何の実現のための手段かを考えないと具体的な自由論にはならない．というのは「エージェンシー」の項でも見たように，ひとが目的にするのは自分の利益（福利）であることもあるし，また自分の利益にならないことを追求することもあるからである．このような側面に注目して出てきたのが「エージェンシーとしての自由（agency freedom）」と，「福祉的自由（well-being freedom）」である．「エージェンシーとしての自由」とは，本人の目的を実現するための自由である（「行為主体的自由（agency freedom）」，後藤 [2000 a：47] 鈴村・後藤 [2001：222-25] などを参照）である．福祉的自由とは，その人の福祉を改善する上での自由である．

センの主張したいことは，自由の持つ様々な側面の意味を十分に理解し，それらの相互連関を重視することである．どれか特定の自由だけを取りだして，政治体制や経済体制を評価するのは間違っている．たとえば，他人に自分の生命や健康を奪わないように求める消極的自由を尊重するならば，実際に生命の危険にさらされた時に他人に助けを求めることができるという積極的自由も尊重しなければならない．言論や表現の自由はひとにとって固有の価値を持っているが，言論の自由によって政府の政策を批判する自由があるならば，誤った政策や権力による人権侵害などを未然に防止するという手段としての価値も発揮できるであろう．川本[1995：150]が指摘しているように，自由を個人が選択過程において統制を行使したかというプロセスの視点だけから判断し，自由を行使した結果(帰結)に無関心であることは，社会生活の相互依存性という文脈においては，自由の価値を正しく評価することにはならない．様々な自由が衝突したり，ある人の自由の実現と他者のそれとが相互に支え合っている事態が正しく把握できないからである．

☞ more !
　　センは実質的な自由の概念を深めていく中からケイパビリティに注目する見方を形成していったと考えられる．Anand and Ravallion [1993：134, footnote 3]は，社会選択論を研究してきたセンの思索の中に，後のセイパビリティや自由に関するセンの思想の原点を見ることができると指摘している．セン自身も「潜在能力（capability）とは，第1に価値ある機能を達成する自由を反映したものである．それは，自由を達成するための手段ではなく，自由そのものに直接注目する．それはわれわれが持っている真の選択肢を明らかにする．この意味において，潜在能力は実質的な自由を反映したものであると言える」[Sen 1992 b：邦訳 70]と述べている．また論文「市場と自由」[Sen 1993 e]では，市場の役割を，固有価値としての自由と手段としての自由という2つの側面から見直そうとする（論文の中では「機会」と「プロセス」という概念になっている）．そのほかに，センの社会選択論に関する研究(Sen[1970 a] [1972 a] [1999 b]，佐伯[1980]など）や，Berlin [1969] や Mill [1859] という自由論の古典へとすすむと，センの自由論の特徴を理解するのに役立つだろう．

エンタイトルメント （entitlements, 権原）

　エンタイトルメントとは，社会や他人から与えられた権利(財産所有権や社会保障の受給権など)や機会を使って，ある個人が自由に使える財貨の様々な組み合せのことである．実際に何が人々の間で所有され，交換されるかは，このエンタ

イトルメントのあり方によって決まる．たとえば賃金労働者の場合には，自分の労働と引き替えに最大限どのくらいの財貨が得られるかがそのひとのエンタイトルメントを決めることになる．

　私的所有によって成り立っている経済では，初期時点で所有されていた財，お金，労働や土地など（エンダウメント endowment）を財と交換する．また土地を売って生活に必要な財に変えることは，「土地所有権」というエンタイトルメントを交換によって「財の支配権」という別のエンタイトルメントに変換すること（エンタイトルメント間の写像関係（exchange entitlement mapping））を使っていることになる．これを図式化すると，次のようになる．

　　（労働，お金，土地）→（交換）→（食糧，衣料，水や燃料など）

　ひと（あるいは世帯）は交換によるエンタイトルメント間の写像関係に従って，一定の財貨を利用できるようになるのだが，あるエンタイトルメントを交易に出すことによってどのくらいの財・サービスが手に入れられるか，言い換えると，財・サービスに対する所有権の集合（ベクトル）を別の財・サービスの所有権の集合に結びつける対応関係がどのようになっているかが，ひとの生活水準を大きく左右する．それは生産可能な範囲や交換の条件にも影響を受けるだろう．しかし，このエンタイトルメントの集合の中に十分な食糧が含まれていないならば，その人は飢えで苦しむことになる．私的所有に基づく経済では，このほかに，生産に基づくエンタイトルメント，自己労働に基づくエンタイトルメント，相続・移転に基づくエンタイトルメントがある［Sen 1981 b：邦訳1-10］．

　飢餓は十分な食べ物を持っていない人々を示す言葉であるが，それは人々が食糧を含んだ財との関係，すなわち所有関係を考察することが必要になる．センは，飢えは食糧のマクロ的な需給バランスだけでなく，誰がどのくらいの食糧を入手できるかを決定する現実の財と人間の関係，そしてその背景にある所有権の構造が重要であると考える．その所有構造の分析のために提案した概念がエンタイトルメントである．

　もし家計内の分配をエンタイトルメントの中に組み込むならば，エンタイトルメントは財のベクトルとしてではなく，家計の個々のメンバーに応じて考える必要がある．その場合には，世帯主の労働・お金・土地で交換できる財貨の

量以外にも，妻や子供の労働・お金・土地で交換できる財貨の量，などが別々に検討されることになる．この場合には法制度上の権利や資格という元々の意味から離れて，もっとインフォーマルな社会的制裁を伴った諸権利（あるいは正当性を認められているかどうか，センの言葉では「正当性に関する根の深い観念(deep-seated notion of legitimacy)」，Sen［1990 a：140-43］）によっても影響を受けることになる．このような家計内の分配問題（食糧や医療ケアなど）を把握するために，最初は法制度上の概念として出発したエンタイトルメントは，法的所有権以外の様々な次元の社会的取り決めに基づく財貨支配権にも拡大されている（「拡大されたエンタイトルメント」，Sen［1990 a：140-43］及び川本［1995：140-41］を参照されたい）．

☞ more！

　　エンタイトルメントという言葉は，自由至上主義者のノージックが使っている．そこでは「権原」，すなわち正義の原理に従って正しい手続きによって財を取得した人がその財に対して持つ「正当な資格」という規範的な意味で使われている．ノージックの場合には，ある物の所有が正当であるのは，その所有の歴史的な経緯，すなわち，正当な手続きによって獲得されたこと，他者から移転されたものであること，そして両者の繰り返しによること，を基準に判断することになり，歴史的に見て正当と認められた所有権がエンタイトルメントになる［Nozick 1974：150-55］．この意味で，ノージックの理論は「本源的権利理論（entitlement theory）」（塩野谷［1984：431］の言葉）と表現できる．

　　しかし，センが「エンタイトルメント」という言葉で表現したかったのは，ひとびとが社会的制約の中でどのようにして生活に必要なものを得ているのか，という視点を生かしたかったからである．したがって，ノージックが用いた「権原」とは違ってあくまで記述的な概念であり，他者による承認・資格附与という回路を通じて所有権の正当化がなされることに注意を喚起することをねらったものである（川本［1995：44-45，および139-40］参照）．このようなエンタイトルメント分析を集大成したものに Sen［1981 b］がある．

帰結主義 (consequentialism)，功利主義 (utilitarianism)

　帰結主義とは，制度や行為を，それが持っている特徴ではなく，その帰結や結果の望ましさで評価する立場のことである．望ましいとされる価値には幸福，正義など，いろいろなものが含まれるが，帰結の望ましさを判断する際に，個々人の厚生，効用，満足だけを判断の材料にする立場が効用主義(Welfarism)と呼ばれる［塩野谷 1984：17-20］．帰結主義で効用主義の立場を取る思想の一つとして，人の効用や厚生の総和に従って，社会状態や人の行為を評価するものが功

利主義である [Sen and Williams 1982:3-4]．

人の生き方，選択，政府の政策には責任が伴う．しかし，どんな行為でも，そこから発生した帰結の全てが本人の責任になるとも言えない．たとえば，自動車事故でも，その時に天候が悪かったとか，本人の裁量の範囲に収まらない要因がある程度は関わっているかもしれない．自分の行為のどの範囲に対して責任を負うべきかによって，評価のいろいろな立場が出てくることになる．その中には，あるひとの行為を，その行為自体がいいか悪いか（「どんな理由があっても戦争や殺人は悪い」，「どんな理由があっても嘘をつくことは悪い」という見方など）を重視して評価する義務論的アプローチ (deontological approach) と，その行為の帰結で評価する帰結主義の立場がある．帰結主義に立つと，ひとはある特定の望ましいことを推進するためには，どのような手段を使ってもよい，ということにもなりかねない．犯罪数を減らすために，時として見せしめとして残酷な刑罰を許容するという場合がそれである．反対に，帰結主義をとらないとすれば，ひとはいろいろな価値を尊重するように制約を受けることになる．たとえ犯罪数を減少させるとしても，見せしめの要素を持った刑罰は許されない（この部分の説明は Kukathas and Petit [1990：邦訳106] による）．

しかし帰結主義はよい面もある．帰結主義は，ひとは自分の行為のいっさいの帰結に責任を負わなければならないと主張するから，自分が選んだ生活パターンが他人や環境に与える直接・間接の帰結にもひとは配慮しなければならない．もしひとの責任について帰結主義ではない仕方で考えるのであれば，たとえばノージックが行ったように，責任を権利理論に基礎付けることが考えられる（自分に権利のないことには責任は負わなくて良い，という立場がこれに当たる）．しかしひとはみな生存権を持っていることを認めたとしても，この権利が他者にひとの生命を脅かさないようにしてもらう権利だけしか認められず，ひとの生命が危険にさらされている時に他者に助けを求める権利まで認められていないのであれば，権利の主張がひとの実質的な自由や福祉には結びつかないだろう (Singer [1993：邦訳273] の説明に基づいている)．このように考えて見ると，帰結主義的なものの見方には捨てがたい利点があることになる．

センはひとの行為は，それがもたらした帰結全体をバランスよく見た上で評価することが大切だと考える（セン自身の言葉では「帰結重視の評価 (consequential evaluation)」または「包括的結果」(comprehensive outcome) [Sen 2000 d：491-92]．し

かし，効用とか経済成長という何か1つの指標でひとの行為の帰結を判断してしまうと，それは多様な価値観を持つ人々に対して納得のいく指針を与えることができない．そうかといって，多様な個人の自由な領域を権利として認めるというだけでは，社会の生活や自由を積極的に促進するのに必要な援助や協力に有効な指針を与えることもできない．さらに，人の行為の評価には，立場による評価の違い，どのような意味で最善の選択であったと言えるのか，行為の帰結に含まれる全ての要素を無視しないこと，という問題を考えなくてはならない．

このような難しい問題を抱えてはいるものの，セン自身は，ひとの選択を評価する上で，「帰結に配慮した考え方 consequential reasoning」によって，効用という帰結の一部だけしか見ない功利主義や，プロセスだけに注目して，帰結は問わない自由至上主義(リバタリアン)とは違った形で，自由，権利，義務を考える評価の方法 (consequential evaluation) を提案しようとしている．

☞ more！
　　福祉評価でのセンの功利主義批判は Sen [1985 b] [1999 d] を読むのがよいだろう．もっと広い問題を論じたものとして，Sen and Williams [1982] も有用である．帰結主義に対するセンの立場を示したものには，かなり難しいが，Sen [2000 d] がある．

権利 (rights)

基礎的なケイパビリティは，いかなる個人に対しても社会が保障する義務を持つという意味を持っているので，権利に近い側面もある．ケイパビリティは生存権や社会権など，個人の福祉と生活に関わる権利を基礎付けるのに役立つ概念である．またヌスバウム (Martha Nussbaum) が指摘するように，権利という言葉で表現してみると，基本的な生活能力の充足が差し迫った要求だということを国家や他者に訴えやすくなる[Nussbaum 1999：240-42]．またケイパビリティから考えて見ると，権利とは，人の選択と自律性に配慮したものなのだ，と見直すことができること，権利と表現することで文化の境界を越えて実現されるべき目標 (cross-cultural objectives [Nussbaum 1999：228]) であることがもっとはっきりする，とヌスバウムは考えている．

現実の社会では人の基本的な人権が保障されない場合も多い．この理由には人の権利を保障するのに必要な義務を社会や政府が果たしていないからである．

権利概念を持たない帰結主義者である功利主義者は，実現する見込みのない人権を要求したところで本人の効用が上がるわけではないので，本人の効用に帰結できなければ権利の概念など無駄だと考えてしまう．一方，帰結に配慮できない権利論者である自由至上主義(リバタリアン)は所有権など特定の権利をただひたすら尊重することを主張するので，たとえば分配の平等のために，ある程度私的所有権を制限するといった権利の間のトレードオフを認めない．これらの立場は権利の概念を深く考察することにはならないと考えて，もっと政策や権利が人の福祉にもたらす具体的な帰結を包括的に評価できる柔軟な視点が必要だ，とセンは考えている［Sen 2000 d : 492-501］．

またある人の権利を侵害しないようにすると，経済成長や福祉という社会的目標を追求することと矛盾するのではないか，と考える人もいる．しかし，そういう事例があるからといって，権利を尊重するアプローチと社会的目標の追求とが必ず対立してしまうと考えるのは間違っている，とセンは考える［Sen 2000 b : 123-24］．

☞ more！

ケイパビリティの視点から権利概念をまとめたものとして Sen［2000 d］［2000 b］, Nussbaum［1999］や UNDP［2000］は有用であろう．また UNDP［2000］については，野上裕生［2001 b］の紹介もある．

福祉 (well-being)，優位性 (advantage)

センの福祉概念は，生き方の選択肢の幅広さ，ひとが享受できる実質的な自由を捉えたものである．センはひとの生き方を評価するのに重要な情報を4つに分類する．それは福祉の到達度(well-being achievement)，福祉的自由(well-being freedom)，エージェンシーとしての目的の達成状況 (agency achievement)，エージェンシーとしての自由 (agency freedom)［Sen 1987 a : 61］である．これらはそれぞれ固有の意味を持つものとされているが，互いに関連しているものでもある．

福祉的自由はファンクショニングの集合として評価される．「ひとの潜在能力集合は，ひとがそこから選択を行いうる機能の組合わせ (あるいは機能が数値的に計測可能である場合にはベクトル) の集合として形式的に表現されている．それは，ひとが福祉を実現する自由度 (別の箇所で私が「福祉的自由」と名づけたもの) を表現

するものにほかならない」[Sen 1985 b : 邦訳 6-7,「日本語版への新しいてびき」].

これに対して,優位性は他人と比べてある人が自分が望ましいと想う生き方への機会がどのくらい恵まれているかを捉えるものである.以下ではセン自身の言葉で見てみたい(以下の訳文は Sen [1985 b] の日本語版(ただし 1999 年に刊行された版)の訳文をもとにして,1999 年の Oxford Indian Edition の原文を一部参照しながら,ここでの文脈に合うように筆者がまとめたものである).

「私はひとの私益とその達成について考察する方法を大きく 2 つに分け,それぞれ『福祉』と『優位』と名付けることにしたい.福祉 (well-being) は,ひとが実際に成就するもの——彼/彼女の状態 (being) はいかに『よい』(well) ものであるか——に関わっている.一方,優位 (advantage) は特に他人と比較してあるひとがもつ現実の機会に関わっている.(中略——引用者)福祉を実現する自由は,福祉そのものよりは優位の概念の方に近い」[Sen 1985 b : 邦訳 14-15].

「福祉とは,ひとが個別的に達成するもの——彼/彼女が実現に成功する「生き方」——の評価に他ならない.これに対して優位とは,ひとが直面する真の機会集合をとらえる概念である」[Sen 1985 b : 邦訳 73].

センの福祉はひとが実際に成し遂げた生き方の評価をするものであるが,そのひとが持ち得た(実際に実現したかに拘わらず)生き方の可能性(機会)を捉えるものが優位性である.ファンクショニングの集合がケイパビリティとなり,そのケイパビリティの様々な可能性を示すのが優位性の概念ということになる.

3. 政治経済学の基本概念

公共活動 (Public Action)

ひとが自分の個別利害よりももっと普遍的な要求を求めて自発的に行動することを,センは公共活動とよんでいる.公共活動には様々なものが含まれるが,特に公共政策の転換に働きかける場合を指すことが多い.センは基礎教育,公衆衛生と言った生活条件の改善のためには,「市場か政府か」の二分法ではなく,政府活動を含む適切な公共活動が要求されると考える.この公共活動は,通常の政府の行政活動以外にも,自発的な社会運動や言論活動も含まれる.この場合,公共活動と政府の活動は必ずしも対立するものではなく,相互補完的な役割をすることもできる.しかし,公共活動は,ある特定集団の個別要求に

終始してしまう可能性もある。このため、公共活動が単なる個別的な要求(たとえばある地域や階層、集団の利益のための要求)以上のものとして、社会の広範な支持を得るためには、自己の主張を説得力のある形で提示したり、公共性のある制度によって裏付けられるという経路が必要になる（[Drèze and Sen 1989：17-19] 佐藤宏 [2001 a：339-40] を参照されたい）。また公共活動は人々の注目を集めやすい緊急事態の時には有効かもしれないが、慢性的な社会問題には向かないかもしれない [Drèze and Sen 1995：88]。

☞ more !
　　公共活動については Drèze and Sen [1989；1995] が具体的な事例を取り上げた分析をしていて有用である。また佐藤宏 [2001 a] も重要である。

社会保障 (Social Security)

社会的手段を使って人々の困窮 (deprivation) や緊急事態に対する脆弱性を除去すること [Drèze and Sen 1989：15-16]。センの考え方によれば、ひとが福祉の実現にとって障害を抱えている状態である貧困は、社会経済の仕組みに原因を持つ慢性的なものと、社会環境の急激な変化によって起こるものとに分けられる。このために、ドレーズとの共著においてセンは、社会保障は「保護的側面 (protection)」と「促進的側面 (promotion)」を持っていて、この2つが適切に組み合わされる必要があると考える。「保護的側面」というのは不況や飢饉などの緊急事態の時にひとを急激な生活水準の低下から保護することである。「促進的側面」というのは、人々の生活水準を持続的に引き上げ、基礎的な能力の向上を達成することである。

センによると、社会の平均所得を引き上げる経済成長だけでなく、雇用を提供する労働市場や人々の貯蓄・資金調達に関わる資本市場などの制度が十分な配慮の下に整備されなければ、有効な社会保障は実現できない (鈴村 [1998] も参照されたい)。成長を媒介にした開発と公共政策などによる支援を活用した開発とは福祉の達成でどちらも可能性を持っている。ここで注目したいのは、センの考える社会保障は国家による政策や市場メカニズムを使ったものや、家族と言った既存の社会制度に依拠したものだけでなく、より広範で自発的な社会的活動によるもの（「公共活動 (Public Action)」の項を参照）も含まれることである [Drèze and Sen 1989：16-17]。またドレーズとセンは社会の在り方には市場を排

除する仕方 ('market-excluding' arrangement) と市場を補完する仕方 ('market-complementary' arrangement)」があると論じ,「政府か,それとも市場か」という二分法を批判している [Drèze and Sen 1995：21-23]. ひとのケイパビリティに配慮した政策は市場をうまく利用すること (作間 [1998：14-21] の言葉では「市場とのつきあい方」)を学ぶことでもある. そこでは制度や政策を前提にして市場が機能して,その成果をケイパビリティの視点から社会的に検討し,許容できなければ制度や政策を変えていくことになる.

成長媒介保障 (Growth-Mediated Security), 公的支援主導保障 (Support-led Security)

経済成長を促進して,それによって個人の所得や公的扶助の基盤を拡大することによって生活を安定させる社会保障戦略を「成長媒介保障」という. これに対して公共部門によって雇用創出,所得再分配,医療面でのケア,教育,その他の社会扶助を提供することに直接訴えるものが,「公的支援主導保障」と呼ばれる. 両方の戦略も理論の上ではうまくいく可能性があるのだが,問題は実際にどのくらいまでうまくこれらを実現するかである [Drèze and Sen 1989：179-203]. この2つの分類は,政府が積極的に行動するのか,しないのか,という分類とは関係ない. また,この分類は単にひとの生活手段が市場によって得られるか,政府によって与えられるかという区分でもない. たとえば,経済成長が続けば,それだけ政府の利用できる資源も増えるであろう. 最後に,この分類は,経済成長優先か,ベイシック・ニーズ充足優先か,という分類とも違う.「成長媒介保障」とは,経済成長を通じてベイシック・ニーズを充足させることなのである. また,ベイシック・ニーズを公的支援によって保障すること自体が,経済成長を追求するという目標を放棄するとは限らない.

☞ more！
「成長媒介保障」「公的支援主導保障」の分類軸による分析は Drèze and Sen [1989] [1995], Sen [1999 d] などで詳しく展開されている.

協力を含んだ対立 (Cooperative Conflicts)

社会生活の大部分は人々の協力によって行われている. 協力した方が社会的にメリットがあるからこそ,人々は協力するのだが,実際人々が仲良く協力しているかというと,そうでもない. 選挙協力をやって議会を制覇しようという

政党の連合がその後の利権の分け方をめぐって決別してしまうこともある．同じような話は戦争や国際交渉，社会保障の負担配分などにもおこるであろう．協力して全員がもっとよい境遇にいけるからこそ，そのような協力の利得をめぐる争いも熾烈になるのである．センは男性と女性の協力と対立の仕組みを，このような「協力を含んだ対立」という視点で考えようとする．

　男性と女性の対立の問題は，階級対立とは違って，互いに協力することと，あるいは一緒に生活することがあるからこそ，難しいのだ，とセンは考える（センは「togetherness」という言葉で表現している [Sen 1990 a：147]）．たとえば，資本家と労働者，貴族と奴隷という具合に分断されているならば，協力すること，一緒に住むこと，顔を合わせることもなければ，対立はしても，激しい憎しみにいたることはあまり多くない．ところが協力しあい，互いに好意を持って接近すればするほど，相手と自分との立場の違いが鮮明に見えてくるのである．

　そこでセンは男女の役割分担，言い換えると性別分業の中には協力と対立とが同時に起こっていて，しかも両者が切り離せないほどに関連しているところに注目する．このように見てくると，家族も性別分業を通じて男性と女性の対立を調整しながら，両者の協力関係を形作る組織なのである．

　このような家計内の分配や対抗関係を見る際にセンがよりどころにするのがゲーム理論のバーゲニング・モデルである．このモデルを使って協力を含んだ対立を様々なクラスに分類する [Sen 1990 a：131-135]．社会生活や生産活動の基盤にある広い意味での技術のために，人々はどうしても相互に依存しなければ生きていけない．人々には協力した方が明らかに有利なのだが，協力から得られる利得を個々人に分配する仕方は，どうしても個々人の交渉力を反映したものになってしまうのである．個々人の交渉力を決める要因の１つは，ある人が協力に参加した時に得られる福利（Well-being）と，協力しなかった時に得られる福利の差である．協力しなかった場合（「決別点」（break down position））の福利が協力した時の福利よりも大きいと，協力は成立しにくくなる．もちろん，実際の福利と当事者の認識している福利とは違うこともあるだろう．センの分析は当事者の福祉の分配状態によって協力関係が壊れるかということだけでなく，当事者が自分たちの協力関係をどのように認識しているかによっても男女の協力関係が変わっていくことにも注意している．とくに自分が家計外の労働や育児を通じてどのくらい家計全体の福祉に貢献しているのか，そのうちどのくら

いが自分に分配されていると思っているかが重要になってくる [Sen 1990 a : 148].

☞ more！

「協力を含んだ対立」については Drèze and Sen [1989：11-12] にも簡単な説明がある．ここではセンのテキストに従って解説したが，「開発とジェンダー」のおおきな流れの中でセンの議論を紹介したものとして野上 [2004] もあるので参照されたい．

民主主義 (Democracy)

　自由の持っている様々な価値に注目し，政策問題における政治的要因の重要性に注意していたセンは，民主主義の可能性を様々な視点から考察している．このようなセンの思想は制度や公共政策の設計問題，そして，このような課題を担える民主主義に対する関心へと発展していく．そこでセンは，特定の原理・原則から政策判断を下してしまうことは慎重に避けている．たとえば途上国の雇用政策は技術的な可能性，制度的な特性，政治的実行可能性 (political feasibility)，そしてひとびとの行動の特性という要因の制約の中にあるので，これらの要因の相互連関を総合的に考慮した上で，雇用政策は判断されなければならないのである [Sen 1975 b : 109-14]．

　センは，民主主義が3つの価値（民主主義が市民生活に対して持っている本質的価値，よりよい政治的・政策的決定を可能にする手段としての価値，他者を理解し新しい価値観を構築していく価値）を持っているために開発にとって不可欠のものであると考える．言論の自由と政治的自由が保障されれば，緊急事態に対する誤った政策的対応を防止できるであろう．民主主義の下で人々が自分の意見を表明し，他人の声を聞き，新しい価値観を身につけていくことが社会的選択をよりよいものにし，政策に関する合意や妥協を形成していくのに役立つであろう．このようにしてセンは，経済成長と民主主義を二者択一に捉える考え方を批判していく．

☞ more！

センの民主主義論は Sen [1996 a] [1999 c] [1999 d] などで詳しく展開されている．Sen [1999 d : 178-86] では，途上国の飢饉防止に対する民主主義の役割，アジア経済危機と民主主義の問題が論じられている．またセンの民主主義論の意義を解説したものには佐藤宏 [2001 a]，野上 [2001 a] などがある．

グローバルな正義 (Global Justice)

　近年のセンは国民国家の枠組みにとらわれない「グローバルな正義」に取り組んでいる[Sen 1999 e ; Sen 2000 b]．センは開発問題や労働者の権利保障のためのアプローチとして，国際的なものとグローバルなものとを区別する．国際的なアプローチは国民国家で成立した合意を基礎にして，地球規模の問題を国家と国家の交渉で解決しようとする．しかし国民国家の枠組みは次第に崩れつつある一方で，人々の交流は国境を越えて進んでいる．ひとの生活を左右する問題は，国家を越えた規模で，あるいは国家より下の地域レベルでの公正，正義の理論を必要としている．そして，これに対する対応も国家の間の調整だけではうまくいかない可能性がある．センは，このような問題を解決するには，ひとびとの相互交流を，国家と国家の調整を媒介にして成し遂げようとするアプローチには限界があると主張する．この点では，人々の合意によって公正な社会の基本構造を検討しようとするロールズの正義論も国民国家の枠組みに制約されてしまっている（扱いやすさと整合性を持ったナショナルな特殊主義）と批判されることになる．

　「人権」や「平和」など，人間の根本に関わる原則の中には，国際社会で広く共有されているものもある．しかし，それらの原則は，ひとが特定の「国」や「人民」のような集団の構成員であるからこそ尊重されなければならない，ということだけではなく，もっと根本的なものであるとセンは考える．このときにセンが出発点にするのは我々が皆複数のアイデンティティを持っているという事実である．この時には人々の合意による公正の原理というロールズの考え方は，ナショナルな特殊主義にとらわれることのない柔軟な形式で使うことができるとセンは述べている [Sen 1999 e : 120-21]．

　センは，個人が所属する様々な集団は価値や目的のみならず，主題とする問題や関心において違っているという点に注目する．もしこのような現実を踏まえるならば，仮想状態で他者の立場になるのではなく，実際に多様な集団やカテゴリーに重複的に属する個々人が自己を内面的に統合していく作業が，互いの異質性に対する相互了解と部分的合意を実現し，相対立する利害や目的の調整をすることを可能にする一般的・普遍的ルールを可能にするものだと期待されるのである（この部分は後藤[2000 b : 122]の紹介に基づくところが大きい）．

おわりに

　この章では先行研究を紹介しながら，センの基本概念を解説してきた．センは「政府か市場か」「消極的自由か，積極的自由か」，「自由か平等か」といった二分法を批判して，新しい視点から開発問題や政策を考えようとする．そこでは互いに対立すると想われていた概念や思想が実は深く関連し，互いに支え合っていることが明らかにされる．センはまた，1つの次元だけで社会を理解しようとすることに対して警告を与え，物事の複雑な連関や，ひとの多様性を注意深く，丹念に見ようとする．そのために，センの思想を理解することは辛抱強さがある程度は必要なのである．この章でも，どこまでやさしく解説できているか，ということは読者に判断していただくほかないけれども，これまでの解説によって，読者が少しでもセンの思想に親しんでくだされば幸いである．

Column

▶人物評伝：アマルティア・センとその周辺

　どんな天才でも，苦しみや悩みを抱えていることでは，凡人のわたしたちと同じだ．そんな悩みを乗り越える時にこそ，人の支えはありがたいものである．そこでセンと苦楽をともにしてきた人はどんな人たちか興味がわいてきた．センが自分の努力の結晶である著作の中扉に書いた名前をいくつか見てみよう．

　　「私に経済学の手ほどきを与え，それがいかなる学問かを教えてくれたアミヤ・ダスグプタに献ぐ」[Sen 1981 b：邦訳 中扉]．
　　「愛の思い出をこめてエヴァに」[Sen 1985 b：邦訳 vii]

　アミヤ・ダスグプタ（Amiya Kumar Dasgupta）は 1960 年にインド経済学会（Indian Economic Association）の会長に選出されたほどの傑出した経済学者であり，1949 年には後にルイス・モデルとして有名になった労働過剰経済の発展モデルのアイデアを先取りする論文を書いている［Sen 1994 b：1149-50］．また彼は，現実の社会問題を正しく理解するためにこそ，理論が大切であることをセンに教えた人でもある［佐藤仁 1999：258-59］．センがケンブリッジ大学で博士号を取得しようとしていた時に指導を受けたのはジョーン・ロビンソン（Joan Robinson）とダスグプタであった．この 2 人の教え方は対照的であった．ロビンソンは，学生が知りたいと思っている領域にとらわれることなく，自分が重要だと思ったことを中心に学生と対話していく．これに対して，ダスグプタは学生にアジェンダを設定させ，学生に相応しい教材を注意深く選んで与え，学生が提示しようとするものがもっと鮮明なものになるように指導していった．正反対の教え方ではあったが，どちらも若き自分にとっては刺激に満ちた教師であった，とセンは回想している［Sen 1994 b：1154-1155］．

　また「エヴァ」という名前で思い出すのは，論文「社会的コミットメントと民主主義」[Sen 1996 a] の中で，センが 1978 年に再婚し 1985 年に死別した元パートナー，エヴァ・コローニ（Eva Colorni，イタリア人）の思い出を書いていることである．エヴァは父エウジェニオ・コローニ（(Eugino Colorni, イタリアの哲学者) と母ウルスラ・ハーシュマン（Ursula Hirschman）の下に生まれた（ウルスラはアルバート・ハーシュマン（Albert Hirschman）の姉にあたる（この間の事情は Barker [1996：150] にある Sen [1996 a] の note 2 による．ウルスラとアルバートの関係については Hirschman [1995：111] を参照されたい）．ファシストに対する抵抗運動に参加したエウジェニオは 1944 年の 5 月末にファシストに殺害されたという（アメリカ軍がローマに到着したのは，その数日後であった）．母と継父に育てられたエヴァは自由と平等を求める国際主義者となり，インド（デリー大学）やイギリス（ロンドン市立専門学校（City of London Poltytecnic，後の London Guildhall University））で教職に携わった．しかし理想を求め，不利な立場に置かれた側に肩

入れしていく中にも，現実社会の仕組みを冷静に判断することをエヴァは忘れることはなかったと言われる．センの思想だけでなく，センの思索を育んだ師匠やパートナーの志の高い人生からも，私たちは多くのものを学ぶことができる．

注 エヴァの情報は川本［1995：44］，鈴村・後藤［2001：8］，Barker［1996］，及びGriffiths［1999：訳書232］の記述によったところもある．また父エウジェニオ・コローニ（(Eugino Colorni, イタリアの哲学者）の人名表記はBobbio［1990：邦訳146-47］の記述も参考にした．

2003年6月2日，立命館大学に於いて

第Ⅰ部
センコノミクスの視座

センの経済学研究の基盤は厚生経済学にある．厚生経済学とは，市場や経済政策の結果としての社会の状態の良し悪しの判断や望ましい資源配分のあり方を追究する経済学の一分野である．とりわけセンは，個々人の生活の良さや望ましさに関する判断を社会全体として集計する問題を扱う社会選択論の分野で多くの貢献をしてきた．言い換えれば，様々に異なる関心や選好，苦境を抱えている諸個人から成り立つ社会が，いかにして社会全体として誰もが納得できる適切な判断にたどり着くかという問題を扱ってきたのである．こうしたセンの貢献は，彼自身によるノーベル賞受賞記念講演に詳しくまとめられている[Sen 1999 b]．この講演で彼は，厚生経済学上の理論的貢献から貧困や飢饉の実証研究を含めた彼の業績全体を，すべて社会選択論の議論の中に的確に位置づけている．そのタイトル「社会選択の可能性」は，社会選択の困難さを精査し見極める中から，その積極的な可能性を切り拓いていったセンのアプローチを正しく表現したものといえる．
　伝統的な厚生経済学は，個人間で比較不可能な序数的効用を前提とすることで分配の問題に全く関心を払うことのできないパレート原則と，それを含む一般的な諸条件の下で適切な社会選択のルールが存在しないことを証明したアローの一般不可能性定理とによって，扱うことのできる課題も判断基準もきわめて限られたものとなっていた．センはこの状況を悲観的に捉えずに，可能性は「不可能性のすぐ隣に位置している」[Sen 1999 b：354]と捉え，具体的には効用の個人間比較可能性や効用以外の情報を取り入れることで，より豊かな判断が可能となることを具体的に示した．個人間の比較可能性を取り入れる試みは，公理的アプローチとともに不平等や貧困の問題を厳密に分析する道を開いた．また，個人の生活の良さや優位性を表わす概念として，心理的側面に焦点を当てた効用という伝統的な概念の抱える諸問題を指摘し，新たにファンクショニングとケイパビリティという分析概念を生み出していった．
　このようにセンのアプローチは，利用可能な情報の幅を広げつつ新たな分析視角を導入することによって，厳密さを失うことなく，様々な課題を分析対象とすることに成功したのである．しかもそのアプローチを検討する過程で彼が用いる議論や事例は，我々の常識的・日常的な，肌で感じることのできる感覚に自然と共鳴するものである．第Ⅰ部に収められた3つの論考はいずれも，センの新たな分析概念と，それらの概念を用いた厚生経済学における多くの貢献を様々な側面から検討している．形式に則った厳密な理論分析と日常的な事例や言葉による議論が自然な形で結びついている「センコノミクス」の魅力を感じ取って頂きたい．

第1章 センの市場経済論

はじめに

　マスコミでは，センは市場経済の批判者として取り上げられることが多い．新聞紙上で「経済学の主流に"反旗"」などといった見出しを目にすると，センは「反主流派」に属し，主流派とは異なる独自の経済学を築き上げた学者であるかのような印象を受けるだろう．確かに彼の業績の多くは新古典派経済学を批判的に検討したものである．しかし，彼の批判は決して極端な「主流」と「反主流」の対立というセンセーショナルなものではなく，きわめてバランスのとれたものであり，また「主流派」経済学の議論の中にしっかりと位置付けられた，建設的な批判なのである．だからこそ「主流派」である新古典派経済学においても彼の業績は無視できないほどの影響力を持ち始め，徐々にではあったが広く受け入れられるようになったのである．この事実こそ，彼のノーベル経済学賞受賞の本質なのだ．本章では新古典派経済学の根幹に位置する制度である市場経済について，人々の経済合理性と市場経済の効率性に関するセンの見解を新古典派経済学の議論の中に位置付けながら解説し展望することで，彼の批判と分析がいかに従来の経済学に根ざした建設的なものであったのかを示すことにしたい．

1. 経済合理性と経済行動の動機付け

　経済合理性とは奇妙な言葉である．「人間は合理的である」といえば，人間は本来，理性にかなった思考や行動ができるということを意味している．しかし「合理化」や「合理主義」などの言葉から連想される内容は，理性とはかけ離れた，経費や人員の削減と効率性・収益性の向上である．そして経済合理性と

いう言葉は，この両者，つまり経費削減や効率化を行うことと理性的な判断が，経済学の考え方では一致することを示す言葉となってしまっている．本当に経済学の領域で，人々の理性に基づく賢明な判断や行動と，効率性や収益性の向上とが一致すると考えているのだろうか．そもそも人々の経済行動は，どのような動機によるものと理解できるのだろうか．

顕示選好理論に対する批判

『倫理学と経済学』の中でセンは，新古典派経済学における経済合理性には2つの解釈があると述べている [Sen 1987a：12]．1つは，選択の一貫性それ自体を経済合理性と解釈するものである．つまり，実際に観察される個人の選択行動（顕示選好）に矛盾が生じていなければ，それを合理的と考える見方である．もう1つの解釈は，しばしば利己主義と同一視される見方である．つまり，自分だけの利益や効用を最大化する行動自体を経済合理性と解釈するものである．

前者に関してセンは，選択の一貫性だけでは経済合理性の適切な条件になり得ないと断言している．たとえば，達成したい目標を実現する一助となることと常に正反対のことをするという行動も，疑いなく一貫性を持つことになるが，こうした行動が経済合理性を持つと呼ぶことはできないからである．従って選択の一貫性に加えて，達成したい目標と現実の行動が一致することが，経済合理性の新たな条件として加わる必要がある [Sen 1987a：13]．つまり，どちらの状況を望ましいと考えるかという選好と，実際の選択行動とが一致する必要があるのである．

この「選好と実際の選択行動との一致」という仮定こそ，顕示選好理論の最も重要な仮定であると，センは別の論文で述べている [Sen 1973b；Sen 1982a：60]．そしてセンは，この仮定に対して様々な批判を投げかけている．たとえば人々の選択は，選択肢を体系的に比較し，熟慮した結果ではないかもしれないという問題がある．たとえば講演会場でどの席に座るかを決める場合，空いている全ての座席を比較し，様々なコストや便益を検討した結果から選ぶ人はほとんどいないであろう．また，人々の消費行動が広告や宣伝に影響されることも，よく知られている事実である．

さらにセンは，顕示選好理論で多用される完備性の仮定についても批判を向ける．完備性とは，どの2つの選択肢を選んでも，弱い意味での選好関係を判

断することができるという仮定である．つまり全ての選択肢のペアに関して，どちらかがもう一方と同じ程度に望ましいか，もしくはより望ましい選択肢であるという判断をすることができるという仮定である．しかし，たとえば僅かな色調の違いや僅かな味覚の違いのある２つの選択肢を示されて，どちらか一方を選択することをためらい，悩み続けることは日常的に起こりうる事態である．だがこの行動を，機械的なまでの厳密さを要求する選好関係の完備性を前提とする立場から見れば，２つの選択肢は同程度に望ましい，無差別な選択肢だということになってしまう．しかしこの２つの選択肢が本当に無差別ならば，選択をためらい，悩み続けることは，本来起こり得ないのである．なぜなら経済学における無差別な選択肢とは，一方の選択肢を選び，他方を選ばないことによる損失はゼロであることを意味しているからである［Sen 1973 b；Sen 1982 a：60-61］．

　では，選好関係が完備性を満たし，すべての選択肢を熟慮，検討した結果として行動が決められるとしたら，「選好と実際の選択行動との一致」は保証されるのだろうか．センは，より深刻な問題があることを指摘している［Sen 1973 b；Sen 1982 a：62-66］．彼は「囚人のジレンマ」ゲームを元に，自分自身のみの利益の最大化を目指さないような道徳的行動規範が生まれる状況を説明する．「囚人のジレンマ」では，２人の共犯者である囚人が別々の独房に隔離されている状況を想定する．したがって，互いにどのような戦略をとるのかが分からず，事前の約束を信頼することもできない．それゆえ２人の囚人はともに，相手がどのような戦略をとっても自分の刑期が軽くなるような戦略，つまり支配戦略をとることによって罪を自白することになってしまう．その結果，２人がともに黙秘する場合よりも重い刑罰を受けることになってしまうのである[2]．

　センは，こうした「囚人のジレンマ」のような状況が我々の生活の中で様々な形で生じてきたため，伝統的な行動原則や道徳規範は合理的な損得計算の停止を求める形態をとっているのだと述べている［Sen 1973 b；Sen 1982 a：64］．つまり相手の信頼を裏切らない，約束を守るといった規範が，損得計算に優先されるようになったのである．そしてこの行動原則や道徳規範に従うことによって，自分自身の利得をナッシュ均衡より引き上げることができるのである．しかしこの行動パターンは，本当の選好を顕示する行動パターンとは全く異なり，あたかも相手の利得を最大化するかのごとく行動するように，顕示選好の観察

者には見えてしまうのである．

　もちろん後で詳しく論じるように，一回限りのゲームの支配戦略が最適な行動とはならないことは，繰り返しゲームの枠組みで説明可能である．しかしセンは，ゲームが繰り返される状況は想定せず，むしろ「社会的動物（としての人間）の選択行動は，本質的には常に社会的行動である」[Sen 1973 b；Sen 1982 a：66]ことを強調している．たとえ本人が人々の行動の相互依存関係にぼんやりと気づいているだけだとしても，実際の選択行動は個人の選好よりも幅広い配慮を反映した結果となるのである．したがって「顕示選好アプローチの哲理は，人間が社会的動物であり，人間の選択は自分自身の選好のみに厳格に束縛されていないという事実を本質的に過小評価している」[Sen 1973 b；Sen 1982 a：66]と，センは批判している．

「社会的動物」としての人間

　では「社会的動物」としての人間の経済行動は，いかなる動機付けによるものと理解できるのだろうか．2つ目の経済合理性の解釈である自分だけの利益や効用を最大化する行動は，十分な説得力を持つのだろうか．新古典派経済学で一般的な仮定として用いられる効用最大化による消費行動の理解は，2つの前提条件を必要とする．まず個人の選好を表す関係が，完備性と推移性を満たす必要がある．この場合に限り，選好関係を効用関数によって表すことができる [Mas-Colell, *et al.* 1995, Ch. 1]．加えて，その効用関数が個人の状態のみに依存することも必要となる．

　選好関係が完備性と推移性を共に満たす場合にきわめて不自然な人間像が浮かび上がってくることは，マス・コレル他による以下の例から容易に理解できよう [Mas-Colell, *et al.* 1995：7]．たとえば，ある人が壁を塗るためのペンキを選ぶ場合を想定する．あるグレーのペンキと，それよりもほんのわずかに明るいグレーのペンキがあった時，選ぶ人はどちらの色を好むか明言できず，いわゆる無差別な選択肢となったとしよう．次に，後者のほんのわずかに明るいグレーと，それよりもまたほんのわずかに明るいグレーとの間で選択を迫られた時も，無差別な選択肢という判断しかできないであろう．こうした比較が何度も続いた後，一番最初のグレーと一番最後のかなり明るいグレーとの間には明確な色調の違いが生じているはずである．この2つの選択肢を示された時，選択

者はどちらを選好するか明確に決断できるであろう．しかし完備性と推移性の仮定は，この2つの選択肢の間にも無差別の関係が成り立つことを要求するのである．

　このように不自然な効用最大化の前提条件であるが，もしこれらが満たされると仮定すれば，個人の利益のみに基づく利己主義的行動によって人間の行動は適切に理解できるのだろうか．こうした人間行動の理解の仕方は，マルクス=エンゲルスによる資本主義社会のブルジョア階級の行動に関する理解と全く同じものである [Marx and Engels 1848]．彼らはこうした行動が労働者階級の窮乏化を招き，ひいては資本主義を崩壊に導くことを予測しているが，同じ行動パターンが新古典派経済学では「見えざる手」を通して社会全体の効率性を保証する根拠となるのは皮肉である．

　センは，こうした自己の利害関心のみから行動する人間像を「合理的愚か者」と名づけて批判をしている[Sen 1977 b ; Sen 1982 a]．合理的愚か者とは，自分自身の利害，生活の良さ (well-being)，選択行動の動機などの概念が完全に区別可能であるにもかかわらず，全く区別できない者を指している．その区別を示すために，この論文の中で特にセンが取り上げている経済行動の動機は，「共感 (sympathy)」と「コミットメント (commitment)」である．共感とは，他者の状況が自分自身の生活の良さに影響を与える場合である．たとえば他者の苦悩や悲惨な状況が改善されることによって，自分自身のより良い生活が実現したと感じられる場合である．したがって共感は外部性の一例であり，広い意味で自分自身の生活の良さを実現する動機の一種と考えられる．

　こうしたセンの問題関心は単なる概念的な探求に留まらず，常に現実的な問題意識と結びついている．センは「協同組合企業の労働配分」という論文において，社会主義における労働供給と効率性の問題を，共感が存在する集団内部での問題として検討している[Sen 1966 a ; Sen 1984 b]．どの個人も自分自身の効用と共に他の全てのメンバーの効用にも配慮しながら労働供給の水準を決める場合，報酬が労働のみ，もしくは必要のみに基づいて分配されるなら，一般に労働供給の水準は社会的最適状態から乖離することを，センはこの論文で示している．ただし人々が自分の効用と他人の効用に与えるウエイト付けを全く同じにする程の完璧な共感を持つ場合にのみ，どちらの報酬の支払方法を用いても最適状態は達成されるという．

アトキンソンはセンの研究アプローチを評して以下のように述べている．センは「分析上の誤りを即座に特定する」が，そこに留まることなく「常に建設的な前進を捜し求め，経済学者が『できる』ことを見極めようとするのである」[Atkinson 1999：174]．新古典派の枠組みに共感という動機を取り込むことで，社会主義における労働供給の問題を分析したこの先駆的論文にも，彼のこうした姿勢を見ることができる．

さて，センが取り上げているもう1つの動機はコミットメントであるが，これは自分自身の生活を悪化させるような行動だとしても，正義感や倫理感からそうした行動をとることの背景にある動機である．重要な点は，伝統的な経済理論では個人の選択行動と個人の厚生水準は必ず一致するものであったが，コミットメントは両者の間にくさびを打ち込む点である[Sen 1977b；Sen 1982a：94]．

ただし，コミットメントが多くの行動においてそれほど重要な要素ではないことをセンは認めている．たとえば消費財の購入に関してコミットメントを実行に移す余地は，核実験への抗議を示すためにある国の製品をボイコットするといった稀なケースに限られている．だが，ある地域における灌漑サービスなどの公共財の提供が，ただ乗りの問題を生じさせること無く，受益者の協調行動によって成り立っている多くの事例があるのも事実である[Bardhan 1994]．また選挙における投票は，時間や手間などのコストがかかる上に1人の投票が結果を大きく左右するわけでもないため，投票の期待純便益は負となるだろう．それにもかかわらず投票に行く人々が多い事実は，一種のコミットメントに基づく行為と理解できよう．

「合理的愚か者」と題した論文でセンが主張したかったことは，人間の行動動機としての共感やコミットメントの重要性ではなく，人々は多様な動機に基づく行動をとるという現実に即した認識である．「利己主義によって動機を描写するのを否定することは，……現実の行動の基礎として，ある普遍化された道徳観を受け入れることを意味するわけでも，人類を過度に高貴なものとするわけでもない」[Sen 1977b；Sen 1982a：106]．家族や企業，共同体などの様々なレヴェルにおいて，共感やコミットメントなどの様々な考慮が動機として認められる余地が大きいのである．このように人間の行動における多様な動機を認める考え方は，少なくともアダム・スミスにまでさかのぼることができる．スミス

によれば，我々が行動を選ぶ時にまず自分自身のことを考えるが，正義と慈善への配慮を慎重に考慮することもできるのだという［Evensky 2001：503］．センの「合理的な愚か者」への批判は，『道徳感情論』において展開されたスミスの議論から大きな影響を受けているのは間違いない．

　センによれば，経済学は2つの異なる起源を持つという［Sen 1987a：2-10］．1つはアリストテレスまでさかのぼることのできる倫理学である．このアプローチにおいては，人間の動機の問題と社会が達成した状態に対する判断の問題が，経済学にとって極めて基本的な2つの中心的課題であったという．もう1つの起源はワルラスやペティなどに見られる工学的アプローチである．このアプローチは，人間の経済活動の動機や目的の探求にあまり関心を払わずに，むしろ単純に定められた効用最大化などの目的を達成するために最も適切な手段を見つけるというロジスティックの問題を中心的関心事としていた．センは，経済学の研究において倫理学的アプローチが軽視されてきた傾向を指摘し，両者が再び結びつくことで経済学，倫理学の双方とも学ぶものは大きいと主張している．次節で詳しく述べるように，こうしたアプローチこそアダム・スミスの問題関心を正しく受け継ぎ，発展させたものなのである．

合理的経済人への疑義

　ところで，利己的な「経済人 (Homo economicus)」の仮定に対する疑念は，近年，生物学，心理学，社会学，実験経済学などの分野における実証研究からも裏付けられているという［Bowles and Gintis 2000］．たとえば様々な実験結果は，他者に配慮する選好や，結果だけではなく過程にも配慮する選好などが重要であることを示している．最後通牒ゲームと呼ばれるゲームを用いた実験結果がある．このゲームでは，被験者の中から2人のペアをランダムに選出し，ランダムに1人を「提案者」，もう1人を「回答者」とする．提案者には，2人で分けるという指示とともに，暫定的に一定の額のお金が与えられている．もし回答者が提案者の提案を受け入れれば，回答者は提案された額を受け取り，提案者は残りの金額を受け取る．もし回答者が提案を拒絶すれば，双方とも何も得られないことになる．このゲームにおいて，伝統的な経済学に基づく最適な提案は，正の額ではあるが最も少ない額を提示することである．そうすることで，提案者は最大の利益が得られることになる．

しかし，アメリカ，日本，イスラエル，ヨーロッパ，ロシア，中国，インドネシアなど様々な国で行われた実験結果によれば，大多数の提案者は総額の40-50％の額を提案し，また回答者は30％に満たない提案をしばしば拒絶したという．こうした結果は，総額が収入の3カ月分にも達する額の場合にも観察されたという．多額の提案を拒絶する回答者の行動は，利己的動機だけでは説明できない．ボウルズとギンティスは，こうした結果が「強固な互恵性」を反映したものだと解釈している [*ibid.* 2000]．つまり，協調的に行動した者に対しては報酬を与え，容認できる行動規範を破った者には，たとえその罰則が結果のみを考えた利己的動機から正当化できないとしても，罰則を与えるという傾向である．

ポランニーは，歴史学や人類学の研究成果をもとに「人間は物質的財貨を所有するという個人的利益を守るために行動するのではない」と明言している [Polanyi 1957：邦訳 60]．続けて「人間はみずからの社会的地位，社会的権利，社会的資産を守るために行動する．人間は，この目的に役立つ限りでのみ物質的財貨に価値をみとめるのである」と述べている．そして市場経済が成立した19世紀より以前の経済はすべて，利益動機や市場制度とは無縁である互恵，再分配，家政という行動原理にもとづいて組織されていたという．だとすれば，きわめて特殊な市場制度のなかでも互恵という行動原理が生き続けていても不思議はないだろう．

自分だけの利益を最大化する行動は，しばしば自然淘汰の文脈で正当化される．しかしボウルズとギンティスは，選好が遺伝とともに文化的遺産の結果でもあることを強調する．つまり，内部者と外部者を区別する人間の発達した能力と共同体内部の文化的統一性ゆえに，遺伝的に受け継がれる特性を共同体自体が取捨選択することが重要性を増し，その結果，集団を利する特性が進化論的に生き残ると述べている [Bowles and Gintis 2000：1419]．一方，自然淘汰に関するセンの反論は，現実の生産プロセスにおけるチーム・ワークの重要性である．それゆえ，個人の労働やパフォーマンスと直結した報酬と懲罰が，適切なインセンティブを提供しないことを指摘している [Sen 1983a；Sen 1984b：104]．

互恵性という行動原理を強調するこれらの研究に対し，利己的動機の下で協調行動や社会規範が成立するメカニズムをゲーム理論の文脈で説明することも可能である．センが指摘するチームワークなどは，労働における相互依存関係

第 1 章 センの市場経済論　*41*

としてゲーム理論を用いた分析が可能である．こうした立場からの明確な批判として，K. ビンモアによるものがある [Binmore 1988]．彼は『倫理学と経済学』の書評の中で，センの合理的経済人に対する批判は一昔前の経済学になら当てはまるが，「現代においてはシカゴ学派の経済学者でさえ，学習ルールの進化などについて進んで語ろうとしている」[*ibid.* 1988：279] と述べている．そして彼は，センの強調する共感やコミットメントなどの倫理的な概念は，人々が自分の行動を説明する際に現実に用いる用語かもしれないことは認めている．だが，そうした行動パターンが存在し続けているのは，それが均衡として成立している行動だからであるという．理論が利用可能となるためには，均衡理論のような確固とした揺ぎ無い基礎が必要なのであるが，センの理論にはそうした基礎となる土台が欠けていると，ビンモアは痛烈に批判している[3]．

　一方，「強固な互恵性」という概念を擁護して，ボウルズとギンティスは繰り返しゲームにおいて成立する協調的均衡と「強固な互恵性」は異なることを主張する．決定的な違いは，「強固な互恵性」は後のゲームにおけるより大きな利益によって報われることがない点である．したがって，「強固な互恵性」は結果を重視する行動動機では説明不可能となるという．こうした指摘に対してビンモアは，こうした実験結果に基づく批判に悩む必要は無いと反論する．人々の行動は時間とともに環境に適合していくものであり，適合するための時間が無い状況ではどのような結果でも起こりうるのだ．現実の世界では一回限りの「囚人のジレンマ」の状況は，繰り返しの状況よりも極めて稀であり，従って繰り返しゲームにより適切な行動が実験結果に現れたとしても，何ら不思議は無いと述べている [Binmore 1988]．

　こうした批判に対しおそらくセンは，共感やコミットメントなどの概念を人々が用いるのは，実際に行動を決める際にそうした配慮が意識されていたからであり，利己的な計算が現実に行われていなかった点こそが問題であると述べるだろう[4]．つまりセンは，人間の経済行動が厳密な利己的損得計算の下に規定されているという認識も，また文化的遺産によって受動的に規定されているという認識も受け入れないのだ．なぜならセンにとって人間は，自らの理性的判断で行動を決めていく能動的な存在，つまりエージェントだからである．だからこそ人間の多様なあり方を重視しているのだ．生活水準を評価するケイパビリティ・アプローチにおいて，多様なファンクショニングに着目する構成的

多元主義 [Sen 1987 b : 2-3] を強く主張しているように，生活水準の尺度も人々の行動原理も単一の尺度や動機にあえて一元化する必要は無いのである．様々な動機があるという事実を認識することこそ，主体的な人間の経済行動を理解する際に最も重要な点なのである．こうした人間観に深く根ざした主張だからこそ，センの議論は我々を惹きつけて離さないのだ．

2．市場の機能

最初に述べたように，センは市場経済の批判者として捉えられることが多い．たとえば飢饉の研究において，その発生に市場メカニズムの機能が重要な役割を果たしたことを強調し，また公共行動の重要性も強調している．したがって，何の規制も補完的措置もない市場経済には批判的であることは間違いない [Sen 1981 b]．しかし，K. バスも指摘するように，センが市場メカニズムと市場を通じたインセンティブの役割を評価していないと結論づけるのは全くの誤りである [Basu 1999 : 50]．

> 市場メカニズムを非難する人々は，そのような（市場メカニズムを通じた）すべての取引の停止を勧告しようとしているのではない．この問題を「全てか無か」の問題と見なすことは，批判の要点を全く見逃すことになる [Sen 1985 c : 1-2]．

> （純粋な市場メカニズムを支持する）今日の偏見は，注意深く検討される必要が確かにあり，またその一部は否定される必要があると私は主張したい．しかし市場の利点というよりも，むしろ市場の不可避な必要性さえも認めることを拒んだ過去の愚考を復活させることは，避けなければならない [Sen 1999 d : 112]．

つまり，政府と市場とは補完関係にあり，市場をうまく利用しつつ，その欠点を補うような公共行動が不可欠であることを主張しているのが，センの市場経済への見方なのである．本節では，センによる市場経済の機能に関する見方を他の論者の議論とともに紹介・整理しながら，バランスを保った彼の批判の本質を明らかにしたい．

厚生経済学の基本定理

市場経済を擁護する意見の多くが依拠するのは，市場の機能によって達成される成果が優れている点である．このことに関連してしばしば言及されるのが，厚生経済学の基本定理である．この定理は2つの部分からなり，それぞれ第一定理と第二定理と呼ばれることが多い．センは第一定理を「直接定理」と呼び，第二定理を「逆定理」と呼んでいる [Sen 1985 c ; Sen 1987 a ; Sen 1993 e ; Sen 1999 d]．直接定理によれば，規模の経済や外部性の欠如，競争市場が完備していることなどの条件が満たされるとき，競争均衡はパレート効率的であるという．また逆定理は，同様の条件が満たされるとき，いかなるパレート効率的な状態も，初期賦存量の特定の分布状態の下で競争均衡によって達成されることを示している．

これら2つの基本定理が成り立つ条件は極めて限定的なものであり，「現代のほとんどの経済学者たちは，市場の失敗と政府の失敗の両方が例外的ではなく，ありふれたことだと理解している」[Bowles and Gintis 2000 : 1425]．しかしセンは，基本定理が成り立つ条件の下でさえも，これらの定理に基づいて市場経済を擁護する見方に異議を唱えている [Sen 1983 a ; Sen 1985 c ; Sen 1987 a ; Sen 1993 e ; Sen 1999 d]．まずセンは，直接定理の倫理的内容は，むしろ控えめなものであると述べている．なぜなら，第2章で詳しく述べるように，パレート効率性という基準自体が分配や平等に全く関心を払わない点で極めて限定的だからである [Sen 1997 a : 6-7]．したがって，ある状態がパレート最適であるとしても，その状態に対して「大いに異議を唱える余地があるし，さらにはその状態が極めて悲惨な状態である可能性さえあるのだ」[Sen 1985 c : 10]．

しかし，少なくともパレート最適は社会の最適状態の必要条件と考えることもできる．もし様々なパレート最適の状態の中から最も望ましい状態を決めることができれば，適切に初期の資源賦存の分布を変えることで，市場メカニズムを通じてその状態が達成できる．このことを示したのが逆定理である．では，この観点から市場メカニズムを擁護できるだろうか．「逆定理は市場メカニズムへの賛辞ではあるが，決して『見えざる手』への賛辞ではない」[Sen 1983 a ; Sen 1984 b : 94]とセンは述べている．つまり，競争的市場メカニズムを通じてある特定の最適状態を実現するためには，初期に人々が所有している資源の大規模な再分配が前提となるからである．つまり，「逆定理は，革命家の手引きに入るべ

きものである」[Sen 1985 c : 11].

さらにセンは，適切な初期の資源賦存の状態を計算するために必要な情報の問題があることも指摘している．必要な情報の量は膨大になる上に，たとえば生産的能力が高くかつニーズの少ない者は，初期の資源配分のシェアを失うことを恐れて，必要な情報を正しく明らかにしないだろう．再分配に伴う政治的問題に加え，こうした情報とインセンティブの問題ゆえに，逆定理に着目しても市場メカニズムを手放しで擁護することはできないのである．

市場経済の効率性と自由

しかしセンは，市場メカニズムの利点についても正当に評価することを忘れてはいない．「市場と自由」と題した論文の中で，センは自由の観点から市場メカニズムを再評価している[Sen 1993 e]．センによれば，自由には少なくとも2つの重要な側面があるという．1つは自由の「機会としての側面」である．自由は我々の目標を達成するための機会を広げてくれる．したがって選択肢の良さとともに，選択の幅自体にも注意が払われることになる．もう1つの側面は「過程としての側面」である．選択の過程における意思決定の自主性とともに，他者から干渉を受けないことが重視される．他者からの干渉の排除は，「しばしば消極的自由の核心であり，権利の自由主義的理論の中心的側面であると見なされている」[Sen 1993 e : 525]．従って「過程としての側面」に注目した場合，自由意志に基づいて干渉されることなく交換や取引を行うという自由主義的権利の観点から，市場経済を擁護することが可能となる．

では自由の「機会としての側面」は，どのような市場経済の評価をもたらすのだろうか．センはまず，達成可能な機会の集合を比較し順位付ける基準を設定する．この場合，機会の集合の範囲もしくは大きさとともに，集合の要素の優劣が比較される必要がある．もし達成可能だが望ましくない選択肢が付け加わったとしても，機会としての自由が拡大したとは言いがたいからである．そこでセンは機会としての自由が広がったことの必要条件として，以下の公理を提示する．

公理0　好ましい機会の関連性 (relevance of preferred opportunity)
　集合Aが集合Bよりもより多くの機会としての自由を提供していることを確

認するためには，Bの全ての要素よりも好まれる要素がAの中に存在する必要がある．

この必要条件を基に，センは次の基準を定義している．

機会としての自由の弱い意味での効率性（weak efficiency of opportunity-freedom）
達成可能な他の状態として，全ての人の機会としての自由が明確に悪化することなく，かつ少なくとも1人の機会としての自由が明確に広がるような状態が存在しないとき，現在の状態は機会としての自由の観点から弱い意味で効率的である．

これらの基準を前提として，センは「機会としての自由」の観点から競争均衡の効率性を検討している．まず「機会としての自由」を入手可能な財の集合によって判断する場合，直接定理から，外部性が無いなどの条件が満たされる時，競争均衡によって「機会としての自由の弱い意味での効率性」が達成されると結論付けることができる．

では，「機会としての自由」を入手可能な財の集合から判断することは適切なのだろうか．生活の良さ（well-being）を比較し判断を下す際に焦点を当てるべきなのは，財の助けによって「どのような生活を送っているのか，そしてどのような行動や状態が達成可能なのか」であると，センは主張している[Sen 1985b；Sen 1987b：16]．したがって財の空間における比較は適切ではなく，ファンクショニングの空間において，達成可能なファンクショニングの組み合わせの集合，つまりケイパビリティ集合を比較する必要がある．財の空間で機会としての自由が広がることは，個々人にとってケイパビリティ集合が広がることを意味している．したがって直接定理が成り立つ条件が満たされれば，競争市場における均衡は，ケイパビリティの点でも財の保有の点でも，「機会としての自由の弱い意味での効率性」を達成すると結論づけることができる．

やや長々と解説してきたが，「機会としての自由」とケイパビリティの観点から検討をしても，競争市場を擁護する根拠があり，また競争市場が効率性を達成することを，センはこの論文で正しく指摘しているのである．しかしセンは，このように市場を擁護する見方にはいくつかの留保条件が付く事を忘れてはいない．まずセンは，市場の帰結と全く独立した自由主義的権利の主張は，倫理的な許容可能性の点で強い疑義を抱く余地があると主張する．たとえば「誰の

自由主義的権利を侵害することもなく，また自由な市場メカニズムの働きから逸脱することもなしに，大規模な飢饉さえ発生することが可能なのである」[Sen 1993e：526]．したがって，「過程としての自由」と「機会としての自由」の両面から市場経済を評価する必要があるのだ．しかし，市場の帰結のみに基づく厚生基準であるパレート原理と自由主義的権利の擁護が両立し得ないことは，第2章で詳しく解説されるセンの「パレート派リベラルの不可能性定理」によって見事に証明されている[Sen 1970a]．つまり自由主義的権利とパレート原理の両方に基づいて市場経済を擁護することは，そもそも矛盾をはらんでいる主張なのである．

そこでセンが主張するのは，自由主義的権利とともに市場の帰結の正義に着目した見方である．こうした考え方は，アダム・スミスにまで遡ることができる．「スミスによれば，理想的な自由社会とは全ての人のために自由と正義がある社会である」[Evensky 2001：506]という．そしてスミスは，「自由を享受する自律的な個人から成る社会が結束するためには，市民的倫理を保証する何らかのシステムが存在する必要がある．さもなければ社会は，ホッブズ的な万人の万人に対する戦いへと退化してしまうだろう」[ibid 2001：506]と認識していた．つまり，市場の帰結における正義と自由主義的権利が両立しないことを，スミスも認識していたのである．こうした認識はジョン・ロックなどによる社会契約論と共通のものであったが，スミスは自由社会の結束をもたらす手段としての社会契約の考え方を否定し，「市民的倫理の命ずるところに自主的に従いたいという共通の考えに正義が基礎を置くような社会においてのみ，自由社会の成果は十分に実現され得る」と確信していたという．その意味で，倫理的な行動を強いるように政府が介入することは，生産的資源を浪費する上に，社会の未熟さ，弱さを示すものと考えていた．前節で解説したように，動機としてのコミットメントを重視し，主体的な個人の判断を信じるセンの考え方には，このような道徳哲学者としてのスミスの大きな影響を見ることができるのである．

市場の帰結，ケイパビリティと不平等

「過程としての自由」に着目して自由主義的権利のみを主張することでは，市場経済は擁護できない．では市場の帰結に着目し，「機会としての自由」とケイ

パビリティの観点から市場経済が弱い意味での効率性を達成できるということは，どのように評価すればよいのだろうか．「機会としての自由の弱い意味での効率性」という基準は，パレート原理と同様に分配や平等に何ら関心を払わない基準である．この点から，財に着目した効率性基準であるパレート原理に対する批判と同様に，ケイパビリティに着目したこの効率性の基準も批判することができる．「パレート効率的な帰結が全く不平等で不快なものである可能性が十分あるように，それに対応した機会としての自由の弱い意味での効率的な組み合わせもまた，ひどく魅力の無い可能性があるのだ」[Sen 1993 e：536]．

さらにセンは，ケイパビリティの空間で考える場合，不平等の問題が際立たせられる可能性を指摘する．つまり所得の不平等と，所得をケイパビリティに転換する能力の不平等とが結びつくことで，不平等の問題が増幅される可能性があるのだ．「良い仕事と収入を見つけられなくさせるような要因が同時に，もし良い仕事や収入を得られたとしても，それによって質の高い生活を達成する際に，その人を不利な立場に置くことにもなるのだ」[Sen 1993 e：536]．

こうした不平等の問題から市場経済に疑問を呈する立場に対し，生産者の権利の立場から平等主義を強烈に批判する意見もある．その典型は，P. バウアーに見られる [Bauer 1981]．彼は「経済的平等という汚れた聖杯」に対して，次のような本質的批判を行う．

> 人々は芸術，学問，音楽，運動の能力が異なるように，経済的才能も異なっている．とりわけ人々は，経済的機会に気づき，それを利用する能力が異なる．経済的機会をうまく利用する準備が整っているかどうかが，自由な社会における経済的違いを説明する際に極めて重要なのである [Bauer 1981：10]．

つまり，「経済的違いのほとんどは，人々の能力と動機に由来するものである」[*ibid* 1981：19] という認識である．そして，人々の能力や動機が全く同じであるという信念は，全く根拠のないものであると批判している [*ibid* 1981：10, 16]．そもそも「所得は，……他の人々から取り上げられたものではない．通常，所得は，その受取人自身と受取人の所有する資源によって生産されたものである」[*ibid* 1981：12]．したがって生産者の権利という立場から，市場経済を擁護することができる．

センは，バウアーのこうした見方を「私的生産の見方」と呼び，検討を加え

ている[Sen 1985c:14-17]．センによれば，バウアーのこうした見方は，一種のエンタイトルメントの議論であるという．しかしこのエンタイトルメントの論理は，ノージックのような過程を重視した形をとっておらず，したがって人々の持つ権利は所有や移転の権利ではなく，自分が生産したものを実際に手に入れる権利となっている．バウアーは，単に契約などの過程におけるルールを問題にしているのではなく，帰結を問題にしているのである [Sen 1985c:14]．

こうした「私的生産の見方」を支持することは，かなり難しいとセンは述べている[Sen 1985c:15-16]．なぜなら，もし生産が異なる資源を同時に利用する相互依存的な過程だとすれば，どの資源が総生産のどのくらいの割合を生産したのかを切り離すことは不可能だからである．たとえば規模に関して収穫一定の技術の場合には，限界生産力によって個々の生産要素の貢献を計る方法がある．この方法は，資源の利用に関する意思決定の際には重要であるが，そこから現実に誰が総生産のどの部分を作り出したのかを読み取ることは，その論理的限界を大きく超えていると批判している．もし限界生産力に基づく計算によって，総生産の60％が労働，40％が資本によるものという結果が得られたとしよう．しかしこの結果は，たとえば資本なしに労働だけで総生産の6割が生産できることを意味しないのである．さらに限界生産力を用いた計算が費用と収入の関係として用いられる時には，価格という要素が加わるために，さらなる問題が生じると言う．つまり，価格が限界生産力を正しく反映したものである必要があるのだ．

こうした問題に加えて，資源の所有権の問題もある．資源の所有者が高い所得を得ることを正当化するには，その所有権を正当化しなければならない．そのプロセス抜きに，「そのような[資産]所得は実際には，他の所得よりも勤労によって得られた程度が少ないわけではない」[Bauer 1981:12]と主張したところで，説得力を欠くことになる．

ただし，バウアーによる再分配政策の実態に関する指摘は説得的である．たとえば所得の再分配と貧困削減を同一視する見方が一般的であるが，平等主義的政策が必ずしも貧困を削減するとは限らないことも事実である[Bauer 1981:23-4]．労働組合の保護，最低賃金法，地代の規制，産業許認可制度，機会均等法，直接課税の強化などの政策は，「しばしば富裕層と貧困層を犠牲にして中間層に利益を与えている」[*ibid* 1981:23]．これに対しセンは，平等や貧困削減を

進めるための政策手段に関して，バウアーの挙げているような伝統的政策手段を支持しているわけではない．むしろ教育や医療を通じたケイパビリティの拡大を目指す公的支援主導保障と，貧困層を巻き込んだ経済成長である成長媒介保障という経済開発の2つのあり方を賞賛している [Drèze and Sen 1989: 183-7]．こうした指摘も，教育や健康などの外部効果と経済成長の原動力となる経済効率性の重要性をきちんと認識した，センのバランスのとれた見方を反映するものといえる．

　一方，パレート原理を離れれば，様々な市場に異議を唱えることが可能となる．カンブールは，武器，麻薬，有毒廃棄物，児童労働，臓器などの取引に対して，人々は一般に不快感，不信感を抱き，憤りさえ感じることに着目し，これらの「不快な市場」の特徴と解決策を検討している [Kanbur 2001]．これらの市場に多少とも共通する特徴は，市場の帰結の極端さ，取引当事者たちが市場の帰結を明確に認識していないこと，そして市場の力関係の不平等さである．このカンブールの分析は，帰結主義に固執しつつパレート原理から離れることで，我々が一般的に抱く市場への不信感が明確化できることを示している．こうした批判への道筋をつけたのが，センによる不平等の先駆的な一連の研究だったのである．[5]

　以上のように，センの市場経済への視点は無条件の賞賛でも無条件の否定でもない．[6] 自由とケイパビリティの観点から市場が弱い意味での効率性を達成できることを正しく主張すると同時に，弱い意味での効率性が社会を判断する基準として不十分なものであることも明確に主張している．したがって，「センの著作を注意深く読めば，彼が支持する一連の政策は，ケネス・アロー，ポール・サミュエルソン，ジョゼフ・スティグリッツなどの多くの著名な経済学者達が処方するであろう内容と大きく異ならないことが分かるのである」[Basu 1999: 50]．しかしセンの多元的視点は，他の経済学者とは重点の異なる処方箋を提供することも事実である．たとえば貧困や不平等の問題に対して，「主流派」経済学者は再配分と社会保障による対応策を提案するだろう．しかしセンは「人間開発こそ，第一に重要な貧困層の味方なのである」[Sen 1999d: 144] と主張する．貧困の原因を見極めるとともに，善き生(well-being)の価値を十分に評価した，センの多元的視点から生まれた主張なのである．

おわりに

　本章では新古典派経済学の根幹を成す制度である市場経済に関して，人々の行動動機のあり方と市場経済の効率性に対するセンの見解を検討してきた．どちらの問題に関しても，センは画一的な見方を拒絶すると共に，多元的な視点を見事に提供している．人間の経済行動の動機に関しては，利己主義的な配慮だけに囚われているわけではなく，共感やコミットメントなどが入り込む余地があることを主張する．市場の効率性に関しても，社会全体にとってより良い生活を実現するための必要条件としての効率性を評価しつつも，帰結としての不平等や貧困などの窮状にも配慮する必要性を強調している．このように主体的な人間像を想定した，人間や社会に対する多元的な見方は，アダム・スミスに由来するものであった．アダム・スミスが主題とした市場取引の自由と帰結としての正義の両立に向けた経済学を，現代の経済学の枠組みの中で復活させることこそ，センによって見事に成し遂げられつつある業績なのである．

注
1) 『読売新聞』，1998年10月15日．
2) 「囚人のジレンマ」についての詳しい説明は，Gibbons [1992]，山崎 [2001] などを参照せよ．
3) センの概念を操作可能性の立場から批判した文献には，Sugden [1993] がある．
4) 1995年第7回計量経済学会世界大会において行われたセンの基調講演において，筆者が記憶している質疑の内容から敷衍したものであり，厳密な引用ではない．
5) 詳しくは第3章を参照されたい．
6) 近年のグローバリゼーションに関するセンの議論からも，こうした視点を窺い知ることができる．関心のある読者は，Sen [2001 c ; 2001 d] なども参照されたい．

第2章 アマルティア・センと社会選択論[1]

はじめに

　本章では，アマルティア・センの社会選択論及び厚生経済学での主要な理論的貢献について概観していく．社会選択論はケネス・アローの開拓的研究で本格的に開始された分野であり，センのこの分野での研究もアローの研究の強い影響の下に行われている．従って，彼のこの分野における貢献を見ていく為にも最初にアローの社会選択論に関する古典的研究について紹介する必要があると思われる．従って，第1節はアローの不可能性定理の議論から始め，引き続き，センによるアローの不可能性定理の再検討，及び発展について，第一節の後半及び第2節で見ていく．第1節の後半では多数決ルールの公理的特徴づけに関するセンの議論を，第2節では，アローの社会厚生関数の概念を発展させた，センの社会決定関数の提示，及びその提示に基づくアローの不可能性定理の解消策に関するセンの貢献を概観する．第3節ではセンのパレート・リベラル・パラドックス，ならびにその解消策に関する概観をした後，センによって提示された自由主義的権利の定式化についての論争を概観する．最後に，第4節ではセンのケイパビリティ・アプローチに基づく分配的正義論及びその厚生経済学的定式化に関して概観する．

　尚，数学に必ずしも洗練されていない読者層でも十分判読戴ける様に，可能な限り数理的表現を排除して叙述的表現に置き換えると共に，数理的表現を用いた際には必ず，その意味を叙述的表現で書き加える様にも心がけたつもりである．しかしながら，本来，社会選択論及び厚生経済学は極めて数理的色彩の強い分野であるので，紙幅の節約上の観点もあり，最低限の数学的記号の採用は避け得なかった．もっとも，本章で使用されている数学的記号は極めて限られたもので一度慣れてしまえば，中身の理解に障害を与えるようなものではな

いと信じる．ここで使われている数学的記号に不慣れな読者は，Sen [1970 a] の日本語訳 [志田基与師監訳 2000] の「訳者解説2．数学的準備」を参照戴くだけで十分である．

1．アローの一般不可能性定理
――社会厚生関数の構成不可能性――

　厚生経済学は，何が望ましい社会・経済政策かという規範的問題を抜きには語れない．望ましい社会・経済政策を決定・選択するには，まずもって「望ましさ」の内容が明記されていなければならない．そのためには何らかの「望ましさ」を意味する基準が設定されなければならず，社会・経済政策のパフォーマンスはこの基準に照らして評価される事になる．しかし，個人間比較不可能な序数的効用を情報的基礎とするロビンズ以降の新厚生経済学の潮流の中で，社会的に合意されるに値する基準として定められたのは，パレート原理のみであった．周知のように，パレート原理に基づく社会状態の評価は，2つの政策オプションの間で，一方の政策ではある個人がより便益を享受する事ができ，他方の政策では他の個人がより多くの便益を享受する事ができるという利害対立が生ずる場合には判断を保留する事になる．しかし，政策の社会的意思決定は，多くの場合，個々人の互いの利益が政策の選択如何で相反する状況に直面するわけであるから，パレート原理のみに基づく社会状態の評価では実践的には殆ど何も語る事ができなくなってしまう．そこで，パレート原理を満たしつつ，その基準では判断保留されるような社会状態のペアに関しても，別の評価基準――例えば分配の公正性に関する基準――に基づいて何らかの判断を下す事が要請される事になる．

　ところで，社会・経済政策の評価とはそもそも何であろうか？　それは，政策によって実現されるであろう社会状態に関する順序関係・ランキングとして定式化される．より高いランクに順序付けられた社会状態をもたらす政策はより高い評価を受ける事を意味する．パレート原理とは，2つの社会状態を比較して，一方の状態における全員の効用水準が他方の状態におけるそれらを上回っているならば，前者を後者より高くランク付ける事を要請するものである．

　カルドア，ヒックス，シトフスキー等のいわゆる補償原理の議論は，パレート原理を満たしつつ，その原理の精神を拡張する形で，社会状態の評価付けを

試みるものであった．それは政策から便益を享受する人々と損失を被る人々との間に仮想的な補償の可能性を導入する事によって，本来パレート原理の適用のみによっては判断を保留せざるを得なかった，つまり個々人の利害が政策の選択如何で互いに相反する状況の下でも，判断を行う試みであった．例えばカルドア原理では，ある状態1から別の状態2へ移行する政策は，その政策の結果ある個人の効用が低下したとしても仮説的な補償を行う事で全員がその移行によって改善される場合には，是認される．しかしこれらの議論は，いずれも整合的な政策判断の基準とはなりえなかったのである．例えば可能な3つの社会状態があったとき，状態1から状態2へ移行する政策がいずれかの補償原理の適用に基づいて是認され，さらに状態2から状態3への移行をもたらす政策がやはり同じ補償原理で是認されたとしよう．このとき，同じ補償原理の適用によって，状態3から状態1への移行も是認されるケースが生じうるのである．かくして補償原理の適用による社会状態に関するランキングの形成は成功しないことが明らかになった[2]．

　補償原理アプローチの失敗に基づいて，提示された代替的アプローチがバーグソン=サミュエルソンの社会厚生関数アプローチ [Bergson 1938 ; Samuelson 1947] である．バーグソン=サミュエルソンの社会厚生関数は，社会を構成する人々の選好，ないしは判断を考慮しつつ様々な社会状態に関する倫理的な順序付けを行う方法である．バーグソン=サミュエルソンはこの社会厚生関数がいかなる倫理的判断基準に基づいて構成されるべきかは厚生経済学の課題ではなく倫理学の課題であり，厚生経済学は所与の社会厚生関数に基づく社会的価値判断に即して的確な経済政策を勧告する事に限定されるべきであると主張した．所与の社会厚生関数は社会状態に関する整合的な順序を決定するものとして仮定されているので，そこではもはや補償原理アプローチに生じたような整合的な政策判断の構成の可能性問題を考慮する必要はない，というわけである．

　アローの一般不可能性定理は，上記のバーグソン=サミュエルソンの議論で所与の装置として位置づけられていた，社会厚生関数の構成可能性を問うたものである．換言すれば，様々な社会状態に関する個々人の選好ないしは判断に基づいて社会的な評価・判断を形成する集計ルールが果たして適切に構成できるかを問うたのである．そのようなルールとして例えば，ある一人の個人を「専制君主」に仕立て上げて，他の個々人がどんな選好ないしは判断を持っているとき

でも，その「専制君主」の選好ないしは判断をそのまま社会的な選好・判断にする様な集計の方法がある．また，社会を構成する人々の評価・判断を全く無視して，ある因習や慣習によって人々を拘束する固定的な評価・判断を指定する方法もそのようなルールの一つに挙げられる．しかしこのような集計ルールは民主主義的な社会の意思決定ルールとしてはふさわしいものではない．前者の例は独裁制社会を，後者は市民主権に反する社会を意味すると考えられるからである．では，民主主義的な社会で採用されるに足る集計ルールはいかなる性質を最低限持っていなければならないか？　さらに，そのような性質を有するルールは構成可能か？　アローの不可能性定理に基づけば否である．以下，アローの不可能性定理 [Arrow 1951; Arrow 1963] を詳細に見ていこう．

アローの不可能性定理

今，n 人からなる社会（但し，$2 \leq n < +\infty$）を考え，その個人の集合を N としよう．また，先験的に許容可能な社会状態の普遍集合を X とし，それは少なくとも3個以上の社会状態を要素として含む有限集合である，すなわち $3 \leq \#X < +\infty$ であるとしよう．したがってその集合のある要素 $x \in X$ は，何らかの社会政策・経済政策の実行の結果，実現されるであろう社会状態を記述しているものと解釈する．各個人 $i \in N$ は相異なる複数の社会状態に関する選好を持っている．例えば，社会状態 $x, y \in X$ に関して i は状態 x を状態 y よりも少なくとも同程度に望ましいと判断している場合，それを xR_iy という記号で表すことにする．

この R_i は X 上の選好順序として定義される．個人 i の有する X 上の選好順序 R_i とは以下のような性質を有する X 上の二項関係である．第1に，任意の社会状態 $x, y \in X$ に関して必ず xR_iy か yR_ix の少なくともいずれか一方が成立する．第2に，任意の3つの社会状態 $x, y, z \in X$ に関して，xR_iy かつ yR_iz ならば必ず xR_iz である．第1の条件は二項関係の完備性と言われるもので，いかなる社会状態のペアに関してもそのいずれかが他方よりも少なくとも同程度に望ましいかを判断できることを意味する．これは社会状態に関する自分の好みないしは価値判断を明瞭に述べることが出来るという事である．第2の条件は二項関係の推移性と呼ばれるもので，社会状態 x を社会状態 y よりも少なくとも同程度に望ましいと判断し，社会状態 y を社会状態 z よりも少なくとも同

程度に望ましいと判断したならば，自動的に社会状態 x を社会状態 z よりも少なくとも同程度に望ましいと判断することを意味する．これは整合的な好みないしは価値判断を各個人は持っていることを意味する．

選好順序 R_i に基づいてある2つの社会状態 $x, y \in X$ を比較したとき，xR_iy かつ yR_ix であったとしよう．つまり社会状態 x は社会状態 y よりも少なくとも同程度に望ましいと判断しつつ，社会状態 y は社会状態 x よりも少なくとも同程度に望ましいと判断している状態である．R_i の下でこのような性質を有する社会状態のペアに関して特に $xI(R_i)y$ と表し，社会状態 x と社会状態 y は無差別であるという意味を持つものとしよう．$I(R_i)$ を選好関係 R_i に対応する無差別関係と呼ぶ．また，2つの社会状態 $x, y \in X$ に関して xR_iy は成立するが，yR_ix は成立しないとしよう．これは社会状態 x は社会状態 y よりも厳密により望ましいという判断を意味する．R_i の下でこのような性質を有する社会状態のペアに関して特に $xP(R_i)y$ と表すことにしよう．$P(R_i)$ を選好関係 R_i に対応する狭義の選好関係と呼ぶ．以上のような性質をもつ，論理的に可能な X 上の選好順序の集合を $\Re$ で表そう．かくして各個人 i が有するであろう X 上の選好順序は色々なタイプのものが考えられるが，常に $\Re$ の要素である．

様々な社会状態に関する個々人の選好ないしは判断が社会状態の集合 X 上の個々人の選好順序のプロファイル $\mathbf{R} = (R_1, R_2, \cdots, R_n) \in \Re^n$ として与えられたとき，その情報に基づいて形成される社会的な評価・判断を，$\mathbf{R}$ の関数として $R = f(\mathbf{R})$ と表記しよう．この社会的な評価・判断 R は X 上の選好順序として定義され，対応する無差別関係，狭義の選好関係をそれぞれ $I(R)$, $P(R)$ で表すことにする．すなわち $R \in \Re$ である．個人的評価のプロファイルを元に社会的な選好順序を形成する集計ルールとはこの関数 $f : D_f \to \Re$ に他ならない．ここで関数 f の定義域 D_f は論理的に可能な選好順序プロファイルの集合 $\Re^n$ の部分集合である．この関数 f はアローの社会厚生関数と呼ばれる．

民主主義的な集計ルールとしてのアローの社会厚生関数 f が満たすべき性質として，アローは以下の4公理を導入した [Arrow 1963]．

定義域の普遍性 U (Unrestricted Domain)：$D_f = \Re^n$.

パレート原理 P (Pareto Principle)：$\forall x, y \in X, \forall \mathbf{R} = (R_i)_{i \in N} \in \Re^n$,
　　$[xP(R_i)y \ (\forall i \in N) \Rightarrow xP(R)y]$ 但し $R = f(\mathbf{R})$．

非独裁制 ND(Non-dictatorship):以下の様に定義される独裁者 $d \in N$ は存在しない:

$$\forall x, y \in X, \forall \mathbf{R} \in \Re^n, \ [xP(R_d)y \Rightarrow xP(R)y] \quad \text{但し } R = f(\mathbf{R}).$$

無関連の対象からの独立性 I(Independence of Irrelevant Alternatives):

$$\forall x, y \in X, \ \forall \mathbf{R} = (R_i)_{i \in N}, \mathbf{R}^* = (R_i^*)_{i \in N} \in \Re^n,$$
$$[\{xR_i y \Leftrightarrow xR_i^* y (\forall i \in N)\} \Rightarrow \{xRy \Leftrightarrow xR^* y\}]$$
$$\text{但し } R = f(\mathbf{R}) \ \& \ R^* = f(\mathbf{R}^*).$$

上記の4公理のうち公理 UD は,アローの社会厚生関数 f が論理的に可能なあらゆる全ての選好順序プロファイルに対して必ず社会的選好順序を形成できることを要請するものである.これは個人間に社会状態の評価・判断をめぐるいかなる異論や対立がある場合でも必ず社会の評価・判断を形成できることを要請する.公理 P は,任意の社会状態のペア x, y に関する個々人の選好が全員一致して x を y よりも厳密により望ましいと判断する場合には,対応する社会的選好順序においても x を y よりも厳密により望ましいと判断すべき事を要請する.公理 ND は,ある特定の個人 d が任意の社会状態のペア x, y に関して x を y よりも厳密により望ましいと判断する場合に,他の諸個人の選好順序がどのような性質を持っているかに関わりなく,対応する社会的選好順序においても x を y よりも厳密により望ましいと判断するならば,個人 d は独裁者と呼ぶにふさわしいと定める.さらにアローの社会厚生関数 f がそのような独裁者を生み出すような集計ルールであってはならない事を要請する.最後に,公理 I は個人的評価のプロファイルの集計方法に関する効率性を要請するものである.いま,異なる2つの個人的選好順序プロファイル $\mathbf{R} = (R_i)_{i \in N}$ と $\mathbf{R}^* = (R_i^*)_{i \in N}$ を比較したとき,ある任意の社会状態のペア x, y に関する両プロファイルの評価が一致しているとしよう.つまり,ペア x, y に関する各個人の選好は $\mathbf{R}$ の下でも $\mathbf{R}^*$ の下でも変わらない.この場合には対応する社会的選好順序 R 及び R^* に関しても x, y に関する選好は一致していなければならない.これが公理 I が要請する条件である.この要請は,換言すれば任意のペア x, y に関する社会的評価・判断を決定するためにアローの社会厚生関数が参照すべき情報は,ペア x, y 上に限定された個々人の(序数的)選好順序に絞られる事を意味する.その意味で,公理 I は社会的評価形成ルールの情報効率性の要請を意味す

るのである.

　アローの一般不可能性定理に基づけば，上記 4 つの公理を満たすような社会厚生関数 f は論理的に存在し得ない[Arrow 1963]. この定理は，バーグソン=サミュエルソンの社会厚生関数アプローチの理論的基礎を覆すものであると言ってよい．バーグソン=サミュエルソンの社会厚生関数とは，n 次元ユークリッド空間 E^n に与えられた n 人の効用値プロファイル $\bar{\mathbf{u}}=(\bar{u}_1, \bar{u}_2, \cdots, \bar{u}_n)$ に対してある実数値を割り当てる実数値関数 $W : E^n \to E$ である．ここで各個人の効用値 $\bar{u}_i$ は，背景にある社会状態 $x \in X$ に対する彼の選好順序 R_i を表す効用関数 u_i の値に他ならないので，$W(\bar{\mathbf{u}})=W(\bar{\mathbf{u}}(x))=W(u_1(x), u_2(x),\cdots,u_n(x)) \equiv W^u(x)$ という関係が成立する．この関数 W^u は社会的選好順序 R を表す実数値関数と解釈できる．この様に，アローの社会厚生関数 f によって形成されるものこそバーグソン=サミュエルソンの社会厚生関数に他ならないのである．したがって，アローの一般不可能性定理は，バーグソン=サミュエルソンが所与としてきた整合的な社会的評価付けの方法であるバーグソン=サミュエルソン社会厚生関数を，民主主義的な手続きを経て構成することが不可能である事を意味する．かくして個人間比較不可能な序数的効用を情報的基礎とするロビンズ以降の新厚生経済学の試みは，その理論的基礎における大きな障害の存在を認識するに至ったのである．

　アマルティア・センの厚生経済学及び社会選択論における研究は，上記のアローの不可能性定理の詳細な検討からスタートしている．アローの不可能性定理の罠を回避しつつ，社会的評価付けを形成する民主主義的な集計ルールを構成するためには，幾つかのルートが考えられる．第 1 に，公理 UD を弱め，ある限定された個人的選好順序プロファイルにのみ，社会的選好順序を対応させるアプローチである．例えば経済学の資源配分問題の論脈では，個人の選好順序はしばしば連続，単調，かつ凸な性質を有するものに限定される．したがってそのような性質を持つ選好順序プロファイルに対してのみ社会選好順序を決定する様なルールが形成出来れば十分であろうという考えである．第 2 に，公理 UD で前提する個人の選好順序に関する情報はその序数的性質のみであり，さらに個人間の選好の比較も不可能なものとされていた．これは新厚生経済学の潮流に則ったものであったが，むしろ選好情報を，その基数的性質や個人間比較可能な効用指標を取り入れる等，より豊かにする事で，不可能性の回避を

試みるルートである.
　第3に, 社会状態に関する個人の評価・判断は, 合理的個人を前提する限り, 順序関係として定式化されるのは是認されるとしても, 社会的評価・判断も完備かつ推移的な順序関係である事の要請はむしろ条件として強すぎるという立場がありうる. 社会的評価・判断が推移的な順序関係でなくともそれに基づいて「望ましい」政策の社会的選択が整合的になされさえすれば問題はない. 例えば形成された社会的評価・判断の下で最善な社会状態が確定されるとしても, 互いに最善でないある3つの社会状態に関しては推移性に基づく整合的な判断ができないというケースが考えられる. この様なタイプの社会的選好は順序関係とならないので, そもそもアローの社会厚生関数の定義に反するが, 社会的に選択されるべき最善な状態は決定されるので問題ないと考えられるのである. 第4に, 公理Ⅰは民主主義的ルールの必要条件として不可欠であるかについて異論の余地があろう. むしろ個人の権利が適切に保護されているか, 個々人は公正に取り扱われているか等, もっと他に考慮すべき条件があるという立場である.
　以下のこの節では, 第1と第2の論点からのアローの定理の解消問題に関する, セン及び関連する論者の研究について簡単に言及しておく. 第3, 第4の論点については節を改めてより詳細にセンの議論を紹介する.

公理 UD の変更

　公理 UD を弱め, ある限定された定義域上で社会的選好順序の形成を行う集計ルールの可能性はダンカン・ブラック[Black 1948；Black 1958], 及びアロー自身[Arrow 1951]によって最初に探求された. 彼らは社会状態の集合 X が一次元ユークリッド空間上の部分集合として定義され, また X 上で定義される個人及び社会の選好順序が単峰的選好の性質を持つタイプに限定されるときには, いわゆる多数決ルールがアローの4公理を満たす集計ルールとなる事を明らかにしている[3]. 今, 任意の $x, y, z \in X \subseteq E$ に関して実数空間上の大小関係＜で評価して $x<y<z$ であるとしよう. これらはそれぞれ $x=$最左翼の政策, $y=$中道派の政策, $z=$保守派の政策, 等々と解釈されよう. 選好順序 R_i が単峰的選好であるとは, xR_iy であるならば必ず $yP(R_i)z$ となり, また zR_iy ならば必ず $yP(R_i)x$ となる様な順序関係である. つまり中間に位置するがこの3選択肢の中

で決して最悪の評価を受け取るケースがないような順序関係である．単峰的選好順序を表す効用関数が存在するとすればそれは X 上で準凹な関数となり，そのグラフは X 上のある一点でピークをもつ山のような形になる．他方，多数決ルールとは，任意の $x, y \in X$，任意の $\mathbf{R} \in \Re^n$ に関して，xR_iy と評価する個人 i の数が yR_jy と評価する個人 j の数より多いかもしくは同数である場合に限り，xRy となるような社会的順序 $R=f(\mathbf{R})$ を割り当てる関数 f の事をいう．

残念ながら，許容される選好順序の集合を単峰的選好に限定した場合でも，集合 X が二次元の構造を持つ場合にはもはや多数決ルールはアローの4公理を満たす集計ルール足りえない．その場合にはいわゆる多数決ルールに関する「コンドルセの逆理」が生じてしまうからである．問題は，多数決ルールは常に公理P, ND, I を満たすものの，そのルールによって形成される社会的選好が3選択肢の間で循環を起こしてしまう（したがって推移性を満たさない）事にある．では多数決ルールが常に推移性を満たす社会的選好順序を形成するためには個人的選好プロファイルにいかなる限定条件を課す事が必要十分であろうか？センがプラサンタ・パタナイクとの共同論文［Sen and Pattanaik 1969］で論じたのはまさにこの問題である．その必要十分条件は以下の様に定式化される．

極論制限性 ER(Extremal Restriction)：社会状態の集合 X はある順序集合の部分集合であるとする．X に導入された順序に基づいて順序付けられた任意の3選択肢 $\{x, y, z\} \subseteq X$ に対して，もし $xP(R_i)y$ かつ $yP(R_i)z$ となる個人 $i \in N$ が存在するならば，$zP(R_j)x$ という選好を持つ個人 $j \in N$ は，必ず $zP(R_j)y$ かつ $yP(R_j)x$ となる．

定理［Sen and Pattanaik 1969］：多数決ルールに基づいて推移性を満たす社会的選好順序の形成を可能とする様な個人的選好順序プロファイルの定義域の必要十分条件は，任意の3選択肢集合が極論制限性を満たすような集合にその定義域が限定されることである．

極論制限性はかなり強い条件であり，それを満たすような選好プロファイルの定義域の存在は，社会状態の集合 X が線形順序集合の構造を有する事に本質的に依存する．すなわち，選択肢の集合が一次元的構造を有しているケースである．また，その場合には極論制限性を満たす選好プロファイルは全員が単峰的選好順序をもつケースの他に全員が単谷的選好順序 (single-caved preference)[4]をもつケース等が存在する．しかしその種類は決して多くはない．

　公理 UD を変更するもう一つの可能性としては，個人的選好順序に関する序数的性質のみを社会的選好形成において考慮すべき情報とするばかりでなく，選好の基数的性質，すなわち選好の強度をも考慮すべき情報として取り上げる余地がある．その場合にはアローの4条件を満たす社会厚生関数が存在するであろうか？　また，さらに個人間の効用比較可能性を導入した場合にはどうなるであろうか？　センは第一の問題に関して，答えは否であることを示している[Sen 1970 a : Theorem 8*2]．効用の個人間比較可能性を導入した場合については，考慮する選好の情報が序数的性質のみであっても基数的性質を含むものであっても，いずれもアローの4条件を満たす社会厚生関数の存在が，ハモンド [Hammond 1976] 及びダスプリモント=ゲバース [d'Aspremont and Gevers 1977] 等の研究によってその後明らかにされてきた[5]．前者の場合はロールズ型マキシミン社会厚生関数が，後者の場合は功利主義的社会厚生関数がアローの条件を満たすのである．これらの研究は，公理 UD に変更を加える事でアローの不可能性定理を回避するには，個々人の選好順序を表す効用関数が個人間で比較可能なクラスに限定する必要があるという事を意味する．換言すれば，個々人の互いに比較不可能な序数的選好情報にのみに基づいて政策の社会的評価ならびに社会的選択を行うという新厚生経済学の立場ではアローの問題を解決する事は不可能であり，効用の個人間比較を行う等，社会的選択の為の情報的基礎の拡張が要請されるという事である．

2．センの社会決定関数の可能性定理

　この節では，アローの不可能性問題を解決する為の第3のルートに関するセンの議論を紹介しよう．個人的選好順序のプロファイルを情報的基礎にして形成されるべき社会的評価・判断は完備かつ推移的な順序関係という性質を持たずとも，それによって社会的に最善な状態が特定され選択する事が可能であれば十分であろう．この観点に基づいてセンは以下で定めるような社会決定関数 (social decision function) という概念を新たに提示した．

　社会状態の集合 X 上に定義された完備な二項関係 R を所与として，この R で評価して最善である要素からなる集合を選択集合 $C(X, R)$ と定める．すな

わち，ある $x \in X$ が選択集合 $C(X, R)$ の要素であるのは，任意の $y \in X$ に対して必ず xRy であるときかつそのときのみである．選択集合 $C(X, R)$ は一般に常に非空集合である保証はないが，X が有限集合である場合には，完備な二項関係 R が非循環性の性質を有する事が $C(X, R)$ が非空である為の必要十分条件である事が知られている[Sen 1970 a : Lemma 1*1]．ここで二項関係 R が非循環的 (Acyclic) であるとは，以下の条件が成り立つことである．

$$\forall x^1, \cdots, x^j \in X, [\{x^1 P(R) x^2 \ \& \ x^2 P(R) x^3 \ \& \ \cdots \ \& \ x^{j-1} P(R) x^j\} \Rightarrow x^1 R x^j].$$

明らかに推移的な二項関係は非循環的である．しかし逆は成り立たない．

センの社会決定関数とは許容される個人的選好順序プロファイル $\mathbf{R} = (R_i)_{i \in N}$ 各々に対して，非空な選択集合 $C(X, R)$ を生成するような社会的選好関係 R を割り当てる関数 f に他ならない．上記の議論に基づけば，社会決定関数 f が形成する社会的選好関係は，それが完備な二項関係であるならば非循環的でなければならない事を意味する．形成される社会的選好関係が完備かつ推移的な二項関係である事を要請するアローの社会厚生関数は明らかに，センの社会決定関数の特殊ケースである．従って，センの議論は民主主義的な集計ルールの可能性を，アローよりもより広範なルールのクラスにおいて探る事を意味する．それゆえ，アローの4条件を満たすような集計ルールの存在可能性は，改めて問うべき課題となる．事実，センは以下の様な可能性定理の導出に成功している．

定理[Sen 1969]：いかなる有限集合 X に関しても，アローの4条件を満たす社会決定関数 f が存在する．

この定理の証明においてセンが構成して見せた社会決定関数は極めて単純なものである．個人的選好プロファイル $\mathbf{R} \in \Re^n$ に対して，社会決定関数 f が形成する社会的選好 R は，任意の社会状態のペア $x, y \in X$ に関して，y が x に対してパレート優位でないとき，そのときにおいてのみ，xRy と評価するようなものと定義される．ここで，y が x に対してパレート優位であるのは，すべての個人 i が yR_ix でありかつ，少なくとも一人の個人 j に関しては $yP(R_j)x$ が成立している事である．この様にして形成される社会的選好 R は完備な二項関係であり，かつ狭義の選好関係 $P(R)$ に関しては推移性を満たす事が容易に確認で

きる．従って，選択集合 $C(X, R)$ の非空性が保証されるが故に，この関数 f は間違いなくセンの社会決定関数である．また，この関数 f が公理 UD, P, ND, 及び I をそれぞれ満たす事も容易に確認される．

しかしながらこの社会決定関数が形成する社会的選好とは，実はパレート原理のみの適用によってはランク付けが出来ない社会状態のペアを全て無差別と評価するような選好関係に他ならない．したがってこの選好関係に基づけば，パレート効率的な社会状態は全て最善な社会状態となり，選択集合 $C(X, R)$ の要素となってしまう．しかるにそもそも新厚生経済学の課題は，パレート原理によってはランク付けが出来ないパレート効率的な社会状態間での社会的評価をいかに整合的に形成するかという問題であったから，パレート優位の関係がつかないペアをすべて無差別関係で処理するような社会的選好は異論なく受け入れられるとは言い難い．従ってセンが構成した社会決定関数――セン自身はそれをパレート拡張ルール [Sen 1970 a : Definition 5*3] と呼んでいる――は，確かにアローの不可能性問題をクリアするものだとは言え，結局，新厚生経済学のオリジナルの課題は未解決なままなのである．実際センは，アローの 4 条件のうち公理 ND を匿名性公理に強めた場合，それらを全て満たす社会決定関数は唯一パレート拡張ルールのみである事をも示している [Sen 1970 a : Theorem 5*3]．この事は，新厚生経済学の枠組み――すなわち序数的かつ個人間比較不可能な効用情報に基づく社会的評価――の下で，上記の新厚生経済学の課題を解決するような民主主義的集計ルールの存在不可能性を事実上，意味すると言って良いだろう．

3．センのリベラル・パラドックスとその反響
―― 権 利 論 ――

社会状態の望ましさの比較・評価を，その状態の下で個々人が享受する効用に関する情報のみに基づいて行う立場を厚生主義 (Welfarism) という．前節までのアロー及びセンの試みは，序数的かつ個人間比較不可能な効用情報に限定したより狭義な厚生主義的立場に基づく，民主主義的かつ整合的な社会的選択の実現困難性を明らかにした．その意味での新厚生経済学批判としての意義を持つものと位置付けられよう．他方，この節では，非厚生主義的であるが，それ自体社会的に尊重されるべき固有の価値を有するある評価基準が，厚生主義的立

場に基づく社会的選択のルールと相容れない事を示す事で，厚生主義批判を展開する．

パレート・リベラル・パラドックスとその解決法

アローの不可能性問題を解決する為の第四の論点は，公理Ⅰを民主主義的集計の条件としてより道理に適う公理に置き換えるという問題であった．そのような条件としてセンは個人の自由主義的権利の社会的尊重という基準を提示した．民主主義といってもそれが多数派による少数派への独裁体制を意味するものならば望ましい社会とは言えない．ジョン・スチュワート・ミル [Mill 1859] に従えば，どんな個人であれ，他の諸個人の意向や政府の決定によって侵犯される事なく，己自身の意思に基づいて決定を行える選択肢の私的領域 (personal sphere) が存在するべきである．自由主義的な社会であるならば，そのような領域は社会的に尊重すべき個人の権利域として，必ず存在しなければならない．このような精神に基づいて提示された価値基準こそセンの「リベラリズム」の条件であった．

センのリベラリズムに関する条件は以下の様に定式化される．今，社会状態 $x \in X$ を精密に記述すると，$x=(x_0, x_1, \cdots, x_n)$ と表記されるものとする．ここで x_0 は社会状態 x の非個人的な特性を記述しており，その他，各 $i=1, \cdots, n$ に対応する x_i は社会状態における個人 $i \in N$ の状態を記述している．社会状態をこのようにより精緻な構造をもって記述できるという事に対応して，社会状態の普遍集合 X も，$X \equiv X_0 \times X_1 \times \cdots \times X_n$ として記述できると仮定する．但し，一般に実現可能な社会状態の集合はこのような直積集合の構造を持つ保証はないので，実現可能な社会状態の集合を普遍集合 X と区別して $A \subseteq X$ で表す事にする．今，任意の実現可能な社会状態のペア $x, y \in A$ は，ある個人 i の状態に関しては x_i と y_i は異なるものの，他の全ての個人及び非個人的特性に関しては x と y には区別がない，すなわち $x_{-i}=y_{-i}$ であるとしよう．この様なペアを i-変換的であると称する事にしよう．ここで，個人的選好プロファイルがいかなるものであっても，仮に個人 i が x を y よりも狭義に選好するときには，対応する社会的選好においても x を y よりも狭義に選好するとしよう．このとき個人 i は社会状態のペア x, y に関して決定力を持つと言う．ペア x, y の違いは x_i と y_i の違いだけであったから，i が x, y に関して決定力を持つ事の

意味は,個人 i は彼の私的問題である x_i と y_i の選択に関して社会的な侵害を受ける事なく意思決定できる,という事である.換言すれば,個人 i の私的問題である x_i と y_i に関する選択的意思決定を社会は妨げられないという事を意味する.センの「最小限のリベラリズム(Minimal Liberty)」[Sen 1970 a ; Sen 1970 b]が要請するのは,上記の様な社会状態のペア及びそれに対して決定力を持つ個人の数がそれぞれ少なくとも2であるような社会決定関数を構成する事であった.すなわち,

最小限のリベラリズム ML(Minimal Liberty): 少なくとも2人の個人 $i,j \in N$ 及び i-変換的ペア x,y と j-変換的ペア w,z とが存在し,i と j それぞれが x,y 及び w,z に関して決定力を持つ.

第1に,この公理 ML はアローの公理 ND よりも強い.なぜならば公理 ND で定義された独裁者とは,いかなる社会状態のペアに対しても決定力を持つ唯一の個人に他ならず,従って公理 ML が満たされるならば,独裁者は存在し得ないからである.第2に,この公理は非厚生主義的要請である.なぜならば社会決定関数がこの公理を満たしているか否かの確認は少なくとも2人の個人に関して,彼らが決定力を有するペアがいずれかであるかを確認できなければいけない.かくして社会の非効用情報の考慮を前提すると言う意味で,非厚生主義的である.第3に,この公理が「最小限の」リベラリズムの要請と解釈されるのは,各個人が決定力を持つペアの存在が,先のミルの議論における個人の私的領域の存在を意味するからである.全く決定力を持つペアを持たない個人とは,その社会の中で彼固有の権利域としての私的領域が認められていない事を意味しよう.また,決定力を持つ個人が1人しかないとすれば,残りの $n-1$ 人は私的領域を全く認められていないので,その個人は上記で議論した独裁者と限りなく近い存在となる[6].従って,そこまで公理の要請を弱めてしまうと,もはや自由主義的な価値観とは相容れないと言うしかないだろう.以上より,センの議論 [Sen 1970 a ; Sen 1970 b] に基づけば,自由主義的な社会である以上は,最低限でも公理 ML の要請は満たされなければならない.

しかしながら,厚生主義的な価値観に基づく社会決定関数である限り,それは上記の最小限の自由主義の条件すら保証する事が出来ない,というのがセンの厚生主義的厚生経済学への批判的メッセージである.それを示す為に,セン

は厚生主義的価値基準の代表としてパレート原理（公理P）を採用した．かくして以下の事が示された．

定理[Sen 1970 a ; Sen 1970 b]：公理 UD, P, 及び ML を同時に満たす社会決定関数 f は存在しない．

この定理はパレート・リベラル・パラドックスの名で，経済学のみならず政治学，法哲学，倫理学にも反響を及ぼした．定理のエッセンスはこれまた有名な『チャタレイ夫人の恋人』の例を使って以下の様に説明される．今，小説本『チャタレイ夫人の恋人』一冊を2人の個人1，2のいずれかに配分する問題を考える．個人1は享楽的人間であって，この「人生の不条理さを興味深く語る」小説を誰にも読ませずに廃棄するくらいならば自分に読ませて欲しいと考えている．と同時に，どうせ廃棄せずいずれかに配分するならばむしろ自分よりも糞真面目な個人2にこそ配分して読ませるべきであるとも考えている．他方，謹厳的人間の個人2はこの「破廉恥な」小説は誰にも読ませずに廃棄するのこそふさわしいと考えている．しかしもしいずれかに配分しなければならないとしたら，不道徳極まりない個人1に読ませて悪影響を与える事を防ぐ意味でも自分が読む方がまだよいと考えている．以上をそれぞれの選好順序で定式化すると，以下の様になる．

$$(n,r)P(R_1)(r,n)P(R_1)(n,n) ; (n,n)P(R_2)(n,r)P(R_2)(r,n)$$ [7]

ここで，(n,n) は個人1，2いずれも読まない，(r,n) は個人1が読む，(n,r) は個人2が読むという社会状態をそれぞれ意味する．ここで公理 ML を適用すれば個人1が決定力のあるペアは (r,n) と (n,n) であり，個人2が決定力のあるペアは (n,r) と (n,n) である．その結果，上記の2人の選好に基づくと，公理 ML 及び公理 P の適用より，社会的選好関係 $R=f(R_1,R_2)$ は

$$(r,n)P(R)(n,n) \& (n,n)P(R)(n,r) \& (n,r)P(R)(r,n)$$

となる．これは R が非循環性を満たしていない事を意味し，従って f は社会決定関数として構成できない事を意味する．

この定理においてはアローの条件の中では妥当性に関する批判のあった公理 I は要請されていない．つまり個人の厚生情報をより要求する様な，情報効率的

でない社会決定関数に関しても不可能性が成立してしまう．従って，代替的に要請された公理 ML を自由主義の必要条件と認める限り，また個人の自由主義的権利を多少とも尊重する社会的合意がある限り，この定理は民主主義的集計ルールの構成に関するより強い意味での不可能性定理を意味するのである．

　この不可能性定理が含意する伝統的な厚生主義的経済学への批判的メッセージが根源的で強いものであるだけに，それに対する批判，及びパラドックスの解消策の様々な提案がなされたのも自然な事と言える．紙数の制限もあり，今それらの議論全てを概観する余裕はないので，ここでは標準的新古典派経済学者にとっても受け入れ易い典型的な議論を一つ紹介するに留めたい[8]．それはいわゆる「コースの定理」風のパラドックスの解消策の提案である[9]．すなわち，互いの権利行使を放棄し，交渉によってパレート改善的な契約を自発的に締結する方法である．

　先の『チャタレイ夫人の恋人』の例に即して言うと，個人1，2の権利域はそれぞれ $\{(r,n),(n,n)\},\{(n,n),(n,r)\}$ であり，それぞれの権利行使の結果は (R_1,R_2) の下では (r,n) となる．しかしこの結果はパレート非効率的である．しかし今，それぞれの個人の権利行使を放棄し，互いの権利を自発的に交換したとしよう．すると個人1の交換後の権利域は $\{(n,n),(n,r)\}$ であり，そのペアに関して個人1は $(n,r)P(R_1)(n,n)$ であり，個人2の交換後の権利域は $\{(r,n),(n,n)\}$ であり，そのペアに関して $(n,n)P(R_2)(r,n)$ である．その結果，権利の交換を通じた社会決定関数が形成する社会的選好は，公理 ML より $(n,r)P(R)(n,n) \& (n,n)P(R)(r,n)$ であり，また公理Pより $(n,r)P(R)(r,n)$ となる．この社会的選好は推移性を満たすので矛盾はない．かくして，パレート効率的な (n,r) が社会的に最善な結果として選択される事になる．

　この種の提案へのセンの反論は以下の様に要約できる．上記のような権利の交換はそれが自発的なものであったとしても，その後の権利行使のプロセスでは各人の他人の行為に関する強制を含意せざるを得ない．例えば，上記の例では社会決定関数によって実現される社会状態は (n,r) であるが，これは「個人1が謹厳な個人2に本を読ませる」という状態を含意しよう．特に各個人の選好順序が各個人の選択行為の顕示選好として解釈される論脈においては，明らかに個人1が個人2に本を読ませる事を選択し，それが社会的にも是認されていると解釈できる．他方，各個人の選好順序が各個人の願望を単に表している

だけならば，必ずしもそのような強制状態を意味する必要はない．個人1は個人2が本を読む事を望ましいと表明しているだけなので，本が個人2に配分されてかつ，個人2が本を読むという権利交換に伴う契約遵守を約束しているだけの状況も可能である．この場合は，しかしながら個人2は実際には本を読みたくないわけなので，何らかの強制なり監視がない限り，契約が遵守される保証は全くないのである．以上の様に，他者の行為を強制する含意を伴う権利交換はたとえそれが双方の自発的な契約の結果であるとしても，個人的自由を尊重する自由主義の理念と整合的であるとは言い難いのである．

パレート・リベラル・パラドックスに関するセン自身が提案した解消策は，「リベラルな個人の存在」に基づくものである[10]．リベラルな個人とは他人の権利域に属する意思決定に関しては，その他者自身の選好を，たとえそれが彼自身の選好に反するものであったとしても，尊重する態度を貫く個人の事をここでは意味する．先の『チャタレイ夫人の恋人』の例を用いて説明すると以下の様になる．個人2は，『チャタレイ夫人の恋人』の様な破廉恥な本は誰も読むべきでないという考えの持ち主であるので，本来 $(n,n)P(R_2)(r,n)$ という選好を持っている．しかし，社会状態のペア $\{(r,n),(n,n)\}$ は個人1の権利域に属している．それゆえ，個人2は個人1の権利を尊重して，個人1のこの権利域上での選好に反するような選好表明を自重するとしよう．つまり $(n,n)P(R_2)(r,n)$ という彼本来の価値観の表明を自重して，個人1の $(r,n)P(R_1)(n,n)$ という選好を尊重する以下のような選好を表明するとしよう．

$$(r,n)\bar{R}_2(n,n)P(\bar{R}_2)(n,r)$$

この新たな個人2の選好は元々の彼の選好のうち，個人1の権利域に関しては当人の選好に反しない部分選好 $(r,n)\bar{R}_2(n,n)$ に置き換えたものである．このような選好を好んで表明しようという個人2をリベラルな個人と言い，また彼が表明する選好 $\bar{R}_2$ をリベラルな選好と呼ぶ事にする[11]．セン[Sen 1976] は，このようなリベラルな個人が社会に少なくとも1人存在する場合には，リベラルな個人に関しては彼の本来の選好をリベラルな選好に置き換える事によって得られる個人的選好プロファイルに対してパレート原理を適用する限り，パレート・リベラル・パラドックスを解消する事が可能である事を示した．『チャタレ

イ夫人の恋人』のケースで確認してみると，社会に少なくとも一人のリベラルな個人2が存在するとき社会決定関数によって形成されうる社会的選好 $\bar{R}=f(\bar{R_1},\bar{R_2})$ は以下のようになる．

$$(r,n)P(\bar{R})(n,n) \, \& \, (n,n)P(\bar{R})(n,r) \, \& \, (r,n)P(\bar{R})(n,r)$$

上記の前2つの選好関係は個人1，2それぞれの権利行使の結果得られる社会的選好である．また，パレート原理はこの場合 $(R_1,\bar{R_2})$ に対して適用されるので，最後の関係 $(r,n)P(\bar{R})(n,r)$ も，パレート原理に反するものではない．かくして公理MLとリベラルな選好を含んだ選好プロファイルに関して適用される「条件付パレート原理」[Sen 1976]とを共に満たすようにして形成される社会的選好 $\bar{R}=f(R_1,\bar{R_2})$ は順序関係となっている．

以上のセン自身の解決策は，形式的には公理UDを弱めて限定された選好プロファイルに対してパレート原理を適用させる方法の一つであると言う事が出来るが，その可能性定理の含意は自由主義的な権利体系と両立的な民主主義的社会選択の可能性として極めて有意義な内容を持っていると言ってよい．センは1970年のモノグラフ[Sen 1970 a]ですでに「個人の自由の為の最終的保証は，集合的選択のメカニズムに求められるのではなく，互いのプライバシーと個人的選択を尊重するような価値観や選好の発展にこそ見出すことが出来る」という言及を行っているが，「リベラルな個人」の存在に基づくパラドックスの解消法はまさにセンのこの立場を理論的に根拠ある形で提示するものであると言えよう．

自由主義的権利の定式化を巡る論争

センのパレート・リベラル・パラドックスへの反響の一つとして，その自由主義的権利の定式化に対する様々な異議・批判的見解の提起を挙げることが出来る[12]．この小節では，センの権利の定式化を巡って最も近年に展開された，セン[Sen 1992]とゲルトナー=パタナイク=鈴村[Gärtner, Pattanaik, and Suzumura 1992]の論争について概括したい[13]．

セン流の自由主義的個人的権利の定式化に対するゲルトナー=パタナイク=鈴村の批判とは，その定式化が「個人の自由権」に対して通常我々が抱いている直観的概念——社会状態のある領域(aspect)に関する排他的決定権[14]——を適切

に捉えたものではないという議論である．その事を示す為に彼らは以下の様な例を出して議論した．2人の個人1，2がそれぞれ青シャツか白シャツかいずれを着るかの選択問題に直面しているとする．社会状態の他の側面は今，ある一つの状態に固定したままと考えると，実現可能な社会状態は$(w,w),(b,b),(w,b),(b,w)$で区別される．ここでwは白シャツ，bは青シャツを表し，例えば(w,b)は，社会状態の他の側面は一定の状態の下で個人1が白シャツを，個人2が青シャツを着ている状況を表している．この4つの可能な社会状態の間での各個人の選好順序はそれぞれ，

$$(w,w)P(R_1)(b,b)P(R_1)(b,w)P(R_1)(w,b);$$
$$(b,w)P(R_2)(w,b)P(R_2)(w,w)P(R_2)(b,b)$$

で表されるものとする．このときセンの公理MLに基づけば，個人1は(i)：$\{(w,w),(b,w)\}$上で，もしくは(ii)：$\{(b,b),(w,b)\}$上で，決定力を持つのに対して，個人2は(iii)：$\{(b,w),(b,b)\}$上で，もしくは(iv)：$\{(w,b),(w,w)\}$上で，決定力を持つ．もし個人1が決定力を持つペアが(i)であれば(b,w)が社会決定関数を通じて実現される事はありえない．これがセンの権利の定式化より従う帰結である．

　他方，各個人の意思決定は相手の意思決定に関する不確実性の下でマキシミン行動を取るとしよう．マキシミン行動原理に従えば，個人1にとって，自分が白シャツを選んだ際に陥る最悪な状態は(w,b)であるのに対して青シャツを選んだ際の最悪な状態は(b,w)である．後者の方が彼にとってよりましな最悪状態なので彼は青シャツを選択するだろう．個人2も同様の類推を行ってよりましな最悪状態を保証する白シャツを選択する．かくして実現される社会状態は(b,w)となり，これは個人1が決定力を持つペアが(i)，すなわち$\{(w,w),(b,w)\}$であるという前提の下でセンの公理MLに矛盾する．同じような議論は他の3つのペアに関しても成立する．ところでこの意思決定プロセスはそれぞれの個人が自分の私的領域上での自由な選択を行使した結果に他ならず，それは我々の「選択の自由権」に関する直観に何ら反するものではない．とすれば，この矛盾は逆に公理MLの方が自由主義的権利の直観を捉えていない事を意味しないか？　これがゲルトナー＝パタナイク＝鈴村の第一の批判点である．

第2に，個人1が(i)で決定力を持つならば(ii)で持たない論拠はない．いずれも個人1にとっての私的領域であるからである．同様の事は個人2にも言える．ところで，個人1が青シャツか白シャツかを自由に選択できると言う事は達成可能な社会状態の集合を $\{(b,w),(b,b)\}$ か，もしくは $\{(w,b),(w,w)\}$ に制約できる事を意味する．なぜならば「選択の自由権」に関する「直観的概念」とは，各個人にとって社会状態のある領域（例えば彼の私的領域）の排他的決定が可能である事を意味するからである．だがセンの定式に従えば，個人1が(i)及び(ii)で決定力を持つと言う事は，上記の個人1の選好順序の下では達成可能な社会状態の集合を $\{(w,w),(b,b)\}$ に制約する事を意味する．この制約された達成可能集合は個人1の選好が変われば変わってくるから，結局センの権利の定式は個人1に選好依存的な決定権を与えている事を意味し，上記の「選択の自由権」に関する直観に反する．

第3に，個人1が(i), (ii)上で，個人2が(iii), (iv)上でそれぞれ決定力を持つのがセンの権利の定式の自然な拡張であるとするならば，その結果導かれる社会的選好 R は，社会決定関数が2人の個人の権利を尊重する限り，以下の様になる．

$$(w,w)P(R)(b,w)\&(b,w)P(R)(b,b)\&(b,b)P(R)(w,b)\&(w,b)P(R)(w,w)$$

これは選好 R が非循環性を満たすべき事に矛盾する．つまりセンの権利の定式の自然な拡張の下ではもはやそれを尊重する社会決定関数は存在しない事になる[15]．しかし，上記のプロセスは個人1，2ともに自分の私的領域において青か白のシャツの選択の自由権を行使したに過ぎない．この事はセンの権利の定式化自体が内的不整合性を孕んでいる事を示している．

以上，3点にまたがるセン流の権利の定式化への批判を踏まえ，ゲルトナー=パタナイク=鈴村は代替的な権利の定式化「ゲーム形式アプローチ」を提示した[16]．ゲーム形式 (game form) とは，非協力ゲームのルールを記述したものであり，n 人社会の下では，各個人 $i \in N$ に賦与された n 対の戦略集合 S_i と，各個人が採用する戦略の組み合わせ $s = (s_1, \cdots, s_n) \in S \equiv \times_{i \in N} S_i$ に対してある社会状態 $x \in A$ を対応付ける帰結関数 $g: S \to A$ のペア (S, g) から構成される．権利のゲーム形式アプローチに従えば，一つのゲーム形式がその社会の権利体系を意味する．具体的には，各個人の権利の内容は与えられたゲーム形式の下

で許容可能な戦略集合に反映される．例えば，上記の青シャツか白シャツの選択の自由が2人の個人の権利である場合にそれを表すゲーム形式は以下のようなものとなる．個人1，2の戦略集合はそれぞれ $S_1=\{w,b\}, S_2=\{w,b\}$ であり，かつ帰結関数 $g: S_1 \times S_2 \to A$ は，任意の戦略の組み合わせ $(s_1, s_2) \in S_1 \times S_2$ に対して，$g(s_1, s_2)=(s_1, s_2)$ が常に成立するようなものである．明らかにこのゲーム形式では，各個人の戦略集合は各個人のシャツの選択可能集合であり，そこで選択されたシャツの色がそのまま社会状態として達成される．権利がこのようなゲーム形式で定式化される限り，センの定式化の下で生じたような権利の直観的概念と相反する事態は生じない，と言うわけである．

対するセンの反論 [Sen 1992] は，公理 ML は自由主義的権利に関する最小限の必要条件を述べているに過ぎず十分条件ではない，という趣旨に基づいている．それは以下の様に要約される．第1に，ゲルトナー=パタナイク=鈴村の「選択の自由」に関する「直観的概念」の捉え方——社会状態のある領域の排他的決定可能性——は，公理 ML よりもはるかに強い要請を意味する．公理 ML が想定する権利概念の下では，愛煙家が煙草を吸う権利は周囲に嫌煙家がいないときには認められても，いつでもどんな場でも自由に煙草を吸う権利までは認められないかもしれない．もし周囲に嫌煙家がいる状況では，彼はその嫌煙家の許可を得た上でのみ煙草を吸うか否かの決定権が賦与されるかもしれない．他方，「社会状態のある領域の排他的決定権」の概念に基づけば，他者がどんな選択をしている場合であろうと関わりなく，従って嫌煙家が許可する場合でも拒絶する場合でも，自分が煙草を吸うか否かの意思決定を行う権利が存在することになろう．このようにセンは，「選択の自由」に関する「直観的概念」と公理 ML とが異なる概念であるのを認めつつも，公理 ML は前者の立場の権利論の必要条件であると主張する．

しかしゲルトナー=パタナイク=鈴村の第1の批判点は，センの「最小必要条件としての」公理 ML という議論への反証を意味する様に見える．これに対してセンは，「直観的概念」に基づく彼らの反証は，人々が己の願望を表す選好順序に従って選択行為を行えるという極めて限定された状況においてのみ意味を持つ，と論じた．センは公理 ML で前提される個々人の選好順序は2つの解釈が有り得るとし，一つは願望を表したもの，もう一つは個人の選択行為を合理化する顕示選好であるとする．そしてもし選好順序が顕示選好を意味するならば，

ゲルトナー=パタナイク=鈴村の反証はもはや反証でもなんでもなくなる．個人1がマキシミン原理に基づいて (w,w) よりも (b,w) を選んだという行為は，マキシミン原理に基づけば (b,w) の方が (w,w) より狭義に選好されるべきという，彼の判断を顕示していると解釈されるからである．従ってこの場合の選好順序プロファイルでは公理 ML の適用の結果も (b,w) になる．よってゲルトナー=パタナイク=鈴村の反証は公理 ML への批判ではなくて，公理 ML における選好プロファイルの2つの解釈——願望か選択の顕示選好か——の間の緊張関係を意味する，と論じた．この緊張関係は，「選択の自由」観と「願望を達成する自由」観との緊張関係として解釈される．センは「願望を達成する自由」にとっては，個人の願望と帰結の関係を見る事が重要なのであって，権利問題を選択行為の観点のみで捉えるのは不適切と見なしている．それが本人の選択行為の結果であろうと他者なり社会や政府なりが本人に代わって達成しても，本人の願望が成就される事に変わりはないからである．センのこの観点からするとゲルトナー=パタナイク=鈴村の「直観的概念」は明らかに本人の選択行為の有無のみに焦点を絞った議論であり，「願望を達成する自由」観は視中に捉えていない．センはまた，人々が己の願望を表す選好順序に従って選択行為を行う状況は，極めて限定された状況である事を強調した．例えば，性的差別の残存する社会での女性の服装に関する厳しい戒律によって，女性が帽子を被らずに外出する事が躊躇われる状況があるとする．この場合，彼女の願望は帽子を被らず外出する事にあっても彼女の選択は帽子を被って外出する事となろう．この状況は女性の服装に関する「選択の抑制」を意味するが，これは願望と選択行為が乖離したケースの典型例であり，「直観的概念」が無視している重要な権利問題である．この例のような女性の服装決定に関する権利の欠如は，願望としての選好順序と実現される帰結の情報なしには論ずる事が出来ないであろう，というのがセンの立場である．

　他方，ゲルトナー=パタナイク=鈴村の第2，第3の批判点に関しては，それはギバードの権利の定式化 [Gibbard 1974] には当てはまるが，公理 ML には当てはまらないと，センは退けている．また，彼らの「ゲーム形式アプローチ」については，自由の問題を個人が己の好む結果を得る事が出来るか否かの問題でなく，選択する手続きを与えられているか否かの問題とする観点からの定式化としての意義を認めつつも，以下の様な疑問を呈している．それは選択手続き

の個人間の相互依存関係に起因する．つまり，ある個人の煙草を吸う権利が周囲の他者の許諾という選択に条件付けられている状況を，果たしてゲーム形式で捉えられるのかという反論である．各個人の戦略集合が個人の権利を意味する「ゲーム形式アプローチ」では，確かに，他者が何をしているかに無関係に賦与される場合の喫煙権——煙草を吸うか吸わないかの決定権——は，定式化出来る．しかし，他者の選択状態に条件付けられた決定権は定式化が困難であろうというのがセンの批判である．結論として，センは権利の手続き的側面を定式・分析する際や個人間での権利の配分を明示的に記述する際のゲーム形式アプローチの優位性を認めつつも，自らの社会決定関数アプローチが有効性を発揮する問題の存在，及び公理 ML が依然として自由主義的権利が満たすべき必要条件としての資格を維持している事を強調した．

　以上の様に，センは「選択の自由」に関する「直観的概念」だけでは捉えきれない，権利問題の様々な論点を示唆している．それらは確かに重要な問題提起であるが，権利のより普遍的な定式化という観点では，この論争は基本的にセンよりもゲルトナー=パタナイク=鈴村の議論の方に理があると言わざるを得ない．第1に，ゲーム形式アプローチへのセンの批判にはゲルトナー=パタナイク=鈴村自身が答えているが，他者の選択状態に条件付けられた決定権はゲーム形式上で問題なく定式化できる．例えば，他者の行為に関係なく煙草を吸う権利を表すゲーム形式 (S, g) とは，個人1を愛煙家，個人2を嫌煙家とすると2人の戦略集合がそれぞれ $S_1=\{s, ns\}$ 及び $S_2=\{p, np\}$ となり（但し，s は喫煙する，ns は喫煙しない，p は許可する，np は許可しない，を意味する），また対応する帰結関数 $g: S_1 \times S_2 \to A$ は，任意の $(s_1, s_2) \in S_1 \times S_2$ に対して，$g(s_1, s_2)=(s_1, s_2)$ となる．他方，嫌煙家の行為に条件付きの喫煙権を表すゲーム形式 (S^*, g) とは，$S_2^*=S_2$ 及び $S_1^*=\{s(p), ns\}$ であり（但し，$s(p)$ は「相手が許可したときのみ喫煙し，許可しないときには喫煙しない」を意味する），また対応する帰結関数 $g: S_1^* \times S_2^* \to A$ は，任意の $(s_1, s_2) \in S_1^* \times S_2^*$ に対して，$g(s_1, s_2)=(s_1, s_2)$ として定義され得るのである．

　第2に，「願望を達成する自由」観とゲーム形式の関係について．ゲーム形式アプローチにおいても，もしある個人の許容戦略集合が所与の下で，かつ他者の戦略の選択の所与の下で，その個人自身がある行為を戦略集合の中から選ぶ代わりに，同じ行為をその本人の代理人に行わせる事は，本人の願望を達成す

る自由が満たされるという意味で違いはないであろう．嫌煙家の行為に条件付きの喫煙権 (S^*, g) しか認められていない列車の客室内で，喫煙する個人に対して周囲の嫌煙家が直接「ノー！」と言うか，車掌を呼んで注意させるかは，彼の煙草の煙から自由である権利を保証する意味において本質的違いはない．要するに，ある行為を「代理人を通じて選択する」という戦略を加える事でゲーム形式上でも処理できるのであり，これはあまり本質的な問題ではない．第2に，「選択の抑制」問題も，むしろゲーム形式でより適切に表現できるように思われる．ゲーム形式の下では，女性が帽子を被るか被らないかの選択集合を彼女の戦略集合として与え，かつ彼女の選択に対するハラスを行う行為を他者の戦略集合に含めない事で，彼女の帽子を被らずに（あるいは被って）外出する「願望を達成する自由」が定式化されよう．他方，他者の戦略集合の中に「彼女が帽子を被らずに外出しているときにはハラスする」等の行為が許容戦略として含まれている状況こそ，「選択の抑制」問題が生じうる権利構造である．この様に，ゲーム形式アプローチでは両者が異なる権利構造として明確に表現できる．他方，センのフレームワークの下で「願望を達成する自由」を表現しようとすれば，他者の状態を所与として，女性が帽子を被る状態と被らない状態に関する選好が，本人と社会とで一致している事として表されるだけである．だがこの定式の下では，彼女と社会との選好の一致が，彼女の「選択の抑制」の結果であるのか，彼女の社会的慣習への適合的選好の形成の結果であるのか，あるいは実際に彼女の「願望を達成する自由」が実現しているのかが，区別できない．センが「選択と願望の緊張関係」と称する事態がまさに生じているのであって，それに対して彼自身は，具体例の性質をよく見てどの解釈が適切かを注意深く考える必要があると述べるのみである．これは事実上，センの定式では「願望を達成する自由」を一般的に表現できない，という結論に等しいであろう．

　第3に，センは，ゲーム形式アプローチは権利の配分の問題，すなわち社会が個々人にどのような戦略を許容すべきかをいかに決定するかについては論じていない，と指摘し，この問題はむしろ社会選択アプローチを必要とすると論じた．このセンの指摘は正しいが，従来の彼の社会決定関数を使っても権利配分の問題を適切に定式化できないのも事実である．上記の論争は基本的に所与の権利体系をいかに定式化するのが適切であるかを巡ってのものであり，異なる権利体系間の評価・社会的選択の問題はまた別次元の論点である．そして権

利の定式化に関する限り，ゲーム形式の方がより整合的で普遍的にアプローチできる事は認めざるを得ず，権利論研究に関するその後の動向もそれを物語っている[17]．他方，権利配分の社会的選択問題はパタナイク=鈴村 [Pattanaik and Suzumura 1994 ; Pattanaik and Suzumura 1996] によって，一つの権利体系を表すゲーム形式 (S, g) とその下で達成可能な社会状態 $x \in A$ のペア $(x, (S, g))$ に関する個人的及び社会的評価を行う「拡張された社会厚生関数」の導入の下，この問題の定式化が行われた．さらにパタナイク=鈴村の議論を踏まえ，自由主義的な権利配分の整合的社会的選択プロセスについての本格的な定式化，及び分析が，後藤=鈴村=吉原の近年の研究 [Gotoh, Suzumura, and Yoshihara 2003] において提示されている．

4．センのケイパビリティ・アプローチと分配的正義論——

本節では，センの分配的正義論における貢献について議論する．第1節でも言及したように，社会的に望ましい政策を選択する為には，資源配分の「公正性」に関する何らかの基準が必要である．公正な資源配分とは何か，その内容を問うのが分配的正義論の課題であるが，そこで問われるべきは「何の平等？」という問題である．換言すれば，いかなる指標を用いて「公正な配分」の決定を行うか，という問題である．この問いに関して，功利主義的平等論は，全ての個人の限界効用が等しくなるような配分が公正であると主張する．効用水準の平等論に基づけば，効用が基数的意味を持ち個人間の効用比較が可能である下では，全ての個人の達成する効用水準が等しくなるような資源配分が公正である．そのような資源配分を達成する解として平等主義解がカライ [Kalai 1977] によって提唱されている．また，効用は序数的意味しかもたないが，個人間比較が可能である下では，レキシミン解が代表例として挙げられる．他方，ロールズ [Rawls 1971] の格差原理は，社会的基本財のマキシミン配分——社会的基本財の受取に関して最も不遇な個人の状態が最もましになるような配分——を提唱する．センはこれらの分配的正義論を批判し，代替的な「基本的ケイパビリティの平等」論を提唱した [Sen 1980]．

功利主義は社会の全個人の効用の総和を最大にする資源配分を最適と見なす．今，全ての個人の効用関数が連続微分可能な強凹関数（つまり限界効用が逓減する

様な関数）である下では，効用の総和の最大化は全ての個人の限界効用の均等化と同値である．では限界効用の均等化はいかなる道徳的意義があるのであろうか？ 限界効用を個人の必要度の高さを反映する指標と解釈するならば，功利主義は全ての個人の必要度を等しく取り扱う事を要請する議論であると言える．だがこのような正当化は，個々人の特性に多様性が見出されないような社会においてのみ可能である．例えば，身体障害者の個人Ａと容易に陽気になれる健常な個人Ｂからなる社会における財（所得）の純粋分配問題を功利主義基準に基づいて考えてみよう．同じ所得水準を賦与された場合に，個人Ａは常に個人Ｂよりも達成する効用水準が低いとしよう．これは任意の所得水準の下でのＡの限界効用がＢのそれより低い事を意味するので，この所得分配問題への功利主義解は，個人Ａにより少ない所得を，個人Ｂにより多くの所得を与える事となる．これは分配的正義についての我々の直観に反する現象である故に，功利主義は却下されよう．

　セン [Sen 1980] は引き続き，効用水準の平等論について検討する．効用水準の平等論では上記の個人ＡとＢの所得分配問題において生じた，功利主義解のような病理的事態は起き得ない．上記例の場合，効用水準の平等を達成する為には，個人ＡにＢよりもより多くの所得を分配する必要があるからである．しかしながら効用水準の平等論においても，それが提唱する資源配分解がどんなものであれ——平等主義解であれレキシミン解であれ——，以下の様な病理的現象を排除する事が出来ない．個人１と個人２からなる社会での純粋所得分配問題を考えてみよう．この２人の個人に同じ所得を与える限り常に個人１の効用が個人２の効用より低いとしよう．その理由は，個人１が個人２に比して高価な嗜好の持ち主であり，個人２がサンドウィッチとビールで享受できる標準的な効用水準を達成する為に，十分なシャンペインとキャビアを要求しなければならない為である．このとき，効用水準の平等論に基づく所得分配では，個人１がより多くのシャンペインとキャビアの購入を可能とするように，彼に個人２に比してより多くの所得を与えねばならない．だが，高価な嗜好の持ち主の効用欠損を補填する為に個人２の所得が減らされる事は，分配的正義についての我々の直観に反する現象である．

　功利主義的平等論及び効用水準の平等論における以上の問題点は，これらの議論の厚生主義的性格から生じている——効用水準の平等論も功利主義も共

に厚生主義的平等理論の一特殊形態である．厚生主義的平等理論とは，個々人が享受する効用水準の分配状態のみを情報的基礎として公正な資源配分を決定する立場である．従って，彼らの効用がいかなるプロセスで生じたものか，彼らの達成した効用の源泉は何か，という問いに関して無関心である．その結果，ある個人の効用水準に関する不遇が，彼の高価な嗜好が満たされていない為であろうとも，他人を貶める事によって喜びを感ずる彼の攻撃的嗜好が十分に満たされていない為であろうとも，あるいは障害者である彼のニーズが十分に満たされていない為であろうとも，全て無差別にあるいは中立的に取り扱う事になる．これは厚生主義的平等論が我々の直観に整合的な理論を提供できない事を示していると言ってよい．

では非厚生主義的情報を考慮する平等論の1つであるロールズの議論はどうであろうか？　ロールズの議論では，個々人の優位性 (advantage) や不遇 (disadvantage) は効用指標でなく，社会的基本財の指標で評価される．社会的基本財は，全ての合理的個人が己の人生設計を遂行する為に必要とする物であり，具体的には「権利，自由と機会，所得と富，自尊の社会的ベース」等の要素を含むとされる．但し，これらの中で格差原理に基づく配分の対象になる財は「所得と富」のみである．しかしいずれにせよ，ロールズの議論では個人1の様な高価な嗜好の持ち主に個人2よりもより多くの所得を分配する事態は生じない．他方，個人Aのような障害者もまた，個人Bに比してより多くの所得を受け取れる論拠も格差原理からは導かれず，両者はせいぜい均等な所得を受け取るに過ぎない．この点に関してセンは，格差原理の議論においては障害者の存在するケースの考察を当面延期するとするロールズの立場に批判的である．そして現実に存在する個人間格差・多様性に起因する個々人のニーズの多様性を社会的基本財アプローチは十分に捉えられないと論ずる．

センはさらに以下の様な例を考える．個人aは身体障害者であり，その結果，同一の所得額の下での所得一単位の増加から引き出す効用増加分（すなわち限界効用）は常に健常な個人bより低いものの，両者の効用水準は社会の総所得を均等分配した下では違いがないとしよう．これは例えば，個人aが極めて陽気な性格の持ち主で，虹を発見しただけでも幸福な気持ちになれる様な人間である為である，と説明できよう．このとき，功利主義解は個人aから均等分配された所得を取り上げ個人bに与えるだけである．他方，効用水準の平等もロ

ールズ格差原理も総所得の均等分配状態を変更しようとはしない．にもかかわらず，個人 a の障害者である事から生ずる負担を少しでも減少させる為に，彼により多くの所得を与えるべきであると考えるならば，新しいタイプの平等理論が必要とされよう．

この要請に応え得る平等理論としてセンが提示するのが，基本的ケイパビリティの平等論である．センは，社会的基本財アプローチはこれらの財・資源が人々に何をなすのかではなく，財そのものに関心を寄せる点でフェティシズムに陥っていると批判する．他方，厚生主義は財・資源が人々に何をなすのかについての関心を，財に対する人間の心的反応の観点でのみ寄せているだけである．これらの議論で見落とされているのは，財を利用する事で人間は病気から脱却する事が出来る，適度な栄養状態を保つ事が出来る，移動が出来る，コミュニティの社会生活に参加する事が出来る，等々の人間の「行為と存在」——善き生 (well-being) の客観的特性である．これらをセン [Sen 1985] はファンクショニング (functioning) と名付けた．今，そのようなファンクショニングの種類が m 種類あると仮定し，財の利用によって達成される m 種類ある各ファンクショニング k の達成水準がある非負実数値 b_k で表現されるものと仮定しよう．その結果，与えられた財ベクトルを通じて個人が享受できる m 種類のファンクショニングの達成水準が一つの m 次元非負ベクトル $\mathbf{b}=(b_k)$ で表される事になる．これをファンクショニング・ベクトルと呼ぶ事にしよう．ところで，ある財を利用する仕方は多様であり得るが，それは個人による一つの財の様々な利用の仕方に応じて様々なファンクショニング・ベクトルが達成可能である事を含意する．財の利用によって個人が達成可能な様々なファンクショニング・ベクトルからなる集合を，センはケイパビリティ (capability) と呼んでいる．今個人 i に与えられた財ないし所得が z であるときに，この z そのもの，もしくはその一部 $z' \leq z$ を利用してあるファンクショニング・ベクトルに変換するプロセスを利用関数 f^i で表そう．すなわち，任意の $z' \leq z$ に関して $f^i(z')=\mathbf{b}'$，ここで $\mathbf{b}'$ はある m 次元ファンクショニング・ベクトルである．利用できる利用関数は彼にとってこの一種類だけとは限らないので，個人 i に許容な利用関数の集合を F^i と定めておこう．この F^i は彼の資質やスキル等，個人の客観的特性を反映したものであり，一般に個々人で異なっている．身体障害者と健常者の違いはこの集合 F^i の違いとして表現される．このとき，個人 i が財 z 及び彼の客

観的特性 F^i を利用して達成可能なファンクショニング・ベクトルの集合は

$$C_i(z) \equiv \{\mathbf{b}' | \exists f^i \in F^i, \exists z' \leq z : \mathbf{b}' = f^i(z')\} = \bigcup_{f^i \in F^i, z' \leq z} \{\mathbf{b}' = f^i(z')\}$$

と定義される．ケイパビリティとは，このファンクショニング・ベクトルの機会集合 $C_i(z)$ に他ならない．当然の事ながらケイパビリティは，同一個人でも彼に賦存する財 z の変化に応じて違ってくるし，また，同じ財 z を与えられても個人 i と個人 j の客観的特性 F^i と F^j の違いに応じて $C_i(z)$ と $C_j(z)$ も違った集合になりうる．この様に定義される個々人のケイパビリティの水準を出来る限り均等化する事こそ，センの基本的ケイパビリティの平等論が主張するものである．

では上記の個人 a と個人 b との所得分配問題は，ケイパビリティの平等論の下ではどうなり得るか？ 今，個人 a が障害者であるが故に任意の所得水準 z に関して必ず $C_a(z) \subset (\neq) C_b(z)$ が成立するとしよう．また，2人の個人いずれとも，もし $z' \leq z$ ならば，$C_a(z') \subseteq C_a(z)$ かつ $C_b(z') \subseteq C_b(z)$ であるとしよう．前者は同じ所得を与えられる限り，障害者である個人 a は常に個人 b に比して享受可能なファンクショニング・ベクトルの水準が低い事を意味する．後者は，所得水準に関してケイパビリティ水準は単調増加である事を意味する．このとき，総所得均等分配の下では，所得に関しても効用水準に関しても両個人に格差はないものの，明らかにケイパビリティの不平等が存在している．よって個人 a に，個人 b に比してより多くの所得を与える事によって両者のケイパビリティの格差を縮められるゆえに，そのような再分配は是認される．かくしてケイパビリティ・アプローチによって，我々の分配的正義の直観に整合的な帰結が理論的正当性を獲得できる事になる．

このように分配的正義論として魅力ある内容を持っているセンのケイパビリティの平等論であるが，この議論は依然として未完成なままである．実証研究者よりしばしば主張されるファンクショニング・ベクトルの指標化，ケイパビリティの指標化をどうするのかという疑問はさておき，そもそも個人間でのケイパビリティ水準の違いが集合の包含関係で関係付けられるケースは稀である，という問題がある．その場合，異なるケイパビリティの比較・評価をいかにして完備なもしくは不完備な順序関係として定義できるのであろうか？ その問

題を含めて,そもそも「ケイパビリティの平等」とは如何なる社会状態であるのかについての包括的な理論分析をセン自身は行っていない.さらに言えば,上記のセンによるケイパビリティの定式化は基本的に個人のケイパビリティの記述に留まっていて,資源配分問題と個人間のケイパビリティの分配問題とが論理的にどう関わるのかという点が問われずじまいなのである.換言すれば,「ケイパビリティの平等」理論が経済的資源配分の理論として定式化されていないのである.

　この様に,「ケイパビリティの平等」論に関するセン自身の議論は哲学的概念の提示に留まっており,厚生経済学の新しい理論としての可能性は未知数なままである.とはいえ,近年になって,ヘレーロ [Herreo 1996],ローマー [Roemer 1996],及び後藤=吉原 [Gotoh and Yoshihara 1999；2003] 等の研究に代表されるように,「ケイパビリティの平等」論に関する理論的分析が徐々に厚生経済学の分野でなされ始めている.とりわけ「ケイパビリティの平等」論の経済的資源配分の理論としての定式化の試みは後藤=吉原 [Gotoh and Yoshihara 1999, 2003] によって,本格的に行われている.

　ところで,センの「ケイパビリティの平等」論とほぼ同時期に,やはり厚生主義理論の高価な嗜好の問題や,ロールズ理論の障害者の問題に着目しつつ,高価な嗜好ゆえの効用上の不遇は所得の補償の対象とはせずに,身体の障害に伴う不遇に対しては所得の補償を行う様な資源配分政策を正当化する平等理論が,ドゥオーキンによって提示された [Dworkin 1981 a,b].ドゥオーキンは資源の概念を物的財・サービスからなる外的資源のみならず,個人に内在する資質やスキル,ハンディキャップ水準等をも内的資源とする,包括的資源として拡張した上で,(包括的な) 資源の平等論を展開した.ドゥオーキンの資源の平等論によっても,上記の個人 a と個人 b との所得分配問題で個人 a に,個人 b に比してより多くの所得を与える事が正当化される.ドゥオーキンの議論はセンの議論に比してはるかに明晰で完成度も高い故に,多くの厚生経済学者の批判的分析の対象にもなった.ドゥオーキン以降の分配的正義論,及びその厚生経済学における展開に関しては吉原 [1999, 2000] 及び鈴村=吉原 [2000] を参照いただきたい.

おわりに

　以上，社会選択論及び厚生経済学におけるセンの主要な貢献を見てきた．とはいえ，この分野でのセンの貢献及びその影響は極めて広範囲に跨る為，紙幅の限られた本章で彼の業績の包括的な紹介・検討を行う事は所詮，不可能である．より本格的・包括的な文献を求める読者は，セン自身のこの分野の研究書である Sen [1970 a] [1982] [1985]（いずれも翻訳がすでに出版されている）等を紐解かれるべきである．また，鈴村 [1982, 1992, 1996] 及び鈴村＝後藤 [2001] 等も参照されるとよいだろう．

注
1) 初期稿の改訂に際して，宮川栄一，山田玲良，竹本将規，小島崇志，益子淳の各氏より具体的な示唆を戴いた．その他，石川竜一郎，奥島真一郎，斎藤裕美の各氏からもコメントを戴いた．ここに感謝申し上げる次第である．
2) 仮想的補償原理に関するより詳細な解説は奥野・鈴村 [1988：第 34 章] を参照せよ．また，補償原理アプローチの含意を明らかにする先端的研究論文としては Suzumura [1980, 1999] を参照せよ．
3) 多数決ルールは公理 ND よりも強い要請である匿名性，また公理 I よりもさらに強い要請である中立性という 2 つの公理をも満たす．また，多数決ルールは一般に，公理 UD, 匿名性，中立性の 3 公理，さらに正の感応性という公理を満たす唯一の集計ルールである事が知られている [Sen 1970 a：Theorem 5*.1]．
4) これは，単峰的選好順序とはちょうどミラー・イメージの性質を持つもので，その実数値関数表現である効用関数が準凸であるようなものである．
5) 関連する文献として Gevers [1979：Theorem 4], Roberts [1980：Theorem 4] が挙げられる．
6) 実際，社会厚生関数がアローの公理 UD, P, ND, I を満たすものであるときには，このあるペアに関して決定力を持つ唯一の個人は自動的に独裁者になる．これはアローの不可能性定理の証明を通じて確認されるよく知られた事実である．
7) これら個人 1, 2 の選好順序の式は，それぞれより左側の社会状態がより右側のそれより狭義に選好される，と読む．
8) 関心のある読者は Sen [1976, 1992], Suzumura [1983：Chapter 7.1] 等を参照せよ．
9) この種の議論の一つの代表的文献として Gibbard [1974] がある．

10) 鈴村はセンのこの解決策をより厳密な定式化を与えた上で，分析・発展させている [Suzumura 1978 ; Suzumura 1979]．
11) 説明の便宜上，ここでの「リベラルな個人」の定義はオリジナルなセンの定義よりも若干，単純化してある．但し，オリジナルの定義に与えられた含意に関しては全く変わりはない．
12) その様な批判的見解として例えば，Nozick [1974], Bernholz [1974], Gärdenfors [1981], Sugden [1985] が挙げられる．
13) 権利の定式化を巡る論争に関する概括論文としては他に Pattanaik [1996], 鈴村 [1992] がある．また，Hammond [1996] も参照の事．
14) 自由主義的権利に関するこの種の概念的定式は，ノージック[Nozick 1974]の議論に基づく．
15) この矛盾自体は元々はギバード [Gibbard 1974] によって最初に指摘された問題である．
16) 権利のゲーム形式アプローチを最初に提示したのはサグデン [Sugden 1985] である．
17) 近年の権利論研究はゲーム形式アプローチに基づくものが主流である．例えば Deb [1990, 1994] ではゲーム形式アプローチに基づく権利の定式化の，より詳細な検討がなされている．また，Peleg [1998], Deb, Pattanaik, and Razzolini [1997], 及び Van Hees [1999] 等は，ゲーム形式による自由主義的権利の定式化の下でもいわゆるパレート・リベラル・パラドックスが生じる問題について分析している．

第3章 貧困・不平等研究におけるセンの貢献

アマルティア・センの経済学の背景に，祖国インドの貧困・不平等問題とその克服という実践的課題が横たわっていたことを疑うものはいないであろう．経済学におけるセンの貢献を整理する最後の章として，本章ではセンの貧困・不平等問題研究への貢献を展望する．

本章の構成は，第1節で貧困問題，第2節で不平等問題を取り上げる．不平等問題が基本的に，所得など個人の厚生を決定する要因が個人間でどのように分布しているかという相対的問題として分析できるのに対し，貧困問題は相対的側面と絶対的問題の両方を含んでいる．センの経済学を考えるうえで，両側面がどのように取り扱われているかを分析することは意義深いと考えるため，本章の力点は貧困研究に置く．

センの貧困・不平等問題へのアプローチの特徴は，公理的方法 (axiomatic method) とケイパビリティ (capability) の2つのキーワードに集約できる．この2つのキーワードを理解することで初めて，貧困や不平等問題それ自体をどのように認識すべきかというセンの経済学の根幹に触れることができると考えられる．代替的指標の提示などテクニカルな部分においてもセンが重要な貢献をしていることはいうまでもないが，それらが生まれてきた背景にまで関心を持っていただけると幸いである．

1. 貧困研究

センの貧困研究の特徴

貧困研究におけるセンの貢献は，ケイパビリティ・アプローチ以前と以後に大きく分けることができるように思われる．『貧困と飢饉』[Sen 1981b] に集大成されているのがケイパビリティ・アプローチ以前のセンの貧困研究であり，所得や消費支出によって個人の厚生を計測するという伝統的経済学の枠組みの中

で，貧困の概念化・指標化を厳密に行うところに力点があった．その貢献は大きく3点にまとめることができよう［黒崎=山崎 2000］．第1に貧困の諸概念が整理・再検討され，貧困概念として受け入れるべきものと受け入れられないものとが明確に区別された．貧困概念そのものが本質的に曖昧さを伴うことを明言し，例えば相対的剥奪という概念が絶対的剥奪の概念を補完するものであることを指摘するなど，その後の議論を検討する際にも重要な指摘がなされている．第2に，一貫して貧困層内部の異質性に焦点が当てられた．エンタイトルメント（entitlement）概念に基づいた飢饉の分析［Sen 1981b］に見事に描かれているように，貧困層内部でも様々な状況の人々がおり，それゆえに社会・経済的変化による影響も一様ではない．したがって，貧困の計測や分析においても，貧困層内部の異質性を考慮することが重要になる．第3に，こうした貧困概念や貧困層の捉え方に則した貧困計測のあり方を，指標が満たすべき特性，すなわち公理（axiom）として明示的に議論する基礎がセンによって築かれた．

　その後センは，所得や消費支出によって個人の厚生を計測するという伝統的経済学の枠組みそれ自体の意義を問い直し，ケイパビリティ・アプローチを提唱した．このアプローチのもとでは貧困分析もまた，何をもって貧困を計り，評価するのかという貧困評価の物差し自体を問題にすることになる．ケイパビリティ・アプローチ以後のセンの貧困分析は，貧困を判断するための物差しを所得や消費ではなく，ファンクショニング（functioning）におき，ある個人が達成可能なさまざまなファンクショニングの集まりとしてのケイパビリティが剥奪されている状態を以て貧困とみなすことに重点が移った［Sen 1985b；Sen 1999d］．「様々なファンクショニングを達成できる実質的な自由」［Sen 1999d：75］としてのケイパビリティが剥奪されているという観点から貧困を分析することは，所得以外の本質的に重要なファンクショニングに直接，焦点を当てることを意味し，それゆえに失業，栄養状態，健康状態や男女格差などの幅広い分析が可能になった．このようなセンの新しい貧困観は，世界銀行など主流派エコノミストの影響の強い開発機関にすら取り込まれつつある．

貧困指標の公理的探求

　貧困の諸概念を整理・再検討するための方法論としてセンが採用したのが，社会選択論における公理的方法（axiomatic method）であった．センは，貧困指

標に求められる条件を公理として立て，従来の貧困指標をその観点から再検討して特徴と問題点を抽出，その上で，それらの公理を満たすような新しい貧困指標を導出したのである．そこでまず，セン以前の指標の問題点と「センの貧困指標」の意義について，貧困を一定額の貧困ライン以下の所得を持つ者として定義した上で[1]，まとめておこう．

貧困指標が満たすべき公理として，センは，「焦点性公理」（貧困ライン以下の者の所得に変化がなければ，貧困ラインを超える者の所得変化は貧困指標に影響を与えない），「単調性公理」（他の条件を一定として，貧困ライン以下の者の所得が減少した場合に，貧困指標は増加する），「移転公理」（貧困層内部で，相対的に所得が少ない者から多い者に所得が移転されるが，所得移転を受けた者も貧困ライン以下にとどまる場合に，貧困指標は増加する）などを挙げている．これらの公理は，貧困が貧困者内部の問題であり，かつ貧困ラインからの乖離が大きくなればなるほど厚生上の負担が大きくなることさえ合意すれば，ほぼ受け入れられるものと考えられる．

そこで，最もよく用いられる貧困指標である貧困者比率（H : head count ratio）がこれらの公理を満たすかどうか，検討しよう．ある集団の人口を n，所得が貧困ラインを下回る人口を q とすれば，$H=q/n$ となる．この指標は貧困の定量的研究が始まって以来，もっとも広く用いられてきた．しかしこの指標は上記公理のうち，焦点性以外のものを満たさない．貧困ライン以下の者の所得がさらに減少しても，すでに彼らは q の中に数えられているから，q/n の分母と分子のどちらにも影響を与えないためである．

次にセンは，所得ギャップ比率（I : income gap ratio）を検討する．貧困者の所得 y_i と貧困ライン z からの乖離額を貧困ラインで正規化し，その値の貧困者内での平均が I である．すなわち $I=\Sigma_{\{i=1,\cdots q\}}(z-y_i)/(zq)$ と定義される．この所得ギャップ比率 I は「単調性公理」を満たすことから，貧困者比率 H よりは具合がよいが，貧困層間での所得移転が貧困ライン以下の人数に影響を与えない限り，全く変化しないから，「移転公理」を満たさない．センはまた，これらの貧困指標を組み合わせたもの，たとえば H と I の積についても検討し，この指標もまた貧困層内部の相対的剥奪に対して反応しないことから適切な指標とは言いがたいと判断している．なお，H と I の積は，近年の文献では貧困ギャップ指数（P_1 : Poverty Gap Index）と呼ばれ，所得ギャップ比率 I よりもよく使われる．$P_1=HI=\Sigma_{\{i=1,\cdots q\}}(z-y_i)/(zn)$ である．

では、「移転公理」を満たすような指標はどのように導出すればよいであろうか。この問いへの答えとしてセンが用いたのが「順位づけされた相対的剥奪」(*Rank Relative Deprivation*) の公理である。貧困指標は、貧困と判断された人々の貧困ラインからの乖離額の加重平均と一般化できる。すべての貧困層を所得が多い人から少ない方に向かって順番に並べた場合、この順位の値が大きいほど、その人は同じ貧困層の範疇にいる他者と比べて相対的剥奪の点でより窮乏状態にあるとセンは主張した。したがって、この相対的剥奪の側面を捉える貧困指標は、ある人の所得乖離額に課すウエイトをこの順位の値と共に増加するようにするべきだと提案したのである。

この「順位づけされた相対的剥奪」の公理を満たす指標としてセンが考案したのが、センの貧困指標 P である[Sen 1973 c ; Sen 1976 a]。貧困層内部の所得分配のジニ係数を G とすれば、この指標は $P=H[I+(1-I)G]$ によって与えられる。すべての貧困層が同じ所得を持っているならば、貧困層内部の所得分配のジニ係数はゼロとなるから、$P=HI=P_1$ となる。所得ギャップ比率と貧困者比率が共に同じならば、ジニ係数によって計られる貧困ライン以下の所得不平等が大きいほどセン指標 P は増加する。最後の指標 G が「相対的剥奪」の側面を捉えており、その指標を含んでいることがまさに「順位づけされた相対的剥奪」公理を採択した直接的結果である。

センの貧困指標は、公理的に導出されたという理論的アピールに加えて、貧困層内部の不平等をジニ係数という形で取り込んだものと解釈できるため、直感的にも理解しやすい優れたものであった。このため1970年代から80年代前半にかけての貧困計測において集中的に用いられた。また、センによる貧困指標に関する議論は刺激的であったため、セン指標の拡張や一般化などが進められた [Foster 1984 ; Ravallion 1994 ; Foster and Sen 1997 ; 高山 1981 ; 山崎 1998]。

センの研究を発展させる形で考案された様々な貧困指標の中で、近年とりわけ幅広い支持を得ているのは、FGT指標と呼ばれる一連の指標である [Foster, Greer and Thorbecke 1984 ; 山崎 1998]。この指標は、各個人の貧困ラインからの乖離額を正規化し、それの α 乗を足し上げて集団全体の指標としたものである。数式で示すと、

$$P_\alpha = (1/n)\Sigma_{\{i=1,\cdots q\}}[(z-y_i)/z]^\alpha \quad \cdots\cdots(3\text{-}1)$$

となる．

　このFGT指標は，α が0の時に貧困者比率 H，α が1の時に貧困ギャップ指標 P_1，すなわち H と I の積になるなど，様々な指標を包含する幅広い指標となっている．さらに α が0より大きい場合単調性公理を，また1より大きい場合移転公理を，それぞれ満たすという性質を持つ．そこで α が2の場合，すなわち二乗貧困ギャップ指標（P_2：Squared Poverty Gap Index）がセン指標に換わって用いられることが多くなった[2]．

　FGT指標がセン指標に換わった理由となったもう1つの優れた特徴は，その分解可能性(decomposability)である．つまり集団全体のFGT指標を，人口比率をウエイトとして，地域やエスニック集団などいくつかのサブ・グループのFGT指標に加法的に分解することが可能なのである．例えば，様々な特徴に基づいて集団を分け，貧困指標を比較することにより，貧困削減政策の対象をより正確に絞ることが可能となる．

　しかしFoster and Sen [1997] は，この厳密な分解可能性が貧困指標に必要な特性かどうかについて，疑問を投げかけている（本章2節も参照）．分解可能性という特性は，社会全体の貧困指標が，究極的には各個人の貧困指標に分解でき，各個人の貧困指標は他のメンバーの状況に左右されないことを意味する．つまり，貧困概念の中の相対的要素は，FGT指標においては貧困ラインの設定の際にのみ考慮され，集計の段階では何ら考慮されないのである．しかし，相対的要素をより重視すれば，いくつかの集団に貧困指標を分解した場合に，個々の集団ごとに貧困ラインが異なる可能性があるし，各個人の貧困の度合いを判断する際にも，他の人々の状況が影響すると主張することもできる．セン指標を含む分解可能ではない貧困指標は，この相対的要素を集計の段階でも考慮していると解釈できるのである．ひるがえって(3-1)式を眺めてみると，FGT指標の二乗貧困ギャップ指数は，貧困者の貧困ラインからの乖離額を加重平均する際のウエイトとして，正規化された乖離額そのものを用いていることが分かる．これは，貧困層を所得が多い順に並べた場合の順位の値が大きいほど，ウエイトが大きくなっているという点では確かに形式的に「順位づけされた相対的剥奪」の公理を満たしているが，この公理の本来の意図であった相対的剥奪の側面を捉えるという意図を反映していないことを示している．

　このように，センによる公理的アプローチの方法論的特徴は，ある1つの公

理が何を表現していたのかという公理設定の背景を問うことから，別の公理設定の可能性を模索し，先の公理と新たに導出された公理とのどちらが，その問題の分析上有意義な帰結を生み出すかを確認する作業にある．このアプローチを貧困問題に応用した場合，絶対的剥奪と相対的剥奪との両方を包括的に含むような「情報的基礎」をもった指標が望ましい．このような指標が満たすべき公理はどのようなものであるべきかというセンの問題提起は重要であり，FGT指標を用いる場合にもその点を意識することが必要であろう．フォスターとセンのまとめにあるように，どの貧困指標を用いるかは，分析しようとしている問題の性質次第であるし，貧困概念は本質的に曖昧さを伴うのであるから，複数の貧困指標を用い，それらの指標すべてによって同じ判断ができる場合にのみ，優劣を判断することが望ましいのである[Foster and Sen 1997]．

エンタイトルメント・アプローチによる飢饉と飢餓の実証研究

　センによる貧困指標の公理的探求を説明する際，貧困指標を計測する物差しとしては単純化のために所得を用いた．しかし同じ時期に精力的に行われたセンの貧困に関する実証研究においては，この点の再検討も行われている．貧困の一形態としての飢饉が「エンタイトルメント」(entitlement)の失敗として捉えられている『貧困と飢饉』[Sen 1981b]を題材に，このことを整理しよう．

　Sen[1981b]は，経済全体における食料供給量の減少(Food Availability Decline : FAD)ゆえに飢饉が生じるというそれまでの「常識」，つまりFADアプローチを徹底的に批判した．センは，南アジアとアフリカにおける飢饉の詳細な実証分析に基づき，飢饉は好況時にも不況時にも起きるし，FADが生じていてもいなくても起きることを明らかにした．邦訳における訳者のまとめを借りれば，Sen[1981b]は，飢饉の真の原因が，ある社会において正当な方法で「ある財の集まりを手に入れ，もしくは自由に用いることのできる能力・資格」，あるいは，そのような能力・資格によって「ある人が手に入れ，もしくは自由に用いることができる財の組み合わせの集合」として定義される「エンタイトルメント」の崩壊にあると主張した[Sen 1981b：邦訳 v]．センの分析は，飢饉の影響が階層ごとに異なっており，実際に危機に陥った階層において確かにエンタイトルメントの崩壊が観察されているという意味で，説得的なものであった．

　Sen[1981b]に対する当初の書評には，センのエンタイトルメント・アプロー

チは既に分かりきっていたもう1つの「常識」，すなわち購買力がないから飢えるのであるという考え方を，経済学的に洗練された形で提示し直したにすぎないという批判が見られる．しかしこれは表面的な批判である．第1に，エンタイトルメントは，単なる実質所得や購買力だけではなく，雇用制度や社会保障，相互扶助のあり方など，より広範な内容を含んだ概念であり，したがって，エンタイトルメント・アプローチは手法面でも斬新なものであった．第2に，購買力等に配慮した飢饉対策が歴史的に存在したのは事実であるが，あくまでそれは副次的配慮であって，食料総供給量を一義的に重視した対策中心だったのがそれまでの対飢饉政策であった．過去の政策の誤りを見事に指摘しているという実学上の重要性も Sen [1981b] の大きな貢献である．以上を考えれば，エンタイトルメント・アプローチが全く新しくないという批判は不適切である [Osmani 1995; Ravallion 1997]．

エンタイトルメント・アプローチに基づく飢饉と飢餓の実証研究はその後，ジャン・ドレーズ (Jean Drèze) との共同研究を核にした一連の研究プロジェクトによってさらに進められた [Drèze and Sen 1989; Drèze and Sen 1990a; Drèze and Sen 1990b; Drèze and Sen 1991]．また，センが用いるエンタイトルメントという概念は，購買力ないし実質所得といった経済学の概念を包含すると同時に，政治的，社会的権利などに基づいた食料入手能力をも理論的には含んでいるが，残念ながら Sen [1981b] の事例研究ではこれらは十分に検討されていない．さらには，飢饉全体の動学，つまり，どのようにしてエンタイトルメントの崩壊が始まるのか，どのような場合にそれが飢饉に発展するのか，飢饉が長期的な貧困にどのような影響を残すのか，あるいはなぜエンタイトルメント崩壊を既存の市場や制度が防げなかったのかなど，Sen [1981b] で十分取り上げられなかった問題は多い．これらは，近年の飢饉研究の重要な研究課題の1つとなっている [Osmani 1995; Ravallion 1997; Drèze 1999]．

貧困へのエンタイトルメント・アプローチを，センの経済学における「貧困へのケイパビリティ・アプローチ」の第一歩として理解することも重要である．エンタイトルメント，すなわち，ある社会において正当な方法である財の集まりを手に入れ，もしくは自由に用いることのできる個人の「能力・資格」にまで目を向け，実際にある人が享受したもの以外の要素を含んだ集合として，ある人の福祉を評価しようとしている点は，まさしくケイパビリティ・アプロー

チにつながっている．

　他方，この定義がすべて，「財」という物差しでの議論に終始しているところが，貧困へのエンタイトルメント・アプローチの限界である．せっかく能力や資格に着目していながら，個人の福祉を評価する物差しとしてはあくまで伝統的な経済学の物差しである「財・サービス」にとどまっているのがエンタイトルメント・アプローチなのである．しかしこの限界はむしろ，飢饉や飢餓の分析においては，生存維持のために最も基本的な手段となる食料に対するエンタイトルメントに焦点を当て，それを「財・サービス」の物差しで評価することが，十分に根拠のあることである，と積極的に解釈することも可能であるように思われる．センが幼年時代に目の当たりにし，Sen[1981 b]の中で最も詳細に分析した1943年のベンガル大飢饉を防ぐために必要だったのは，財で測ったエンタイトルメントの保護に尽きるのである．

貧困へのケイパビリティ・アプローチ

　貧困問題の分析に画期的な革新をもたらしたのが，センのケイパビリティ (capability)・アプローチである．物質的豊かさと「善き生」(well-being) とを，単純に同一視することはできない．より多くの財を手に入れ，自由にできることは，よりよい生活を実現するための手段に過ぎないし，その手段をよりよい生活へと結びつける際には，年齢，性別，健康状態など，他の様々な要因が影響を与えるからである[Sen 1997 a]．センはしたがって，人の厚生水準を測る物差し，数学的な表現をすれば評価の空間 (space) として，財やサービスを用いること自体が不適切であると指摘し，財やサービスを用いて人がどのような状態 (being) や行動 (doing) を取れるかという「ファンクショニング」(functioning) の物差しで測らなければならないと主張した．そして，ある人が達成可能な様々なファンクショニングの集まり，すなわち様々なファンクショニングを達成できる実質的な自由 (freedom) こそが人の厚生水準を示しているとして，これを「ケイパビリティ」と呼んだのである [Sen 1985 b ; Sen 1999 d]．

　ケイパビリティ・アプローチを貧困問題に応用することによって，これまで混乱の種であった「絶対的貧困」と「相対的貧困」の問題も明瞭に解決された．センによれば，貧困とは「基本的なケイパビリティ」(basic capability) の「絶対的剝奪」として定義される [Sen 1999 d]．この定義に基づけば，貧困は「ファン

クショニング」という適切な物差しで測った場合に絶対的剝奪を意味するが，それを財・サービスという不適切な物差しで計った場合には絶対的剝奪に見えたり（カロリー摂取量など），相対的剝奪に見えたりする（衣服支出など）ことが明らかになったのである［鈴村 1998］．このずれゆえに，そもそもあまり適切でない物差しである財・サービスの空間において貧困ラインを定義しようとすれば，所得の絶対的不足と相対的剝奪とのバランスをとるような指標を考える必要が生じてしまう．

　ケイパビリティ・アプローチを飢饉や飢餓の問題に当てはめると，飢餓とは，食料という単なる財ないしはそれへのアクセスが不足している状態なのではなくて，むしろ，食料やその他の財・サービスを用いて達成される「十分な栄養を得る」という基本的なケイパビリティが剝奪された状況と捉え直すことができる．飢餓を避けることができるかどうかは，現時点で手に入れることのできる食料のみではなく，栄養摂取の能力や必要量を左右する要因，例えば現在利用可能な保健衛生サービスや過去の食料摂取の結果としての健康状態にも影響される．したがって，保健衛生や健康状態といった広い意味の保健が，財としての食料と並んで，あるいはそれ以上に重要になる．

　つまり，ケイパビリティの剝奪という観点から貧困を分析することにより，所得以外の本質的に重要なファンクショニングの欠如，すなわち十分な仕事，栄養，健康などを得られなかったり，差別的な待遇を受けることなどまでも貧困の多様な側面として分析することが可能になったのである［Foster and Sen 1997 ; Sen 1999 d : Ch. 4］．そしてこのようなセンの貧困観は，世界銀行などの開発機関においても半ば常識化しつつある．近年の世銀報告書『貧しい人々の声』の中では，貧困の特徴として次の6点が挙げられている［World Bank 2000 a ; 黒崎他 2000］．第1に多面的な現象であること，第2に飢えに代表される物質的な剝奪が深刻なこと，第3に心理的側面における「無力感」(powerlessness)が広範に見られること，第4に道路・運輸・上水道など基礎的な社会基盤整備がなされていないこと（社会インフラの不足），第5に病気への脆弱性や教育水準の低さなど人的資本の不足，そして第6に様々なリスクにさらされやすく，一旦不運に見舞われると極めて脆弱な状況に陥ってしまうという「リスクへの脆弱性」(vulnerability to risk)である．これらの多面的な剝奪状況が，センのいうところの「基本的なケイパビリティの剝奪」にほぼ重なることはいうまでもない．

世銀報告書に挙げられた6点のうち,特に注目されるのは,第3のポイント「無力感」である[4]．自分たちの声を届かせる発言力や影響力,政治や地域社会に実際に参加する能力,自らの生活を律し改善を試みる自立性——これらの欠如こそが貧困の重要な側面であることを,世銀の報告書が強調していることに留意されたい．そこで『世界開発報告 2000/2001：貧困との闘い』は,無力感を克服するために貧困層の「エンパワーメント」(empowerment) を目指すことを,貧困削減政策の3本柱の1つに据えた [World Bank 2000 b]．ただしエンパワーメントには,無力感を克服することそれ自体が「基礎的なケイパビリティ」の回復であるという意味での「本源的価値」を持つだけでなく,貧困層の経済機会への参加を促し,効率的な資源配分を可能にすることによって,所得貧困やリスクへの脆弱性を克服するという物質面での間接的な効果,セン流にいえば「機能的価値」があることも忘れてはならない[5]．

ケイパビリティ・アプローチは,このように発展の尺度として広く受け入れられつつある一方で,様々な批判にもさらされてきた．本質的な批判として以下の2つが挙げられる．第1に,何が検討されるべき重要なファンクショニングであり,それぞれのファンクショニングをどのようにウエイトづけするかという問題が,実用面で必ず生じることである．例えば Sugden [1993] は,多岐にわたるファンクショニング,善き生に関する人々の合意形成の難しさ,可能性の集合を評価する際の問題などを考慮すると,ケイパビリティの枠組みがどこまで実用的になり得るだろうかと,疑問を投げかけている．また Srinivasan [1994] は,サグデンの指摘を引用しながら,ケイパビリティ・アプローチを応用した UNDP による人間開発指数 (Human Development Index：HDI) を構成する3つの指数の計算方法,および3指数の単純平均を取って HDI とすることなどに関しては経済学的裏づけがほとんどないと,徹底的に批判している．

この批判に対するセンの反論は,そもそも厳密なウエイトを求めるための「魔法の公式」などあるはずもなく,ある程度の幅があったしても,公の場での議論と理解に基づくウエイトづけの合意形成こそ社会選択の実践である,という主張である．また,検討されるべきファンクショニングに関しても,完全な合意が得られるようなリストを提示することは望むべくもなく,幅広い関心を引きつけ,議論を招くことが重要であると述べている．この観点から考えると,生活の質に関する異なる指標を提示し,明示的にウエイトづけをする必要性を

強調し，定めたウエイトを人々の自由な議論と批判にさらした人間開発指数の意義は大きい [Foster and Sen 1997：203-209；Sen 1999 d：75-81]．セン自身が『人間開発報告』1999年版の序文において注意しているように，集計されたHDIだけではなく，それを構成している各指数を別個に吟味することが有益であり，HDIの本来の意義は，生活水準に直接・間接に影響する所得以外の主要因を重視することにあるのである [UNDP 1999：23]．[6)]

ケイパビリティ・アプローチに関する第2の批判は，ケイパビリティの比較のみに基づいて貧困指標を作成することが困難である，というものである[Foster and Sen 1997：214-18；Sen 1999 d：81-85]．例えば，貧困層内部の不平等を考慮した貧困指標を作成するためには，ケイパビリティの剥奪の程度をウエイトづけして集計する必要があるが，そのような剥奪の度合いを，常にどのファンクショニングに関しても計測できるとは限らない．センとフォスターは，所得面での尺度を補完・修正するためにケイパビリティの概念を用いる方法など，この問題を実践的に回避する方法をいくつか提示しているが，いずれも今後の研究成果が待たれる分野である．

貧困削減のための戦略

ケイパビリティ・アプローチは，貧困や発展の尺度として所得以外の様々な指標に注目する根拠となるため，貧困削減のための戦略についても重要な問題提起につながった．例えばDrèze and Sen [1989] は，乳幼児死亡率や5歳未満の幼児死亡率の大幅な低下を実現した国々の経験を大きく2つのパターンに類型化し，急速な経済成長の成果を用いて幅広い人々の生活条件の改善をもたらした成長媒介保障(growth-mediated security)という戦略だけでなく，経済成長を待たずに直接的な政府による支援を行うことで教育，保健衛生，食料などに対するエンタイトルメントを強化した公的支援主導保障 (support-led security) 戦略が可能であることを明らかにした．前者の例としては韓国やクウェート，後者の例ではスリランカやコスタリカなどが挙げられている．彼らがとりわけ強調しているのは，所得水準の低い段階でも公的支援主導保障が可能であり，かつ有効な政策である点である．公的支援主導保障を成長媒介保障と区別するものは公共政策の有無ではなく，経済成長を待たずに直接的に公共政策によって生活水準の向上をもたらす点，つまりタイミングやシークエンスの違いであると

述べている．

　その場合当然考えられる批判として，貧しい国が保健や教育に支出する余裕があるかという問題がある．これに対してセンらは，途上国における労働コストは低く，教育や保健衛生などの部門は労働集約的であるから，貧しい国においても公的支援主導保障は可能だと答えている [Drèze and Sen 1989：226-27；Sen 1999 d：47-48]．そうなると途上国の生活水準の改善は政治的な意志もしくは市民や野党の圧力の問題ということになる．センらは貧困を解消するために必要なこれらの要因を，公衆のための公共政策と，公衆自らの参加による行動からなる「公共活動」(public action) と総称している [Drèze and Sen 1989]．センの公共活動論は，参加型開発重視という近年の潮流を支える１つの理論的根拠となっている．

　もちろん公的支援主導保障戦略に即効性があるとしても，長期的には経済成長が必要なことをセンも認めている．またセンは市場の役割を無視しているわけではなく，市場メカニズムが与えるインセンティブが重要な役割を果たすことを強調している．公的支援主導保障と経済成長という２つの戦略の相互関連や，公共政策と市場メカニズムの望ましい関係といった問題を明示的に議論する基礎を築いたこと，それがセンの貧困削減戦略に関する最大の貢献といえるであろう．

2．不平等研究

不平等と貧困

　センの不平等研究は，厚生経済学の厚生指標に関する理論的議論の中に位置づけられることが通常であるように思われる[7]．これに対し本章は，貧困問題との関連でセンの不平等研究を取り上げる．これによって，一見距離があるかのように見えるセンの社会選択論や厚生経済学上の貢献と，貧困研究における貢献との接点を提示したいからである．

　不平等の測定と貧困研究とを直接結びつける最初のセンの言及は，Sen [1973 c] に見られ，概念としての貧困が不平等に密接に関わることを主張している．しかし Sen [1981 b] に明記されているように，不平等と貧困は無関係ではないが，どちらの概念ももう一方の概念を包含するものではない．不平等が全ての

階層を対象とした概念であるのに対し，貧困は所得の下位階層を対象とした概念であり，財やサービスで見た絶対的剥奪と相対的剥奪の両方を含む概念なのである．つまり，センの貧困研究のうち，相対的剥奪をどう捉え，集計・指標化するかということ，そして相対的剥奪を測る物差しを何に設定するべきかということ，この2点がまさにセンの不平等研究から導出されている部分ということになる．

センの不平等研究は Sen[1992 b]と Sen[1997 a]に集大成されている．Sen[1997 a] の本文部分，すなわち Sen [1973 a] がケイパビリティ・アプローチ以前のセンの不平等研究に対応するのに対し，Sen [1992 b] は，ケイパビリティ・アプローチに基づくセンの不平等研究をまとめたものである．Sen[1997 a]の付録である Foster and Sen [1997] もまた，ケイパビリティ・アプローチ後の文献展望を行っている．そこで以下では，まずケイパビリティ・アプローチ以前のセンの不平等研究について公理的方法を鍵に考察し，続いてケイパビリティ・アプローチの不平等研究への応用について概観する．

不平等問題の公理的分析

セン登場以前の厚生経済学が，所得や富の分配の公平性など，経済学の倫理的側面を正面から議論することを回避して，パレート効率的な資源配分を市場機構によっていかに実現するかという効率性至上主義のアプローチに没頭していたのに対し，センは，アローが創始した社会選択論の構造を徹底的に解明することを通じて厚生経済学の革新に貢献した[鈴村=須賀 2000；鈴村=後藤 2001]．この成果を経済的不平等の評価と計測の問題に適用したのが Sen [1973 a] であった．

そこには社会選択論の公理的分析が複層的に用いられている．不平等指標としては，ジニ係数，平均対数偏差やタイル指数，平均対数偏差とタイル指数を特殊ケースとして含む一般化エントロピー指数など，さまざまなものが現在まで用いられている[Silber 1999]．しかしこのような指標を用いる際にも，社会的厚生に関する規範的な観念が不可欠であるとセンは主張する [Sen 1973 a: Ch. 1]．所得など個人の客観的特徴を集計するということは，異なる資源や属性を持ち，異なった環境のもとで生活する個人間の厚生がいかにして比較可能になるのかという社会選択論の基本的問いに重なるからである．したがってここでま

ず公理的方法が登場する[8].

　次に，それぞれの客観的な不平等指標の特徴が，どのような厚生上の解釈に関連しているかが検討される．ここでも公理が活躍する．たとえば，客観的な不平等指標とはそれまで，「対称性」（構成員同士入れ替えても，不平等指標が変化しないこと），「複製・規模に関する不変性」（ある分布を複製してもとの分布に加えても，不平等指標が変化しないこと），「平均からの独立性」（ある正の数によって計測の単位を変更しても，不平等指標が変化しないこと），「移転感応性」（逆進的な所得移転によって不平等指標が増加すること）を満たすものとされてきた．これに対しセンは，「移転感応性」に関しては不平等測定の基本的な要請としてではなく，追加的な性質とみなすべきであるとしている．それは，「移転感応性」を満たす様々な不平等指標が，所得移転が所得分布のどこで生じるかによってそれぞれ異なった反応を見せ，その異なった反応が社会厚生上，どのような階層にどのようなウエイトづけを与えるのかに対応しているからである [Foster and Sen 1997 : A. 4]．

　同様にセンが疑問を投げかける公理に，「分解可能性」がある．これはグループ全体の不平等指標が，サブ・グループの不平等指標の加重平均で表わされ，そのウエイトがそのサブ・グループの全人口に占める人口比に比例するような性質である．この性質が不平等の実証分析において非常に有用であることは言うまでもない．とはいえこの性質を満たす不平等指標は少ない．そこで，この条件をやや緩めた公理として「サブ・グループに関する整合性」も提起されている．これは，構成要素であるサブ・グループの不平等水準が変化するにつれて，全体の不平等指標も同じ方向に変化するという性質である．しかしいずれの条件も，全般的な不平等の判断がサブ・グループの平均値によって測定されるそのサブ・グループの相対的な位置に関する情報から独立であることを要求する．この要求は，不平等が本質的な意味で相対的な概念であることからすると，いかにも奇妙なことであるとセンらは結論を下している [Foster and Sen 1997 : A. 5]．相対的要素をより重視すれば，あるサブ・グループに属する者の不平等の度合いは，その人が属するサブ・グループ以外の人々すべての状況が影響すると主張することもでき，分解可能性はそのような要求を満たさないのである．

　不平等の計測に当たって相互依存関係を重要視するセンの考え方は，「準順序」(quasi-ordering)の関係を積極的に評価することによく現われている．通常用

いられる客観的な不平等指標とは，任意の2つの所得分布 x と y とが与えられた場合に，それらの所得分布を比較して，「x の方が y より不平等である」,「y の方が x より不平等である」，あるいは「どちらも同等である」の3つの答えのどれかが必ず出るようになっているものを意味する．このことを「完備性」を持つ，と表現する．準順序の関係を積極的に評価するとは，このような完備性を持たない序列づけであっても不平等を考察する上で重要であると認めることである．Sen[1973a]では，そのような準順序関係の例として，ローレンツ曲線による序列づけが挙げられている．よく知られているように，分布 x に対応するローレンツ曲線と，分布 y に対応するローレンツ曲線とが交わらなければ，曲線が下に位置する分布の方が不平等であるとみなすことができる（図3-1a）．しかし2つの曲線が交わってしまう場合，分布 x と y の間に不平等度の序列づけをすることはできない（図3-1b）．これが「ローレンツ曲線による序列づけ」である．

センは，不平等度の序列づけの不完備性が，規範的アプローチにおいて用いられるべき厚生関数が特定できないことに起因することを示した．逆に言えば，準順序としての不平等度の序列づけを用いて，そのような不完備な序列づけですら分布 x が分布 y よりも不平等であると示せるならば，厚生関数の選択に拠らず頑健に分布 x が不平等であると主張することができるのである．どのような分布に対しても不平等の程度を完全に比較できるような序列づけでなければならないという考えも，そのような序列づけは全て恣意的であるとして退けようとする考えも，どちらも不平等の観念の基本的な点を見落している，とのセンの指摘は示唆的である［Sen 1973a : Ch. 3］．

不平等問題へのケイパビリティ・アプローチ

以上の分析では単純化のために不平等を計測する物差しとして所得分布を用いた．Sen[1973a] 以後，福祉の経済学の新たな基礎構築に乗り出したセンは，物質的豊かさにもっぱら依拠した伝統的経済学の枠組みをケイパビリティ・アプローチによって乗り越えた．前述したように，このアプローチのもとでは，人の厚生水準を測る物差しは，財やサービスを用いて人がどのような状態であり得るか，どのような行動を取り得るかというファンクショニングの空間で定義されたケイパビリティでなければならない［Sen 1985b ; Sen 1999d］．

a) 分布 x の不平等度が y の不平等度よりも小さい場合

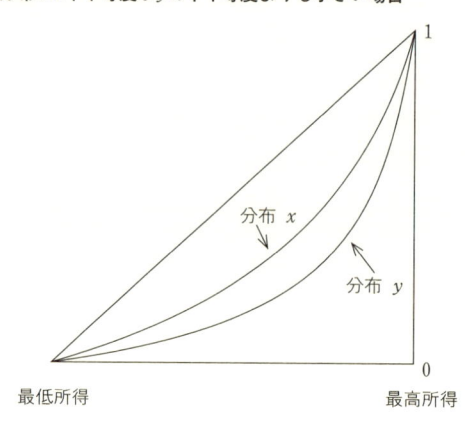

分布 x

分布 y

最低所得　　　　　　　　　　　最高所得

b) 分布 x の不平等度と y の不平等度とを比べられない場合

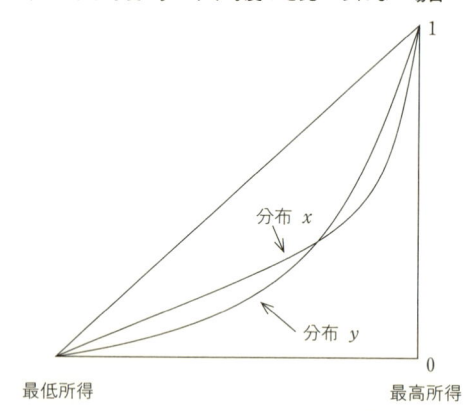

分布 x

分布 y

最低所得　　　　　　　　　　　最高所得

（注）曲線は所得の低い順に個人を並べた場合の累積度数を示す．

図 3-1　ローレンツ曲線による不平等の順序づけ

　ケイパビリティ・アプローチが最初に応用された重要なテーマが不平等問題であったことは特筆するに価する．「何の平等か？」と題された講演の中でセンは，従来の見方，たとえば社会の効用の総和を最大化するような「功利主義的平等」，各個人の効用の平等を目指す「効用主義的平等」，そして社会的基本財に着目したロールズの平等論のそれぞれを理論的根拠が不確かな不満足なもの

として退け，これらに代わる適切な平等論として，「基本的なケイパビリティ」(basic capability) の平等を打ち出した [Sen 1980 a]．そして，所得を福祉に転換する能力が各自の置かれた特徴に応じて異なっているならば，財の平等はケイパビリティの平等とかけ離れてしまう可能性があることをセンは指摘した．

この不平等問題へのケイパビリティ・アプローチは，Sen [1992 b] においてさらに拡充された．つまり，ケイパビリティの不平等という観点から不平等を分析することは，所得以外の本質的に重要なファンクショニングに直接，焦点を当てることを意味し，それゆえに失業，男女格差，人種差別，政治的自由などの幅広い分野における不平等を総合的に分析することが可能になったのである．

例えば Drèze and Sen [1989] に発表され，その後 Sen [1990 c] で一般の読者に広く知られるようになったセンの指摘に，「喪われた女性たち」(missing women) がある．センらは，人口の女性・男性比率が地域的に異なることは，世帯内部の性差別が生物学的に説明しきれない保健状態や死亡率の性差を生んでいることの現われであるとして，途上国で性差別がない場合の基準としてサブサハラ・アフリカ（サハラ以南アフリカ）の女性・男性比率を用いた推計女性人口と現実との差を「喪われた女性たち」と定義した．「喪われた女性たち」の数は南アジア，中国，北アフリカ，西アジアで著しく，そのことはまさしく男性と同等の社会参加，保健・教育機会等の基本的なケイパビリティがこれらの地域では女性に対して剥奪されていることを意味しているのである．

また，自由に着目した不平等論は，自分自身の福祉の向上だけのために生きる自由だけではなく，エージェンシーとしての個人，すなわち自分が考えている目標や価値の全体を達成させるために直接には自分自身の福祉に結びつかないような行動をとる自由にまで拡張した議論が可能になる [Sen 1992 b : Ch. 4]．

このようなセンのケイパビリティ・アプローチに基づいた不平等研究は，成果や資源の保有量で測った平等論への本質的批判となっている．鈴村 [1998] は，ファンクショニングにせよケイパビリティにせよ，経済システムの帰結を記述するという点でセンのアプローチが依然として帰結主義の枠組みにとどまっており，手続き的衡平性，情報的効率性，権利の尊重などは経済システムの性能評価の視角に十分位置づけられていないという批判を提示しているが，達成可能な機能の集合に着目する点ではセンの研究は明らかに狭い意味の帰結主義を抜け出している [鈴村=後藤 2001：130-131]．

一方,貧困研究の節で述べたのと同じ問題,すなわち不平等分析の際に何が検討されるべき重要なファンクショニングであり,それぞれのファンクショニングをどのようにウエイトづけするかという実用面での課題と,ケイパビリティの比較のみに基づいて不平等指標を作成することが困難であるという2つの問題は,不平等分析においても現われる [Foster and Sen 1997 ; Sen 1999 d]. とりわけ基本的ケイパビリティの指標化が難問であるということは,セン自らがSen[1980 a]の中ですでに認めていたところであり,残念ながら現在まで満足行くような進展は見られていない.ケイパビリティ・アプローチの強みはむしろ,人々の状態を完全に記述するのではなく,見逃すことのない不平等を分析するために「ケイパビリティ」概念を用いるところにあると理解した方が適当であるように思われる.ケイパビリティに基づいた不平等の序列づけがあるとすれば,それは財ないし所得の分布を描写する不平等の序列づけ以上に「不完備」なものとならざるを得ないが,その不完備性はまさに不平等問題の本質に対応しているのである.

3. センの貧困・不平等問題へのアプローチから何を学ぶか

本章で概観したように,センの公理的方法やケイパビリティ・アプローチによって,貧困・不平等研究は大いに進展し,センによって刺激された研究が現在まで理論面・実証面双方で続けられている.貧困や不平等をどのように考えるかというケイパビリティ・アプローチの根本的な問題提起は,貧困や不平等問題に取り組む全ての者が常に意識すべき点であろう.ケイパビリティ・アプローチに厳密に基づいた実証手法として,「ファジー集合論」(fuzzy set theory)や序数的比較だけに基づく準順序による序列づけなどが近年提起されており [Foster and Sen 1997 : 200, 214-18],今後の発展が期待できる.

センの貧困・不平等問題へのアプローチから,我々は何を学ぶべきであろうか.まずその第1は,多様性への配慮であろう.この多様性に配慮するための基本が脱集計化である.それぞれの国,地域,グループ,個人などはすべて能力や価値観で異なっている.この違いを無視した集計的アプローチがいかに誤った結果を導くかは,Sen[1981 b]が飢饉の実証研究を通じて如実に示したところである.また,多様性への配慮は,不完備順序,分解不可能性など,貧困や

不平等の序列づけの手法としては一見魅力的でない特性に対して新たな意義づけを与えることにつながる．実証分析の指標としての「便利さ」だけにとらわれず，不便な手法がもつ厚生経済学上有意義な特性に留意した分析が望まれる．

センの貧困・不平等問題が我々に伝えてくれる第2の重要な教訓は，経済学における所得の地位の相対化であろう．所得ないしは財へのエンタイトルメントが個人の福祉にとって重要であることをセンも否定しないが，所得だけにとらわれてしまっては，貧困や不平等問題の本質を見失う．様々なファンクショニングを達成できる実質的な自由がどのように分布しているかによって，貧困や不平等問題は議論されることが望ましい．所得や消費支出といった指標で議論する場合でも，それがあくまで他の条件が一定の場合に福祉水準を示す1つの代理変数としてであることを忘れないようにしたい．

本章の構想は，2000年12月に成城大学経済研究所で開催されたミニ・シンポジウムでの拙報告「アマルティア・センの経済学：貧困・不平等問題への貢献」に基づいている．シンポジウム参加者のコメントは本章をまとめる上で，非常に有用であった．記して謝意を表したい．

注

1) 以下のまとめはSen [1981b]での議論に山崎 [1998] の整理を加えたものである．なお，オリジナルのジャーナル論文はSen [1973c] [1976a] である．
2) 二乗貧困ギャップ指数 P_2 をもって狭義のFGT指標と呼ぶ場合もある．
3) 社会の選択に関するルールを導出する際の判断材料として利用される個人の厚生に関する情報のことを，社会選択論において「情報的基礎」と呼ぶ．センの社会選択論における貢献の1つが，アローの不可能性定理が成立する情報的基礎を明らかにし，その問題点を明示的に議論する基礎を構築したことにある．詳しくは本書第2章を参照．
4) ここでいう「無力感」は，ケイパビリティによって人の福祉を測ることが効用によって測ることよりも優れていることをセンが説明する際の例としてよく用いられる「選好の内生的形成」と関連づけて理解することもできる．虐げられ続けてきた貧困者は，多くを望もうとしなくなり，わずかな財に対して大きな喜びを感じるように自らの選好を変えるかもしれないのである．
5) 「本源的価値」(inherent value) と「機能的価値」(functional value) の対比についてはSen [1999d] を見よ．
6) HDIを構成している各指数を別個に吟味することによって，各国の生活水準が質的にどのような特徴を持っているかを明らかにすることができる．例えば黒崎=山形

［2003：第 2 章］を参照されたい．HDI については本書第 8 章でも議論されている．
7) 例えば Atkinson［1999］および鈴村=後藤　［2001］を見よ．
8) 社会選択論におけるセンの貢献とそこでの公理的方法の特徴について，詳しくは本書第 2 章を参照．
9) 貧困の多様性と，貧困の絶対性との関係を正確に理解することは，センの貧困論を考える上で重要である．本章で強調したように，センは貧困を，所得のような単一指標で測られた絶対的剥奪としてではなく，ファンクショニング空間で定義された「基本的なケイパビリティ」という集合における絶対的剥奪として捉える．基本的なケイパビリティを構成するさまざまなファンクショニングが，ある個人や集団に保障されているかどうかは，個別に捉えられねばならず，したがって貧困は多様なものとして分析される必要があるのである．

Column

▶日本の貧困研究とアマルティア・セン

　センの概念を日本語で表現するのはなかなか難しい．しかしセンが取り組んだ問題は日本の民衆の課題と深く関連しているはずだ．この本の読者も，日本の貧困研究や社会問題研究の歴史を学び，センの思想をすばらしい日本語で表現してほしいと思う．杉原［1984］は日本の経済思想の流れをまとめている．また社会福祉思想史を解説した吉田=岡田［2000：203, 219, 298, 307］でもセンの思想に言及している．これらの文献を参照しながら，日本の貧困研究とセンの思想との接点を考えてみたい．

　日本で社会問題についての書物が刊行されるのは明治20年代（1887-1897）のことである．横山源之助（1871-1915）の『日本の下層社会』（1899年）が公刊される時期には，下層社会が一般社会との関連を持つ存在として捉えられ，社会改良や社会批判への視点に結びついている［中川 1994：293-97］．大正デモクラシー下で形成されてきた社会事業はヒューマニズムや生存権を背景にしたものであった［吉田=岡田 2000：253-54］．それに影響を与えたのは河上肇（1879-1946）の『貧乏物語』（1917年）であろう．河上肇は，その初期の論考「経済上の理想社会」（河上［1910=1987］）において，労働者の負担を軽減するために，労働時間の短縮に加えて，労働の種類の選択できる範囲を拡大すること，職業の自由の促進，それを支えるために労働の分配を平等にすることを主張している．また『貧乏物語』の貧困削減政策は第1に富者の奢侈ぜいたくの自発的廃止，第2に分配の平等化，第3に生産事業を国家の管理にするように経済組織を改革することであり，貧困の経済分析としては十分ではない［河上 1947：85-90］．しかし，それでも内田義彦は河上肇『貧乏物語』の持つ意味として「倫理の解決すべき第一の問題を貧困という経済現象として提示したこと」，それだけでなく「読者がまさにそうだと考えざるを得ないような形で生き生きと描き出すことによって，読む人一人一人の道徳感に働きかけ，経済現象へのとりくみに迫ったこと」，「その経済学的解明と解決へと内から迫る機能を果たしえたこと」に注目している［内田 1981：240］．後年，河上肇はマルクス主義に傾倒していく．それは「自由な道徳的存在としての人間という規定を徹底すればするほど，外的条件の科学的理解とコントロールという唯物論的接近の意味が重大化する」からであった［内田 1981：328］

　この時期にはマルクス主義の立場を取らない人々も，社会の中の人格発展という視点から生存権を考察し，社会政策の必要性を説いている（福田［1980］及び左右田［1922］）．これらの思想家は，アダム・スミスやミル，ジョン・ラスキンなどイギリスの社会思想とマルクス主義との緊張関係の中から福祉思想を発展させていった．河上肇も福祉を財貨・所得だけでなく，自由で道徳的な人格という点から見た場合の十分な生活の可能性から評価している．戦後においてこれらの成果を継承していったのは大熊信行（1893-1977）であろう．大熊はジョン・ラスキンの学説に注

目し、その成果として、「およそ人間にとっての物財の価値は、人間自身の能力に依存する」ことに注目している。「この場合の能力とは、一定の物財に対する人間の評価能力、または享受能力、使用能力の意味である」と述べている［大熊 1974：286］。同じ箇所で大熊は、有効な価値の生産には、本質的に有用な物財の生産とともに、それを使用する能力の生産が必要であること、物の固有の価値と、これを受容する能力があいまって、はじめて有効なる価値、富が存在すると考え、豊かさの概念を再検討している。ここまでくると、センの思想ともかなりかみあってくる。このような河上・大熊という思想家の仕事、そして横山や風早八十二［1937］などの実証研究者の仕事も、読み継がれる価値を持っていると思う。

左より、黒崎卓、山崎幸治、アマルティア・セン、峯陽一、山森亮の各氏

第II部
セン開発研究の射程

センの開発経済学に関する著作には，厚生経済学や社会選択論の応用に由来する鋭い視点や独自の主張が随所に表われている．一方で，その基盤となっている厚生経済学や社会選択論の理論的研究の背後には，母国インドの社会状況に対する憂慮や社会的弱者への暖かい眼差しが顕著に現われている．第 I 部から明らかなように，彼の経済研究は理論的厳密さと実践的関心とが密接に結びついている．そしてその実践的関心の多くが，発展途上国の諸問題に向けられてきた．だからこそ彼の中では開発経済学と厚生経済学が分かち難く結びついているのである．

　メグナド・デサイが整理しているように，開発経済学におけるセンの影響力は計り知れない [Desai 2001]．センは，60 年代には余剰労働力の存在に関する論争に積極的に加わり，その概念に一定の解釈を与えた．さらに発展途上国における市場の不完全性を早くから認識し，プロジェクト評価において市場価格ではなくシャドウ・プライスを用いる方法を確立したのもセンであった．人々が財を手に入れる関係に着目したエンタイトルメントという概念は，『貧困と飢饉』という優れた実証分析の古典的名著を生み出し，飢饉救済のあり方を抜本的に見直すきっかけとなった．伝統的な厚生経済学を批判する中から生まれたケイパビリティの概念は，所得中心の発展の捉え方を根本的に覆し，人間として良く生きること (well-being) を中心に据えた発展の捉え方へと大きな方向転換をもたらすことになった．

　さらにケイパビリティを用いた不平等や貧困の研究は，様々な国の経験を異なる尺度から比較検討する研究へと発展し，経済学の枠組みに留まらない広がりを持つに到った．民主主義や政治体制をも含んだ経済発展戦略の比較，先進国の失業問題，医療・保健問題までもが分析対象となった．さらに貧困層内部の格差に着目した分析は，世帯内部でのジェンダー間格差の分析へと発展していった．こうしたセンの研究の広がりを前にすると，彼の研究を特定分野のものとして限定的に特徴づけることには何の意味もないことが明らかになるだろう．

　こうしたセンの研究の広がりを可能にしたのは，ある意味では頑固なまでに人間を中心に据えた普遍的な見方である．先進国も途上国も区別することなく，良い生き方を選ぶ自由の観点から，様々な事例や分析の教訓を学びとる姿勢である．その一方で，良く生きることの意味を多元的に捉えることも忘れてはいない．だからこそ「世界中で手本となるような国は一つもない」[Challenge 2000 : 28-9] と言い切ることができ，様々な国の最良の事例から相互に学び取る可能性が開かれるのだ．

　第 2 部に収められている 5 つの論考は，センによる開発研究の広がりを，開発研究，地域研究やジェンダーなど様々な専門家の立場から評価し，再検討を試みたものである．社会科学に不可欠な理論的厳密さと実践的関心とを見事に結びつけ，開発やジェンダーの専門家にとって無視し得ないほどの影響力を持つに至った開発経済学者としてのセン，しかも様々な事例や分析から貪欲に学び続けることで自らの学問基盤を洗練し，再検討することを怠らない見事な越境者としてのセンの魅力が，第 II 部に共通するテーマである．

第4章 センのインド経済論と開発思想

はじめに

　開発に関するセンの思想は，明示的あるいは暗示的に，常に母国インドを想定しながら展開されてきた．両者は切っても切れない関係にあるし，そこにセンの魅力が潜んでいる．

　本章ではセンのインド経済論を紹介する中から，彼の開発思想の変遷と特徴を描き出したい．

　第1節，第2節では，センの処女作にして代表作である『技術の選択——計画経済発展理論の1側面——』の一端を紹介し，若き日のセンによって展開された議論の影響を考察する．第3節，第4節では，1970年代後半に着手したベンガル飢饉分析以降，大きなうねりをもって展開された後期センの開発思想の特徴を描き出す．

1．経済発展と技術選択

　センはカルカッタのプレジデンシー・カレッジから経済学士号を取得したのち，ただちに1956-58年にかけてカルカッタのジャダヴプール大学の教授となった．57-63年にはケンブリッジ大学トリニティ・カレッジのフェローとなり，その間1959年にケンブリッジ大学から経済博士号を取得した．その後インドに帰国し，1963-71年にかけてデリー大学経済学部 (DSE) 教授を歴任した．しかし1971年にはインドを離れLSE教授となり，その後オックスフォード大学教授，ハーヴァード大学教授，ケンブリッジ大学トリニティ・カレッジ学寮長を歴任し，現在（2004年1月から）はハーヴァード大学教授である．

　ジャダヴプール大学教授からDSE教授を歴任した時代のセンは，実に多く

のインド国内の経済論争に参加し，インド経済にかかわる（あるいはインド経済を素材にした）理論的貢献をした．センの貢献がなかったならば，60年代から70年代にかけてのインド・エコノミストたちの輝きはなかったであろう．モデル分析という厳密なアプローチをインドの経済学に持ちこんだのは，誰よりもまずセンの功績である[Datta 1962]．普遍化への努力である．彼以前のインド経済学は叙述的なアプローチに基づく分析を基本としていた．インド経済学史上，セン以前とセン以降とでは歴然とした質的な飛躍がみられるようになった．

『技術の選択』は，「計画された経済発展」を試行する「低開発経済」における「生産技術の選択」をテーマに据えたものであった[Sen 1960]．ここで展開された議論は，インドの第2次5カ年計画(1955-60)の策定・実施によって刺激されたものである．第2次5カ年計画には，重工業化の推進と小規模工業・村落工業の推進という異質の要素が盛り込まれていた．第2次5カ年計画策定にあたってネルー首相が腹心マハラノビスに依頼した課題は，「今後10年間に失業者をなくすと同時に，満足できる国民所得の増加を達成するような計画を準備することは可能であろうか」というものであった[Mahalanobis 1955；絵所2001]．すなわち，雇用創出・失業解消という短期の問題と持続的成長の達成という長期の問題を同時に解決するモデルが求められたのである．第2次5カ年計画に盛り込まれた，《重工業化──「機械のための機械」の製造──持続的成長の達成》と《小規模工業の推進──消費財の提供──雇用創出》という二分法は，インド国内で多くの議論を呼び起こした．『技術の選択』も，こうした実践的な議論の文脈の中に位置付けられるものであった．

センは，人口過剰国タイプの低開発国（インドがその典型である）を想定して議論を進めた．すなわち「雇用されていない労働予備軍が存在する」社会（ヌルクセが「偽装失業」と呼んだ労働力が存在する社会）を想定したのである[Nurkse 1953]．

ところがヌルクセが「労働の限界生産力がゼロ」と定義した偽装失業という概念には，不明確な部分がある．センは偽装失業概念に関する問題を3点指摘した．

第1は，仮にヌルクセが主張するように偽装失業が「広範囲にわたって労働の限界生産力がゼロの労働力」であるとするならば，そもそも何故労働が使用されるのであろうかという問題である．合理的経済行動に反することになる．

センは，偽装失業と合理的経済行動とを矛盾しないように説明する工夫が必要だと論じ，次のような解答を提示した．労働者数と労働時間とを区別すべきだという解答である．偽装失業とは，生産過程にあまりにも多くの労働時間が費やされている状態ではなく，あまりにも多くの労働者が費やされている状態を指す．言いかえるならば，労働者1人当りの労働時間が少ないという状態である．家族にベースを置く小農経済では，失業がこういう形で偽装されるのは自然である．センは図を用いて，労働時間と労働者の関係を説明した．図4-1で，南方は労働者数，東方は費やされた労働時間数，北方は穀物の総生産量をそれぞれ表す．労働時間がL_1のところで労働の限界生産力はゼロになる．これ以上の労働を投入することは意味がないので，労働投入はこの点で終わることになる．一方労働者数をP_2とすると，ひとりひとりの労働者の労働時間はタンジェント$a(=OL_1/OP_2)$であらわすことができる．労働者1人当りの「通常の」労働時間をタンジェント$b(OL_1/OP_1)$とすると，P_1P_2の人口が「過剰」であるということになる．すなわち労働の限界生産力はL_1の点でゼロであるが，労働者の限界生産力はP_1P_2の範囲でゼロとなり，この大きさが偽装失業をあらわすことに

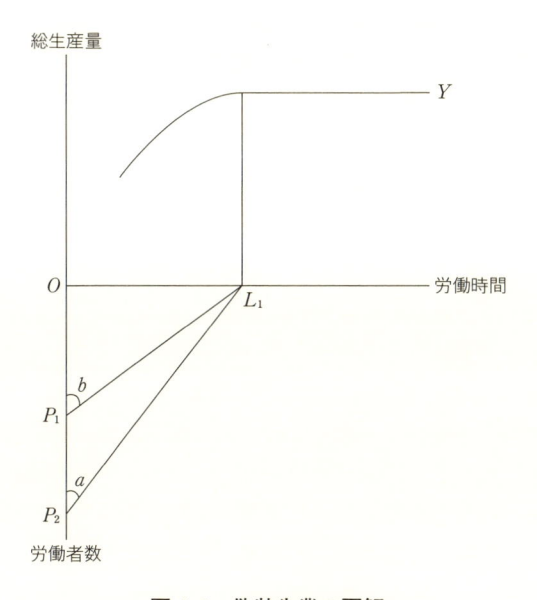

図4-1 偽装失業の図解

なる．「通常の」労働時間をどう想定するかによって，偽装失業の大きさは変わってくるという指摘である．

　第2は，農村地域から都市工業部門への労働の移動は農村地域で生産技術の一定の再編をもたらすという点である．現実的には農村から都市への労働移動によって農村の生産組織は大幅に変化する．この点を考慮すべきであるという指摘である．

　第3は，所与の資本と土地の供給下では労働の限界生産力は実際にはゼロではないという点である．農村の労働者が農村から引抜かれると，実際には穀物の生産量を一定に維持するためには実質投資が必要になる．たとえ過剰人口地域であっても，資本が希少であるために，資本が労働の限界生産力がゼロではない労働によって置きかえられることが起こりうる．すなわち農村から労働が引抜かれると農産物生産量は若干減少しうるという指摘である．

　ただし上記の指摘にもかかわらず，『技術の選択』での主要な議論は「労働の社会的機会費用はゼロ」という極端な想定の下で展開されている．

　つづいてセンは「プランニングの型」に関して，次のような3点にわたる想定をした．

　　(a)　近代的工業部門では生産手段が国有化されている．一方，原始的な農村部門は家族にベースを置く私企業（小農）によって運営されている．
　　(b)　異なった諸工業間の計画調整は中央政府によって行なわれる．
　　(c)　消費に関する政府統制はない．

　以上の想定は，明らかに当時のインドを念頭に置いたものであった．こうした想定下で，近代的工業部門における資本集約度の選択問題を考えること，それが彼の目的であった．その目的のために，センが提示したのが「単純なモデル」と呼ぶものである．

　「単純なモデル」は2部門から成る．すなわち，(1)大規模な顕在的・潜在的失業を伴う，前資本主義的な，家族にベースを置く小農経済部門と，(2)国家所有の先進部門から成る2部門モデルである．センは前者をB(Backward)部門，後者をA(Advanced)部門と呼んだ．A部門が政府によってまさに始められた時点をとってみる．政府の投資能力は，B部門での消費を超える生産余剰の大きさによって制約される．政府がB部門から課税その他の形で一定の穀物を得たと

するならば，次の問題はそれをいかに投資するかということになる．ここで，A部門への労働供給は生存維持水準賃金で完全に弾力的であると想定されている．センはA部門をさらに2つの部門に分割した．すなわち，資本財を生産する第Ⅰ部門と消費財（穀物）を生産する第Ⅱ部門である[1]．

こういう条件の下で，センは第Ⅱ部門における技術選択の問題を考えた．技術選択には2種類の規準がある．第1は，生産量極大化規準である．すなわち産出量／資本比率を極大化するという規準に従って技術選択を決定すべきであるとする考えである．第2は，投資1単位当りの穀物余剰を極大化する，すなわち成長率を極大化するという規準である．図4-2は第1規準と第2規準の相違を示したものである．X軸(L)は第Ⅱ部門における雇用量，Y軸(C)は穀物の追加的生産量を示している．曲線Qは，第Ⅱ部門における雇用量と技術的に可能な生産可能量との関係を表したものである．また直線Wは，第Ⅱ部門における雇用水準に対応した賃金総額を表している．E点は，第1規準を満たす生産量極大点である．一方P点は，穀物消費量を超える穀物余剰量が極大になる点（すなわち第2規準を満たす点）である．P点における接線の傾きは直線Wと等しくなっている（すなわち賃金率と等しくなる点である）．

このことは何を意味しているのであろうか．現在のみの消費に興味をもつ場

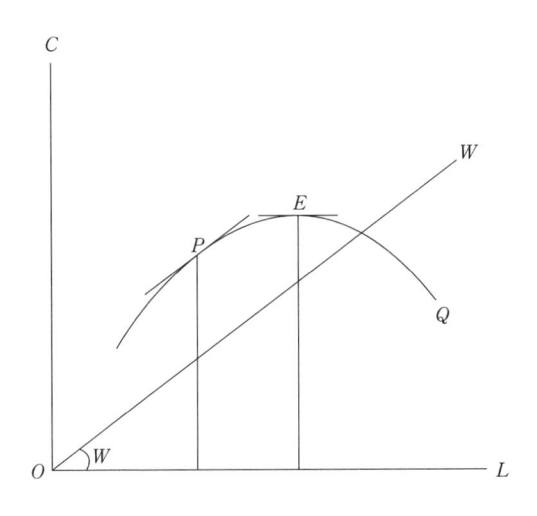

図4-2 技術選択の規準

合には,第1規準にしたがってE点を選択する合理的根拠が得られる.これに対し十分な時間を所与とすると,P点でより大きな消費財を得ることができるので,第2規準を選択する合理的根拠があることになる.すなわちより高い成長率をもたらす技術は,当面の消費財生産はより少なくなるが,長期的にみるならばより大きな総消費量をもたらす.将来に目を向けるならば,第2規準のほうが望ましいということになる.第2規準は,第2次5カ年計画策定にあたってネルー=マハラノビスが提唱した重工業化優先開発戦略を支持するものである.

センは単純な結論を避けている.彼が強調したのは,現在の消費と将来の消費との間には「本当の葛藤」があり,技術選択にあたってはこの問題を考慮する必要があるという点であった.

このあと『技術の選択』は,「単純なモデル」を徐々に現実に近づけるという形で展開する.「単純なモデル」では消費財生産に関する技術選択問題だけがとりあげられたが,そのあと資本財生産にとっての資本集約度の選択基準にかかわる問題,またそれが消費財部門の資本集約度にどのような影響を及ぼすかという問題,さらに「単純なモデル」を考察するにあたって想定した多くの仮定をとりはずした時に技術選択の基準はどうなるのかという問題,国際貿易を考慮した時の開放体系の下での技術選択問題,そして時間を考慮に入れた時の技術選択問題がとりあげられている.これらの議論の大半は数学を多用した形式的なモデルの展開である.そして本論の最後にセンは,技術選択の分配的側面に目を向け,「相対価格は所得分配から独立しているわけではない」点に注意を促し,「不平等を伴う社会」では「相対価格はそれほど意味のあるものではない」と論じた.さらに「実際の政策決定」においては,技術の選択は「ある特定の社会において作動している社会的・政治的な諸力に依存している」のであり,したがって「(本書で行なったような)形式的な経済分析はあまり役にたたない」と書き残した.

なんとも読者を啞然とさせる一句である.厳密な数学的モデルの展開を楽々とこなしたあとで,自らが展開してきた議論は「現実の政策決定」に対しては「あまり役にたたない」と述べているのである! 並々ならぬ自信と力量を示す結論であり,後期センが展開した議論へとつながる研究スタイルである.センのすごさは,プロフェッショナルなエコノミストとしてのスタンスを放棄す

ることなく，しかし同時に現実の政策決定に対して形式的な経済モデル分析が貢献しうる限界を冷静に見極めていた点に求められる（本書第8章も参照）．

2．インド農業の制度的特徴

農業技術の選択

『技術の選択』は先進工業部門における技術選択の規準を論じたものであって，伝統的な農業部門での技術選択問題は分析の対象になっていない．『技術の選択』の付論Aは，この空隙を埋めるべく挿入されたものである［Sen 1959］．

センによると低開発諸国における農業部門の基本的特徴は，(a)非賃金経済，(b)資本，労働とならんで生産を支配する要素としての土地の存在，という2点に求められる．大半の低開発諸国においては，農業に従事しているのは家計である．耕作者の所得は，穀物の売上額から生産支出額と地代および利子支払い額をマイナスしたものである．賃金経済とは対照的に，限界貯蓄率がプラスであるかぎり，ここでは当面の生産極大化と資本蓄積率極大化との間に葛藤は生じない．第2の特徴は，土地の制約があるために資本・労働の規模に関して収穫逓減の可能性があることである．つまり技術選択は生産の絶対的規模に依存することになる．土地を考慮に入れると，2つのタイプの資本財を区別することが必要となる．すなわちトラクターのように労働に置換する資本財と肥料のように土地に置換する資本財である．センは，前者を「労働節約型資本 (labour-esque capital)」，後者を「土地節約型資本 (land-esque capital)」と名づけた．センの結論は簡明である．農村に大量の失業者がいる低開発諸国では，土地節約型資本（肥料，灌漑，病虫害制御）にできるかぎり大きな投資をする根拠があるというものである．

次にセンは，農業余剰の大きさが都市部門で雇用されうる人数を決定する可能性について検討した．図4-3を参照してみよう．X軸 (L) は農村の労働力，Y軸 (N) は穀物生産量をあらわす．PP曲線は生産可能性曲線を示す．農村から都市へ労働力が移動するにつれ，都市での追加的雇用によって生み出される追加的な購買力のために穀物に対する総需要は増加する．OFは当初の農村労働力であるので，DDは穀物に対する需要曲線をあらわす．OL_0が穀物の需要と供給を一致させる点であるので，FL_0が都市地域への労働移動の大きさ，RL_0が穀物

生産量である．しかし図4-4で示されるように，DD曲線全体がPP曲線よりも上にくる可能性もある．この場合には，農村から都市へ移転する労働力の大きさはFTであり，これに対応する穀物の需要量はST，供給量はPGとなる．このケースでは，十分な農業余剰がないために都市への移転が妨げられてしまい，GT部分の労働力は失業者として農村に滞留することになる．センは，このケースをエジプトやインドでよく見られる現象であると説明した．

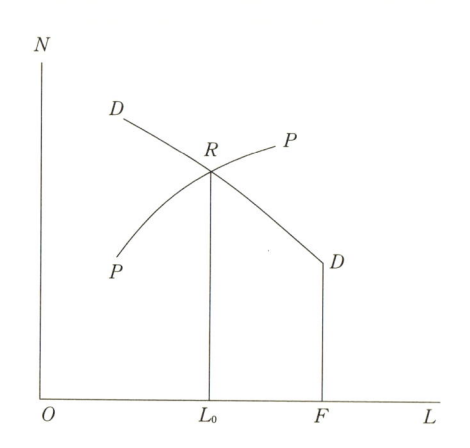

図4-3 農業余剰と都市部門での雇用 (a)

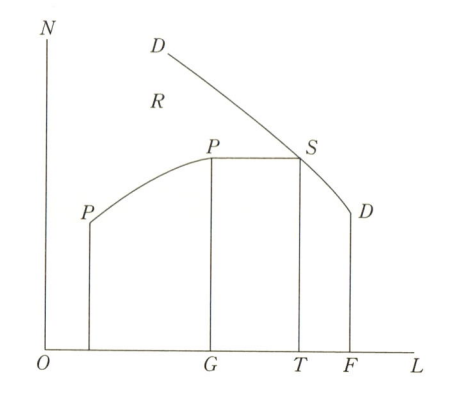

図4-4 農業余剰と都市部門での雇用 (b)

農家の規模と生産性

1950年代半ばにインド政府食料農業省によって大規模な「農家経営調査」が実施された．最初にこの「驚くべき」調査結果に着目し，首尾一貫した理論的説明を加えたのがセンの「インド農業の1側面」と題するノートである[Sen 1962]．農家経営調査から得られた観察結果は次の3点に要約される．

(1) 使用されている家族労働に対して市場で支配的な賃金率で換算された「みなし価値」が与えられるならば，大半のインド農業は収益がない．
(2) おおむね農業の収益性は土地の保有規模とともに増大する．収益性は労働の「みなし価値」を含んだ費用を上回る生産の余剰（あるいは不足）によって計測される．
(3) おおむねエーカー当りの生産性は土地保有規模が増大するにしたがって減少する．

これら3点にわたる観察結果を首尾一貫して説明するために，センは図4-5を用いた．この図で，MP曲線は土地一定の下での労働の純限界生産物をあらわす．もし耕作が家族によって行なわれ，またエーカー当りの家族の労働供給がOPと等しいかそれを超えるならば，OPの大きさの労働が使用される．ただし農業以外での雇用機会はないものと仮定する．またこの地域で支配的な賃金率をOWとする．単位労働あたりOWの「みなし賃金」が支払われるものとする

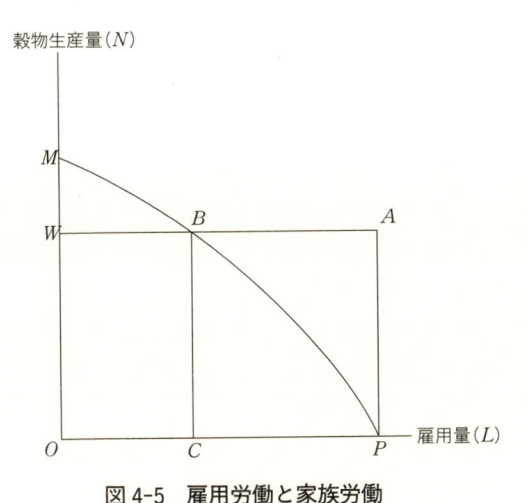

図4-5 雇用労働と家族労働

と，労働の総費用は$OWAP$となる．OMPであらわされる範囲（純生産物）は$OWAP$よりも大きくも小さくもなりうる．OMPが$OWAP$よりも大きければ収益があるということになるし，逆に小さければ損失である．したがって観察(1)は不思議な現象ではない．

次に注意すべきことは，農家規模が増加するにしたがって雇用労働に対する家族労働の比率が減少するという点である．賃金率がOWであるならば，雇用労働に依存する農家は労働投入量をOCに制限し，より大きな収益をあげようとするであろう．土地保有規模と雇用労働に依存する農業との間に正の相関があるので，観察(2)と観察(3)とは同時に説明することができる．

しかしセンの説明はここで終了したのではない．「インド農業の生産制度」を説明しないかぎり，本当の説明にはならないというのが彼の論旨である．彼によると，上記の説明から示唆されることは，より小規模な農家のほうが損失が大きい（あるいは収益が小さい）からといって，小規模農家のほうがより非効率的であることを意味しないという点である．またより小規模な農家のほうがエーカー当りの生産量が大きいからといって，必ずしも小規模農家の生産性のほうが大規模農家のそれよりも高いということにはならない．問題は土地保有規模ではなく，雇用労働ベースか家族労働ベースかという農家の制度に見出されるべきであると主張した．

最後にセンは，家族労働の価値を計測する時に，市場で支配的な賃金率を用いる方法に強い不満を表明した．農業以外に代替的な雇用機会がない時，市場で支配的な賃金率は労働の限界的社会的機会費用をあらわさない．市場で支配的な賃金率を用いて収益や損失を計測することは概念の濫用であると論じた．センの結論は，家族労働に基礎を置く農家の労働費用は雇用労働に基礎を置く農家のそれよりも低いというものである．

つづく論文「土地保有規模と生産性」[Sen 1964 a]では土地保有規模とエーカー当りの生産性との逆相関関係に焦点をあてて，センはさらに考察を進めた．

逆相関関係を説明するにあたって，3つの仮説が提示されてきた．すなわち，(1)技術に基礎を置く説明，(2)労働に基礎を置く説明，(3)土地の肥沃度に基礎を置く説明の3つである．

「技術に基礎を置く説明」は，規模の不経済が働くために大規模農家のほうがエーカー当りの産出量が小さくなると論じるものである．この説明はただちに

批判されうる．大規模農家は土地を分割して耕作すれば，この難点を逃れることができるからである．しかしこの議論はより洗練された形で主張しうる．小規模農家は自分で耕作にたずさわるので監視が容易となる．こうしたテクニックは大規模農家では利用できないとする議論である．小規模農家では情愛のこもった耕作が可能になるが，雇用労働者に対してはこうしたことは望めないという説明である．

「土地の肥沃度に基礎を置く説明」は，小規模農家が保有している土地の肥沃度は大規模農家のそれよりも高いと論じるものである．セン自身は，この議論の根拠を次のように要約している．同規模の土地 A と B があるとする．A のほうが B よりも肥沃であるとすると，前者のほうがより多くの所得を得ることができ，その結果前者の家族数はより早く拡大する．したがって A の土地は家族の間でより早く分割されることになり，小規模農家の生産性のほうが高くなるという説明である．

これらの仮説に対し，セン自身が主張したのは「労働に基礎を置く説明」である．失業が広範に蔓延している状況下では，家族労働にとって労働の機会費用はきわめて小さい．しかし様々な(おもに社会学的な)理由のために賃金率はある一定の水準を下回ることはなく，機会費用よりもかなり高い水準になる．その結果，家族労働使用農家は雇用労働使用農家よりも自由に労働を使用することになり，当然にも小規模農家のほうがエーカー当りの生産性は高くなるとする仮説である．

センの結論は次のようなものであった．「本当の問題はどの仮説が正しいかということではなく，それらの相対的重要性は何か」ということである．そして，そのためには実証研究が必要であるとしめくくった．

さらなる実証研究が必要であるとしたセンの呼びかけに応じて，個別農家データに基いた数多くの実証研究があらわれるようになった．アショク・ルドラが 1980 年に発表したセンとの共著「農家規模と労働使用：分析と政策」[Rudra and Sen 1980] は，この問題に対する一応の決着である．

彼らによると，実証研究の成果としてわかったことは次の点である．(a) 土地保有規模と生産性との逆相関関係は一定の地域および一定の時期にはみられるが，すべての地域およびすべての時期においてみられるものではない．(b) またこの関係が認められる時でも，一定の範囲でしか認められない．もっともよく

認められるのは小規模階層だけである．小規模農家のほうが，労働使用量がより大きいという事実は広範に見られる．(c) 土地１単位当りの労働使用量が大きいにもかかわらずヘクタール当りの産出量がより小さい場合，その理由は大土地保有農家ではより大きな非労働資源が使用されているためである．(d) 小規模農家でより大きな労働が使用されている重要な要因は労働力の安さであるが，他の要因（土地の肥沃度の高さ）も影響を与えている．家族労働の安さの原因は，農業以外での雇用機会が限られているために，小規模農家では生存するためにより激しく働かなければならないからである．

また彼らによると，以上の実証研究から得られる政策的含意は次の点である．(a) 小規模農家とりわけ家族労働使用農家がより集約的に労働力を使用するかぎり，こうした農家を大規模な資本主義的農業によって置きかえることは労働力の使用をますます困難にさせる．(b) 他方，小規模農家がエーカー当りの産出量を上昇させることができない理由は，彼等には大規模農家が持っている非労働資源使用能力が欠けているためである．(c) また小規模農民および限界農民の生存がおびやかされているという状態を考えるならば，協同組合農業の可能性が真剣に考えられなければならない．

初期のセンが展開したインド農業に関する議論は，インド農業研究の水準を一挙に高めるものであった．現在では開発のミクロ経済学の主要な議論となった感のある分益小作論やインターリンケージ論も［黒崎 2001］，おおもとをたどっていくとセンが展開した議論に辿りつく．

3．エンタイトルメント論の展開

ベンガル飢饉分析と交換エンタイトルメント

1970年代後半になると，センはエンタイトルメントという概念を駆使して飢饉分析に乗り出した．1943年のベンガル飢饉をとりあげた「飢餓と交換エンタイトルメント：一般的アプローチと大ベンガル飢饉への適用可能性」[Sen 1977a] は，理論家としての地位を確立した従来のセンには見られなかった，緻密な実証に溢れた，またストーリー性に富んだ，歴史と理論を架橋した異色の論文である[3]．後期センの始まりを告げる研究である．

1943年のベンガル飢饉は「過去100年において最大の飢饉」であったが，セ

ンはこの飢饉を「今日の開発理論，すなわち飢餓の政治経済学」と関連させて分析するという試みを行なった．この論文でセンが主張したことは，現代の飢饉と飢餓は，1人当りの食料利用可能量(すなわち「あまりにも多い人口数，あまりにも少ない食料」)という観点からは分析できないという点である．センが「食料利用可能量減少 (FAD : Food Availability Decline)」と名づけた仮説である．その代わりにセンが提出したのが交換エンタイトルメント仮説である．センによると，「交換経済では，交換条件はそれ自身で重要な要素をなす．ある家族の食料購入能力は，その家族の労働およびその家族が所有する財の食料への転換率に依存している」(強調原文)．すなわち「ある家族が飢餓に陥るかどうかは，その家族が何を売らなければならないか，それらを売却することができるかどうか，いくらで売却できるか，そして食料の価格はいくらか，ということに依存している」．

センによると，交換経済においてはエンタイトルメントは各人の「エンダウメント (endowment)」に関係している．エンダウメントとは，通常の経済学用語では生産要素の賦存を意味する術語であるが，センはこの用語を「ある人が生まれた時から備えている様々な資質や能力」といった意味で使用した．エンタイトルメントとは，「ある個人が支配することのできる一連の選択的な財の集まり」，すなわち「ある人が消費を選択することができる財の集まり」である．そして個々人のエンタイトルメントは，その人のエンダウメントとその人が交換を通じて獲得できるもの(すなわち交換エンタイトルメント)の双方に依存していると説明した．エンダウメントとは，例えば労働者の労働力であるとか，地主の土地保有とかを指す言葉である．

センによると，交換エンタイトルメントは「関連した交換率に依存しているだけでなく，市場の不完全性，およびその他の制度的障害，問題となっている財を売買できる現実的な可能性に依存している」し，また「財に対する支配に影響を与える，失業手当のような様々な制度的取り決め」にも依存している．「飢饉は異なった職業グループの生存がかかっているゲームのルールを変更するような，交換エンタイトルメントの変動の結果」として理解されうる．こうした観点から見ると，FADアプローチは，交換経済の中心的な特徴を見逃していることになる．

センは，ベンガル飢饉が本質的には農村の現象である点に着目した．都市地

域とくにカルカッタは，食料配給制度が実施されたために，食料価格の上昇の被害から免れることができた．カルカッタでの問題は，主に農村の生活困窮者の流入であった．農村の生活困窮者の増加を交換エンタイトルメントの変化という観点から理解するというのが，センの見方である．具体的には，米価に対する農業労働者の賃金や各種の財(小麦粉，からし油，布，竹傘，ミルク，魚，散髪)の相対価格の変動を詳細に検討した．結論は次のようなものである．「米に対する交換エンタイトルメントの悪化を蒙らなかったグループは，大農および小農を含む米生産者であった．同様のことは，ある程度まで分益小作にもあてはまる．分益小作の収穫の取り分は生産(この場合は米)の一定比率に固定されているためである．勿論，分益小作の雇用機会は減少しうるが，しかし交換率という観点から見たとき，彼らの位置は賃金労働者よりははるかに脆弱なものではなかった．農業労働者の賃金は貨幣で固定されているためである」．つまり「農民および分益小作に対する飢饉の影響は農業労働者や一定の財・サービスの売り手（漁民，職人，床屋など）に対する影響よりも小さかった」．

　センが着目したのは，職業グループごとに飢饉の影響が異なるという点である．飢饉の犠牲者，すなわち「生活困窮者」の階級的基礎を重視するという観点である．最も困窮の程度が大きかったのは農業労働者であり，ついで漁民，非農業労働者，職人等である．一方，困窮の程度は農民と分益小作ではそれほど大きくなかった．この部分の実証研究に関して，センはマハラノビスたちが行なった調査結果に多くを負っている．また飢饉の影響を職業グループ別に検討するという見方も，マハラノビスたちの研究を受け継いだものであった［Mahalanobis, Mukherji and Ghose 1946；絵所 2002：第3章］．

　センの主張した交換エンタイトルメント・アプローチの特色は，次の2点にあった．(1)交換経済すなわち市場経済という制度的枠組みの中で飢饉を考察したこと，(2)食料の総供給と総需要という集計化された数値からは，飢饉の社会的影響を論じることができないという点を明らかにしたこと．換言すれば，職業グループ(あるいは階級)ごとに脱集計化することによって，飢饉の社会的影響を明らかにしたこと，の2点である．脱集計化という手法は，後期セン経済学の特色として，この論文以降ますます磨きがかけられるようになる．

「発展途上国における公共活動と生活の質」

次にセンが立ち向かったテーマは，エンタイトルメント概念を使って貧困と生活の質という問題を分析することであった［Sen 1981 a］．センは，寿命（出生時平均余命）と識字（成人識字率）の2つの指標をもって生活の質をあらわすものとした．

センは，寿命と識字という2つの指標を判断基準に据えた国別比較を通じて，とりわけ韓国とスリランカが貧困の除去に成功した事例であると高く評価し，この2カ国がそれぞれ貧困の除去に成功した理由を明らかにしようと試みた．

日本でも，韓国は輸出志向工業化戦略を採用したことによって高度経済成長が可能になったモデル・ケースとしてよく知られてきた［渡辺 1982］．しかし韓国では輸出促進を行ないながら，同時に一定の選択された分野で政府が強力な輸入代替戦略を遂行してきたことも指摘されてきた［今岡＝大野＝横山 1982］．センも，韓国の経験を政府の強力な介入によって成長に成功した事例として理解した．韓国は「実際に，工業化と成長に政府が積極的な役割を果たす古典的な事例である」と論じ，市場の自由化によって成長に成功したとする新古典派的解釈を退けた．その上で，韓国で急速な成長の成果をもたらした要因を「急速な雇用の拡大，そして究極的には急速な実質賃金の拡大」に求めた．つまり，成長の労働集約的性格が貧困削減にあたって最も重要な要因であったという解釈である．

一方，スリランカのほうはどうであろうか．センが着目したのは，1人当り国民所得という点ではスリランカはインドやパキスタンとほぼ同一水準であるが，貧困の削減および高い生活の質の達成という点においては，群を抜いているという事実である．スリランカの「所得水準を与えられたものとすると，貧困削減および寿命の増加という点において社会福祉政策が有利に働いた」（強調原文）ことは疑う余地がない．またスリランカの1人当り食料の利用可能性は，他の低所得途上国をそれほど大きく上回っているわけではない．それにもかかわらず，他の低所得途上国と比較すると栄養失調が少なく，寿命が長いのは「良好な配給制度の結果」であり，それはまた食料配給政策と健康サービスの面における「積極的な政府の政策の結果」であった．つまり「意識的な，断固とした，公共政策」の結果であったと論じた．

センが設定した課題は，エンタイトルメントという観点から，貧困削減に成

功した韓国とスリランカという2つの類型をどう理解するかという問題である．センは次のように論じた．

(1) それぞれの経済政治制度は，その制度の中で誰が何を所有するかを支配するエンタイトルメント関係を生み出す．貧困の除去は究極的にはエンタイトルメントの増加を意味する．
(2) 市場経済においては，エンタイトルメントは所有のヴェクトルと交換エンタイトルメント・マッピングの2つによって決定される．
(3) 韓国と台湾で用いられた貧困除去の方法は，許容できる賃金で雇用を保証する1つのやり方である．これは労働吸収的生産過程を使用した急速な経済成長によって可能になった．
(4) 対照的にスリランカでは，失業水準は高く，賃金（とりわけプランテーション部門での労働者のそれ）は極めて低い．そこでは基礎的なエンタイトルメントの保証は，「市場を通して」達成されたのではなく，政府に対する直接的な権利という形で「市場の外」から達成された．
(5) しかしそれぞれの方法は異なっているが，2つの戦略の間には類似点がある．所得分配のパターンに着目するならば，両戦略の類似点は一層明らかになる．すなわち，人々の間でエンタイトルメントが広範に分配されたという点に類似点が見出せる．
(6) のみならず公共政策が積極的な役割を果たしたという点においても類似点が見出せる．
(7) 学ぶべき教訓は，貧困削減の道具を模倣することではなく，様々な道具の機能的な役割を理解することである．

ケイパビリティ論と開発経済学

「開発経済学の勃興と衰退」と題したハーシュマンの論文は，開発経済学の転機を示したものとして学会に大きな衝撃を与えた[Hirschman 1981]．この論文の中でハーシュマンは，固有の意味での開発経済学（すなわち構造主義開発経済学）の死亡宣告をしたためた．事実，1980年代になると，新古典派開発経済学が構造主義開発経済学にとってかわった．

センの「開発：今何処に」[Sen 1983d]は，開発経済学に対するハーシュマンの否定的評価に疑義をはさみ，ハーシュマンとは異なった観点から開発経済学の進むべき道を示したものとして，これまた学会に大きな衝撃を与えた．

センによると、ハーシュマンが嘆いた構造主義開発経済学の死亡宣告は時期尚早である．センは，構造主義開発経済学の中で開発戦略にかかわる主要なテーマは次の4点であったと指摘した．すなわち，(1)意図的な工業化，(2)急速な資本蓄積，(3)不完全就業労働力(余剰労働)の動員，(4)プランニングと政府の積極的な介入，である．センによると，これら4つのテーマは決してその有効性を失ったわけではない．資本蓄積も工業化も経済成長と緊密に関係しており，そのテーマの有効性は全く失われていない．労働力の動員はどうであろうか．労働使用型経済成長が顕著な成長を達成したことは良く知られている．中国や韓国が典型的なケースである．最後に，プランニングと政府の介入はどうであろうか．低所得途上国のうち成長率の高かった上位3カ国，すなわち中国，パキスタン，スリランカは，いずれも政府が積極的に介入した途上国である．中所得途上国のうち成長率が高かった上位3カ国，すなわちルーマニア，ユーゴスラヴィア，韓国は，これまたいずれも政府が積極的に介入したケースである．問題は政府の介入が精力的であったかどうかではなく，経済局面への政府の体系的な関わりかたであり，計画された経済発展の遂行にかかわっている．

新古典派経済学の開発経済学分野への侵食に断固として立ち向かい，構造主義開発経済学を力強く防戦した議論である．しかしセンの狙いは，新古典派経済学に対して構造主義を防御する点にあったのではない．そうではなく，構造主義の限界を指摘し，あわせて新古典派経済学を乗り越える論点を示すことにあった．「伝統的開発経済学の本当の限界は，経済成長という目的に対する手段の選択という点にあるのではなく，経済成長がその他の諸目的に対する手段以上のものではないという点を十分に認識しなかった点にある」．

こうした考えに立って，センは人々のエンタイトルメントとエンタイトルメントが生み出すケイパビリティを基準に据えて，開発を評価すべきであると提案した．

この論文が注目される理由の1つは，飢饉論で提示したエンタイトルメントという概念と平等の基準を論じる際に提示したケイパビリティという概念が2つとも用いられ，開発という観点から重要視されている点にある．この論文でエンタイトルメントは，「ある人が直面する諸権利と諸機会の全体を使用する社会において，その人が支配することのできる一連の代替的な財の束」と定義され，またエンタイトルメントはその人のオウナーシップ(すなわちエンダウメント)

と交換エンタイトルメントによって制約される，とした．そして「このエンタイトルメントをベースにして，人は一定のケイパビリティ，すなわちあれこれのことをする能力（例えば十分な栄養を摂取できる能力）を獲得できたり，その他のケイパビリティを獲得できなかったりする」．つまり，「経済発展のプロセスは人々のケイパビリティ拡大のプロセスとして見ることができうる」，と論じた．

　この論文以降，センの主要な関心はエンタイトルメントからケイパビリティへと移っていく．

4．飢えと公共政策
―― ケイパビリティ論の射程 ――

飢饉と栄養失調

　ドレーズの協力を得てセンが世に問うた『飢えと公共政策』[Drèze and Sen 1989] と，彼らが編集した『飢えの政治経済学』[Drèze and Sen eds. 1990-91] 全3巻は，エンタイトルメント，ケイパビリティ，そして剥奪 (deprivation) という基礎的な概念を用いて，急性的な飢えである飢饉と慢性的な飢えである栄養失調とを，現代世界における飢えの2大類型として考察した，開発の世界を大きく塗り替えた革命的な書物であった．彼らは，人々のケイパビリティが欠如している状態を剥奪と呼び，貧困を基礎的なケイパビリティが「奪われている」状態として定義した．

　飢饉と栄養失調という文脈の中で，ドレーズ＝センが強調したのは，中国とインドの比較である Drèze and Sen 1989：Ch. 11]．センが繰返し取り上げたテーマである [Sen 1983 d；Sen 1989 a]．両国ともアジアの命運を左右する人口と面積の大規模な途上国である．センの比較の視点は両国の福祉と基礎的な自由のありかたである．次のように論じた．

　中国では共産党の一党独裁政権が支配していたために，飢饉が生じた時に適切な措置がとられることなく，多くの犠牲者を出した．しかし他方，栄養失調という問題は解決された．共産中国では，ともかくも人々が最低限必要とする衣食住の必要は満たされた．インドの場合は中国とはまったく対照的である．独立後のインドでは民主主義政治体制が確立し，政府を批判しうる野党とジャーナリズムがあったために，飢饉によって大量の犠牲者が出ることはなかった．しかし慢性的な飢えの問題は，国会での議論の対象にならず，ジャーナリズム

でもとりあげられないために，中国よりも大きく遅れをとってしまった，という内容である．このような複眼的なものの見方こそ，センの真骨頂である．個々人の選択の自由という意味を，新古典派経済学的な効用を基礎とする解釈に狭く押しとどめることなく，ケイパビリティという観点から読み直すことによって可能になった視点である．

ノーベル経済学賞受賞後に発表された『自由としての開発』[Sen 1999 d : 180-82]では，飢饉防止と民主主義との間に緊密な相関関係があることが強調されている．その理由としてセンは，2点を指摘した．すなわち，(1)飢饉で支配者が死ぬことはない．非民主主義国家では，支配者は飢饉の防止に失敗しても，その政治的帰結に苦しむことはない．これに対し民主主義は，指導者に飢饉の脅威を防止しようとする政治的動機を与える．(2)自由な報道と民主主義は，飢饉防止政策に重大な影響を与えることができる情報を明らかにすることに大きく貢献する．

成長媒介保障戦略と公的支援主導保障戦略

貧困削減に成功した事例に関するドレーズ=センの分析も，大きな影響を及ぼした[Drèze and Sen 1989 : Part 3]．センは貧困解決のためには公共政策の積極的な介入が不可欠であるとした上で，貧困解決に成功した事例として2つの類型をあげた．1つは「成長媒介保障」戦略であり，もう1つは「公的支援主導保障」戦略である．ここで「保障」といっている意味は人々のケイパビリティを保障するという意味である．センによると，香港，シンガポール，韓国，クウェートは前者の方法によって貧困問題を解決した事例であり，スリランカ，中国，コスタリカ，インドのケーララ州は後者の方法によって貧困問題を解決した国である．前者は従来トリックル・ダウン（均霑）論として知られてきたものである．センは，成長の成果のトリックル・ダウンは自ずから生じるものではなく，それを意識的に社会的な供給に転換しようとする政府の公共政策があって始めて実現するのだという点を強調した．

公共活動の役割——政府の意志と公共の参加——

センの発想によって，政治体制およびジャーナリズムの役割とケイパビリティとの関係，女性と男性との間のケイパビリティの相違 [Sen 1988 a ; Sen 1990 c], 家族の経済学 [Sen 1983 b；Sen 1984 a], ケイパビリティ剥奪の2つの主要形態である飢饉と栄養失調の類型的比較等々, 新古典派経済学では無視されてきた幅広い論点がカヴァーされることになった. とくに注目すべきは, 貧困問題解決のためには市場のインセンティブだけでなく, 公共活動の果たす役割が決定的に重要であることを明らかにした点である.

1人当りGNPと健康, 栄養, 罹病率, 死亡率との間には単純な関係はみられない. 各国のデータをみると, GNPと生活水準とは必ずしも歩調を同じくしない. 原因は2つある. 1つは, GNPは経済の集計的な豊かさの尺度をあたえるものであるが, 個々人の生活水準は人口全体にかかわる所得分配に大きく依存しているためである. また1つには, 人々によって享受されるケイパビリティは, 市場で購入されうる財に対する支配以外の多くの要素に依存しているためである. つまり, 1人当りGNPが大きければ, 栄養とその他の基礎的なケイパビリティ改善の機会は大きくなるが, この機会は利用される場合もあるし, されない場合もある. この機会を目にみえる「達成」に転換するためには, さまざまな形態での公共の支持が決定的な役割を果たす.

さらにセンによると, 公共活動は政府の政策と公共の参加の双方から成り立つものである. また公共の参加には, 政府の政策に協力的な参加と批判的な参加があり, ケイパビリティ拡大のためには双方が不可欠であると論じた. すなわち, 公共の協力は, 公共健康キャンペーン, 識字率の向上, 土地改革, 飢饉救済事業などを成功させるために, 不可欠の要素である. 一方, 政府にこうした努力を適切に行わせるためには, 批判的な圧力が決定的に重要である. 批判的機能に貢献する主要なものは, 政治的活動, ジャーナリズムの圧力, そして見識ある人々の批判である [Drèze and Sen 1989：Part 4].

おわりに

若き日のセンの研究は, ネルー=マハラノビス開発戦略の思考の枠内で展開された. 1964にネルーが死去し, それとともにインドは政治経済危機に見まわれた. 政治経済危機を克服すべく60年代後半にインディラ・ガンジー首相が登場し, それを契機としてインドの政治経済運営は大きく変った. それ以降, インド・プランニングの黄金時代は2度と戻ってこなかった. インド・エコノミス

トたちにも，新しい対応が迫られた．

　センが選択した道は，インドを離れイギリスへ行くことであった．そして1970年代後半になると，ふっきれたかのように彼は次々と新しい問題を発見し，新しい論点を提起することになる．

　1991年にインドは対外債務の返済危機を伴う深刻な政治経済危機に陥った．この危機を克服すべく，インド政府は経済自由化を推進する構造調整プログラムに着手した．センはドレーズとの共著の中で，インド経済自由化の評価を行なった [Drèze and Sen 1995 ; Drèze and Sen eds. 1996]．彼らが強調したのは，貧困と機会の不平等を根絶するには，「経済自由化を超える」ことが必要であるという点である．基礎教育と基礎健康ケアに重点を置くべきであると強調し，人間中心のアプローチのためには参加型成長が必要であると説いた．そして人々のケイパビリティを拡大するためには，《市場か，国家か》という二分法を克服し，政府の積極的な役割をより効果的にすることが不可欠であると主張した．この主張の中には，もはや難解な研究者センの姿はない．実に簡明で直截な言葉を語る啓蒙家センがいるだけである．

　何がセンの心を突き動かしているのであろうか．おそらくセンの心を突き動かし続けてきたものは，インド独立の前日（1947年8月14日）にネルーが行なった歴史に残る演説「運命との約束」であるように思われる．

　　「何年も前にわれわれは運命と約束した．そして今，われわれの誓約を履行する時がやってきた」．「しかし，われわれが今日祝う成就は，われわれを待っている偉大な勝利と成就に向けてのほんの1歩，すなわち1つの機会の始まりにすぎない」．インドの課題は，「貧困と無知と病気と機会の不平等の終焉である」[cited in Drèze and Sen 1995 : 1]．

　ネルーが解決を約束したインドが抱える諸問題――貧困，無知，病気，不平等――は，今なおインドが克服できていない課題である．

注

1) 「単純なモデル」では，次のような仮定が置かれている．(1)資本財は労働のみによって生産される．(2)資本財は減価せず，永久に存続する．(3)生産要素は資本財と労働の2種類だけである．(4)運転資本はない．(5)規模に関しては収穫一定である．(6)すべての

技術は同一の懐妊期間をもつ．(7)労働時間当りの実質賃金率はすべての技術に対して同一であり，時間を通じて一定である．(8)賃金はすべて消費され，余剰はすべて再投資される．(9)技術知識の進歩はない．
2) その後この発想はさらに発展させられて，前期センの最高傑作の1つである1966年論文「余剰労働のある場合とない場合の農民と二重経済」[Sen 1966 b] となって結実した．
3) これら一連の論文は，その後拡張されて『貧困と飢饉』[Sen 1981 b] となって結実した．オスマニは，「飢餓と交換エンタイトルメント」[Sen 1977 a] 論文と『貧困と飢饉』[Sen 1981 b] との間に，概念の発展があったことを強調している [Osmani 1995]．
4) センのスリランカ論を批判的に検討したものとして，絵所 [1999] 参照．
5) 構造主義開発経済学とは，先進工業国と発展途上国の経済は構造的に異なっており，したがって先進工業国に適用される経済学とは異なった経済学として開発経済学が必要であると論じる立場を指す [絵所 1997：第1章]．

第5章

インド社会・政治研究とセン
―― 民主主義と多元主義の擁護 ――

1. インド政治とアマルティア・セン

センの学問的越境

　アマルティア・センは、2001年1月にコルカタ（カルカッタ）で開催されたインド歴史学会の開会講演に招かれた。これに不快感を催したインド歴史研究評議会 (ICHR) 議長は、センが「専門外」の領域に口をさしはさんでいると論評した。評議会はインド教育省傘下にあって歴史研究活動の調整を行う公的機関で、1998年のインド人民党連合政権の成立以降、議長職の選任にはとみに政治的色彩が強められ、学識は二の次とされてきた。その議長がセンを嫌う理由はあとで紹介するように「やっかみ」だけではないのだが、この発言へのセンの応答が興味深い。その1ヵ月後におこなわれたムンバイ（ボンベイ）での講演で、センは述べている。「私は常習犯です。社会学の学位なしに社会学について語り、学位をもたずにイェール、オックスフォードそしてシカゴで法律学を教え、はては哲学までをも学位なしに教えてきたのです」(*Indian Express*, Feb. 27, 2001)。

　凡庸なものからすれば、羨ましいほどの自信に溢れすぎてはいるが、センが自認するように、おそらくかれは今日の学問世界でのもっとも偉大な「越境者」であろう。その「越境」も枝から枝へ飛び移る曲芸風のものではなく、問題の根源にさかのぼる思考の過程によって、枝分かれした境界それ自体が無意味なものとなってゆくという、きわめて自然な形を取っているように思えてならない。筆者のようなインド政治研究者にとっては、正直にいって、かれの厚生経済学や社会選択論に関する著作は難解である。しかし、かれのインド政治論からは、そうした分野での学識ぬきには発想されえなかったであろう、批判的理性の息づかいといったものを感じとることができる。センの「インド社会政治論」は、かれの学問的な営為のなかで、きわめて重要な一角を占めているはず

である．

民主主義と多元主義の擁護

いうまでもなく，インド政治論はセンの余技ではない．「政治」も「インド」も直接の論議の対象とはなっていないようにみえる多くの著作のなかから，これらの主題に関するセンの主張をうかがうことは，少しも難しいことではない．例をあげてみよう．

すでにこれまでの章でも，たびたび取り上げられてきた『貧困と飢饉』，『飢えと公共活動』などの著作のなかで，センは貧困，飢饉，栄養不足などの剝奪状態が，政治体制と不可分の関係のあることを論じてきた．「大躍進」期に2000万人以上の餓死者を出した中国と比較して，独立インドでは，飢饉の発生防止に政府を動かす世論の存在が，定期的な選挙制度を備えた民主主義体制によって保障されているという主張は，後述するように疑問なしとはしないが，センが好んで繰り返すテーマでもある（上記著作以外にも Sen [1998 a] など参照）．もちろん，これは盾の一面にすぎない．中国では革命後に，幅広い大衆の基礎教育や保健衛生水準の改善が実現されたのに対して，インドでは同じ民主主義体制が，基礎教育の遅れ，慢性的な栄養不足と疾病の除去には無力であったことも，センによる鋭い告発の対象となってきた．

また，こうしたインドと中国の比較によって，1990年代のインドの自由化政策への転換に対しても，センはすでに理論的な準備を十分に整えていた．経済自由化をめぐるインド国内の政策論議が賛否の両極に分化した状況を背景に，J. ドレーズとともに著した『インド　経済発展と社会的機会』[Drèze and Sen 1995]（Drèze and Sen [2002] はその改訂増補版）では，「国家と市場」の関係への深い考察にもとづいて，自由化政策への対応について独自の見方をしめすことになる．この点は以下の2において，くわしく紹介しよう．重要なことは，インドに関するこのモノグラフは，一読すれば明瞭なように，1989年のドレーズとの共著『飢えと公共活動』などで展開されてきた「市場と国家」に関する理論的な下敷きが，分析用具として巧みに駆使されていることである．

インドの90年代の政治は，一方で経済自由化政策が本格的に開始され，他方でインド人民党やその母体組織である民族奉仕団（頭文字をとって RSS と略称される）に代表されるヒンドゥー至上主義（ないしヒンドゥー・ナショナリズム）が前面に

躍りでてきたことによって特徴づけられる．よく知られるように，92年12月には，これらの勢力は北インドのアヨーディヤーで，かつてラーマ神を祭る寺院であったとされる（証拠はない）モスクを破壊し，ラーマ寺院（Rama Mandir）建立運動を暴力的に推し進めた．そして98, 99年の2つの連邦下院選挙で，インド人民党は第一党となり連立政権の樹立に成功する．

こうしたヒンドゥー至上主義勢力の影響力増大のなかで，センはヒンドゥー至上主義に抗して多元主義（Pluralism）を擁護する論陣を積極的に張るようになる．ここでは，センが母方の祖父キッティ（クシティ）モハン・セン（Kshiti Mohan Sen）の薫陶をうけて薬篭中のものとしたインド古典学，宗教史，サンスクリット等の深い知識が，いわば「格好の」攻撃目標をえて，鋭い矢を敵陣に放つことになるのである．冒頭に触れたコルカタでのインド歴史学会での開会講演にたいするインド歴史研究評議会議長の不快感露わなコメントも，かねてからのセンの反ヒンドゥー至上主義的な論評のゆえであった．

こうして，民主主義と多元主義の擁護が，かれの「インド社会政治論」の中心的なモチーフとなる．こうした立場は今日の（とりわけ日本の）知的世界のなかでは，一見，毒気のない常識的なリベラリストの発想のように受け止められがちである．しかし，民主主義と多元主義を擁護するセンの論調は，個人の内的多様性，理性的判断の基底性などを武器に，ポスト・モダニズム，コミュニタリアニズム（共同体論），多文化主義，「アジア的民主主義」などの競合する諸理論と積極的に切り結ぼうとする，きわめて論争的なトーンに満ちている．その意味でかれの「インド論」は，インドという一国，あるいは南アジアの領域をはるかに超える，現代世界に向けての新たな価値の発信という壮大な呼びかけの一部なのである．

TO GO BEYOND——センにおける批判的思考の論理

以下，センによるインド社会政治についての分析や論評を，経済自由化への視角，民主主義，多元主義の擁護といった論点に焦点をあてて，紹介・検討するが，そのまえに，かれの扱う多彩な領域での分析手法を貫く批判的思考の論理について，ひとことだけ触れておきたい．それは，センが好んで使っている（と筆者には思われる）"To go beyond" という表現に関わる問題である．センはこの表現を "to go beyond liberalization", "to go beyond secularism" など，

中心的な分析概念について頻用する．この表現を「超える論理」ととりあえず訳しておけば，かれの「超える論理」は，既存の概念や事象が抱え込んでいる論理の制約や限界を突破することによって，問題を新たな論理の次元に移行させる，そういった批判的な思考のありかたを指し示している．こうした批判的思考は，社会選択論の開拓にあたってセンが依拠した「情報的基礎」の拡張という主張と無縁ではあるまい（鈴村=後藤［2001：23］ほか）．

　ここでは例として「経済自由化」をとろう．インドの経済自由化論争では，「市場主義派」と「計画擁護派」が，「市場対国家」という固定的な二分法の共通土俵のうえで政策論争をくりひろげているとセンはみている．あるいは，「セキュラリズム」論争においては，「セキュラリズム」の「擁護派」が，「政教分離」という固定的なセキュラリズム理解の土俵にこだわるあまり，「セキュラリズム批判」陣営に有効な反撃を与えきれていないと，センはみている．だが，こうした論理の袋小路を「超える」にあたり，かれは中立的な仲裁者を装うのではなく，きわめて「党派的な (partisan)」立場に身をおいている．センの党派的な立場によって，議論がどのような新たな論理の次元に導かれることになるのか．ここに焦点をあてるのが，センの「インド社会政治論」をとりあげる本章の課題となる．

2．経済自由化論を超えて

経済自由化論争への警鐘

　インドは，他のアジア世界に遅れること約10年，1990年代に入って，本格的な経済自由化へとのりだした．石川滋氏のいう「統制主義」経済［石川 1990］からの離脱は，たんに経済政策の転換というよりは，政治体制の転換も含む「ポスト国民会議派」時代への突入でもあった．それゆえに，経済自由化政策の分析が，純経済的な側面にとどまらず，自由化政策の政治的な含意にまで及ばねばならないことはいうまでもない．独立後のインドにおける経済発展の問題点を鋭く摘出した Drèze and Sen [1995] は，その姉妹編である Drèze and Sen eds. [1996] とともに，経済自由化政策の導入によって触発されたインド国内の政策論争に重要な一石を投じた．またそれ以上に，公共政策や政治の問題にまでたち入ってインドの経済発展に深い考察のメスを当てている点で，これらの

一連の分析は「インド政治」論としても読みこまれる必要がある（とりわけ改訂増補版である Drèze and Sen [2002] については）．はじめに Drèze and Sen [1995] での著者たちの主張を簡単に要約してみよう．

　まず，センは（ベルギー出身の経済学者である共著者 J. ドレーズとともに）独立以降のインドの経済政策における過度の規制に批判を加えるいっぽうで，ほんらい果たすべき役割を国家が軽視してきたことに，より強い批判を加える（過剰さと控えめさが場違いに演じられているちぐはぐな舞台に喩えられる）．国家による成長阻害的な介入を除去する一方で，基礎教育，公衆衛生，土地改革などの分野での国家の役割を回復することこそが，自由化段階のインド経済の課題であるとする．NIES，東南アジア，中国などの諸国，諸地域は，経済成長の開始時点に，すでに，今日のインドよりも高い基礎教育，公衆衛生水準を達成していたのである．また，戦後の東アジア諸国（含む中国）における土地改革も所得や資産の不平等を軽減し，成長による利益のトリックル・ダウン（均霑）を可能にした．この簡単な紹介からも明らかなように，ここでは市場と国家の対立性よりは，補完性が強調されている．「統制主義」からの離脱だけが発展の課題ではない．

　さらに，こうした普遍的な基礎教育や健康（＝能力）の保障が，市場的な発展のなかでも望ましい「参加的発展」（成果が広く共有される発展の型）を確保するうえでの必要条件でもあるとセンは強調する．またその実現には，所得成長は十分条件ではなく，公的支援主導保障が重要な役割を果たすのである．ここでの公的支援主導保障とは，基礎教育・公衆衛生などの分野での政府による公共的な政策（国家的公共性）のみを指すのではない．公的支援には，地方自治の拡大による地域レベルでの公共性の定着や，マスメディア，政党，住民運動，労働組合，農民運動による公共活動など多様な活動（非国家的公共活動）が想定されている．Drèze and Sen [2002] では，さらに進んで，市場と国家に加え「協同活動 (cooperative action)」を人間活動のもう１つの要素として積極的に提示することで，市場と国家の二分法から決定的に離脱する[佐藤宏 2003 b]．私見では，「協同活動」は「非国家的な公共活動」と筆者がここで呼ぶものに対応する．センらによれば，インドの民主主義体制の利点は，政府と幅広い公共活動の間に，批判，競争，協力といった多様な関係を構築する可能性をうみだしうるところにある．

　一方で国家による成長阻害的な介入を拒否し，他方で「生活の質」の改善と

平等の実現に向けての国家の公共政策を要求するセンのスタンスは,しばしば「市場主義派」と「計画擁護派」双方から,論点の回避や折衷主義として批判をうけている.しかし,「非国家的な公共性」ないし「協同活動」も視野に入れたセンの主張は,「深化(進化)する民主主義」という観点からは,いかなる批判者よりもすぐれた「政治経済学」的アプローチとして認められよう.

以上の紹介から,センによるインドの発展に関する分析の方法的基礎が『飢えと公共活動』[Drèze and Sen 1989]によって与えられていることは明らかであろう(本書第4章も参照).そこでの方法が,(1)インドと外の世界(中国や他の東アジア諸国)との比較,(2)インド国内の多様性というふたつの側面にむけて,論理的な一貫性を保ちながら適用されているのが,本書の特徴でもある.この2点に沿って,センの議論の特徴をさらに探ってみよう.

インドと中国の経済改革

センの関心は,一義的には,インドにおける開発制約としての基礎教育の遅れに向けられている.しかし,この議論を裏返しにして,中国における改革・開放政策への評価として読み替えてみると,そこからはいくつかの興味ある論点が浮かび上がる.論点を浮き彫りにするために,ここでは素材として石川滋氏による中国の経済改革研究と対比させてみたい.

石川もまた,中国における改革・開放政策の初期段階でみられた,「統制主義」つまり計画化からの離脱(自由化)が自動的に成長を促がすという政策当局の認識を批判する.政府介入の除去が市場経済化のすべてであるというような主張への批判において,センとの出発点での一致は明瞭である.しかし,続けて石川はつぎのように主張する.すなわち,長期的にみれば成長が市場形成を促がすという経路も考えられるが,中国,インドのような成長の低いかつての「統制主義」経済においては,中・短期における意識的な市場形成政策が自由化政策遂行のうえで不可欠であることを力説する.そして,市場形成策は,(1)ひと,もののような生産要素,生産組織そして生産要素市場における社会的分業,(2)物的なインフラも含む流通インフラ,(3)取引費用を低下させるための市場ルール(財産権,契約の保護など)の3つの軸に沿って展開され,整備される必要がある(その後石川[1996:14]では,第4の要素として「多様な性質の公共財の提供者としての政府」が加えられるが).市場形成それ自身を固有の分析,政策課題とする石川滋の

議論は，中国の改革・開放過程を正面にすえた分析であるが，その議論の射程は，インドも含む「統制主義」経済一般の自由化過程にまで及んでいる［石川 1990］．

　石川にみられるような「市場の解剖学」は，明らかにセンによっては取り組まれていない課題である（付言すれば，この点は Drèze and Sen [2002] において，経済改革における「制度」構築の重要性が旧著に比較すれば，より強調されることによって，やや修正されている［佐藤 2003b］）．また，センらの議論では，革命後に達成された基礎教育・公衆衛生の高い水準が，改革・開放政策の成功を一見したところ「自動的に」保証したかの論理展開になっている．こうした両者の強調点の差は，いくつかの興味ある論点を導きだすことになる．

　まず，改革・開放後の中国経済の評価においては，両者は対照的な結論に達している．センによる肯定的な評価に対して，石川は市場形成の遅れを経済成長の障害とみて，改革・開放の初期段階については，あまり高く評価していない．石川の指摘する意識的な市場形成の課題に，中国の政策当局が取り組みはじめたとして，やや肯定的な評価に転ずるのは総合開発機構編［1996］においてである．その点で，センらによる改革・解放後の中国経済分析は平板の嫌いがある．

　しかし，詳細にみれば，センはドレーズとの共著のなかで，市場的分業の深化，社会的・市場的ルールの形成などに深くつながる教育の社会的な役割に関して，幅広い観点から検討を加えている（例えば Drèze and Sen [1995：14-15]）．インドと中国の比較における教育の重要性を単純な「人的資本論」に還元するのは，センらの意図ではないし，むしろ，センらが指摘する中国における基礎教育水準の高さは，石川が強調する社会的分業の深化や市場ルールの確立にとっての媒介的役割をはたしたとみるべきだろう．その意味では，両者はきわめて補完性の高い議論を展開しているのである．

　また，革命後中国における基礎教育水準の達成それ自体は，中国研究者の目からすればあえて言及するまでもない既定の事実なのかもしれない．しかし，基礎教育の普及がいぜんとして全社会的な課題であるインドの現実を直視すれば，経済自由化政策の成否の要因として，それ以前の時期の達成に改めて関心をむけさせるセンらの指摘は，痛切な呼びかけとなって読者に訴えかけてくるものがある．無智からの解放こそが，独立時におけるインドの指導者たちの「誓

約」そのものであったのだから（本書第4章を参照）．

インドにおける発展の地域性とケーララ州の経験

　外の世界との比較は，インドの発展の特徴やその課題を検討するうえで，唯一の視角であるわけではない．インド国内での多様な経験からも多くを学ぶことができるというのが，独立以来のインドの発展を分析する際にセンが強調する，もう一つの重要な視角である．

　インドの政治や経済発展の分析に，「地域」の視角を持ち込んだことは，なにもセンの独創ではない．たとえば，人口学者のアシシュ・ボース (Ashish Bose) らは，ケーララ州における出生率（粗出生率，合計特殊出生率）の低下と，これと対照的な北インド諸州，いわゆる BIMARU（ビハール，マッディヤ・プラデーシュ，ラージャスターン，ウッタル・プラデーシュという4州の頭文字の合成で，ヒンディー語で「病める」の意）での高出生率に早くから着目し，こうした地域的な格差が教育水準をはじめとするジェンダー格差と並行関係にあることを指摘している［佐藤宏 1994：第 VI, VII 章］．センによる指摘の重要な点は，「成長媒介保障」と「公的支援主導保障」という「生活の質」向上のふたつの道，および両者に共通する「公共活動」の決定的な役割など，『飢えと公共活動』で示された枠組みのなかに，インドにおける発展の地域性の問題を整合的に定式化したことにある．

　地域格差においては，とくにケーララ州が注目される．女子について顕著な識字率，基礎教育水準の高さ，平均余命の長さに象徴される保健衛生サービスの充実など，インドの平均水準をはるかに上回る社会的な機会の向上は，植民地期以来の政府その他の活動による公的支援によって支えられてきた（詳しくは佐藤宏 ［2003 a］）．そして，最近のケーララ州では，地方分権化が全国に先駆けて推進され，村落集会でのプロジェクト発掘という試みが，州計画局，州政府，NGO の支援のもとにはじめられている．この運動は「ピープルズ・プラン」とよばれ，末端での「公共活動」をさらに活性化させている［佐藤宏 2001 a］．これに対して BIMARU 地域の一角であるウッタル・プラデーシュ州などでは，顕著な経済的，社会的不平等（土地所有，カースト差別など）と，そこに根ざす地方政治におけるボス支配，さらに抑圧的なジェンダー関係など，相互に関連しあう一連の要因が，「公共活動」の低調さをもたらし，広範な人々の社会的機会の向上が阻まれてきたのである．政府活動を含む公共活動が，意識的に向けられる

べき焦点がここにあるにもかかわらず，経済自由化論がこうした側面に関心をもつのは，せいぜい公企業からの撤収や民営化による，社会セクターや「貧困対策」への政府財政支出の振り替えといった観点にとどまってきたのである．

ただし，注意したいのは，センがここでいわゆる「ケーララ・モデル」なる議論に与しているわけではないという点である．なによりもまず，ケーララを除いても，インドにおける福祉水準の地域性は十分に明瞭なのである[Drèze and Sen 1995：48]．初等教育や識字の普及についても，ケーララ州以外にタミル・ナードゥ州やヒマーチャル・プラデーシュ州のような先進的経験がある（これが Drèze and Sen [2002] の重要な増補部分である）．また，平均余命や乳幼児死亡率といった指標での達成と一見矛盾するようだが，ケーララ州における罹患率(morbidity)はインドでは最高の水準にある[Sen 1996 e]．これは罹患率が保健衛生意識の函数であるという側面とともに，現実に栄養水準（所得水準の函数でもある）の達成において多くの課題が残されていることをも示唆しているのである（これらの問題については佐藤宏[2003 a]参照）．焦点となっている課題を多角的に考察するというセンの思考法と，「モデル」という固定的な発想法との間には大きな距離があるというべきだろう．また，その逆に BIMARU 論のように，特定地域を停滞一色で塗りつぶすような視点も，センらのものではない．1990 年代の社会指標を包括的に検討した Drèze and Sen [2002] によれば，BIMARU 地域の一角であるラージャスターン州では女子識字率が急速に上昇した．従来あまり注目されていなかったヒマーチャル・プラデーシュ州の事例に焦点を当てるなど，インドの諸地域のもつ潜在的可能性へのセンらの目配りは細かい．

3．「公共活動」と民主主義

「公共活動」概念の意義

これまで，本章ではセンの「公共活動」概念を，かれの主張にそって肯定的に紹介してきた．確かに，「公共活動」は，単に政府による活動を意味するにとどまらず，非国家的な主体が，教育，医療，あるいは市場ルールなど，われわれが市場社会のなかで生活してゆく際に不可欠な社会資本（宇沢[2000]のいう「社会的共通資本」）を，公共的な活動を通じて創造・維持してゆくというプロセスを表現するうえで，きわめて適切な概念であるということができる．

しかも，この概念は「国家的な公共性＝政府」とは別に「非国家的な公共性」におおきな意義を賦与しているところから，われわれを「市場と国家」という窮屈な二分法から解き放つことを可能にしてもいる．また，植民地期のガンディー主義運動をはじめとする，インドにおけるボランタリズムの永い伝統は，今日では非政府組織などの活動によって活発に継承されているが [佐藤宏 2001 b]，こうしたインドの現状を考えるうえでも，「公共活動」という概念は有益である．Drèze and Sen [2002] が「協同活動 (cooperative action)」という概念を提起して，「市場と国家」の二分法から決定的に抜け出していることは既述のとおりである．また，政治制度としての民主主義が，こうした「公共活動」の展開にとって，もっとも適合的な政治的枠組みであることも明らかであろう．

「公共活動」と飢饉防止

しかし，インド政治の文脈からより詳しく検討してみると，「公共活動」をめぐるセンの主張にもいくつかの疑念が生じてくる．ここでは，2 点の疑問を提示しておこう．

最初にとりあげるのは，センのペット・テーマともいうべき飢饉と公共活動の関係についてである．センの主張は，いささか乱暴だが「民主主義のもとでは飢饉は発生しない」という命題に単純化できる．この命題は，しばしば，大きな (major)，あるいは実質的な (substantial)「飢饉」と形容詞つきで使われるものの，いささかの疑問なしとはしない．ひとつは，独立後インドにおいて，「飢饉」はほんとうに発生していないのだろうかという疑問である．また民主主義と「公共活動」が「飢饉」防止に働きかける経路 (メカニズム) についても，必ずしも自明なものと済ますことはできない．

まず，前者についていえば，「飢饉」の定義にもよるが，独立後インドにおいても 1966-67 年にはビハール州を中心に，「慢性的栄養不足」という表現ではとうてい表しきれない餓死を伴う「急性的飢餓状態」が発生している [Drèze 1990 a]．また，オリッサ州のカラハンディー県一帯は，80 年代から 90 年代にかけて間歇的な飢饉状態に襲われている [Currie 2000]．たしかに，植民地期の飢饉のような大量の餓死者は発生していないものの，こうした事例では，餓死の発生は皆無ではない．センの場合，大量の餓死者を伴う「飢饉」という「破局」と「慢性的な飢え，栄養不足」という「常態的剝奪状況」の両極が設定されるものの，

その狭間の中間態ともいうべき「急性的餓死状態」の重要性が看過されている．ビハールやオリッサの事例を，植民地期におけるような大規模な「飢饉」へと発展しなかったことをもって，飢饉対策の有効性の実例とみるだけでは，餓死状況を招いた背景と政策上の問題を問わない一面的な評価につながる．「民主主義のもとでは飢饉は発生しない」という命題は，こうした評価と紙一重のところにある．

　さらに，第2の疑問は，ビハール州にせよ，オリッサ州にせよ，これらの事例は，センのいう「公共活動」，つまり野党による批判やジャーナリズムの世論喚起の真っ只中で生じたということである．活発な世論の批判のまえには，選挙での敗北を座視して待つような余裕は政府にはないというのは，センらの指摘であるが [Drèze and Sen 1995：76]，この議論は，「公共活動」が呼び起こす政府のリアクションが，そのまま効果的に飢饉防止につながるという前提のうえにたっている．ビハールとオリッサの飢餓状況は，この前提がかならずしも有効でない事例といえる．よく考えてみれば，この前提自体がさらに多くの前提のうえに成り立っているのである．政府の権力基盤，末端行政のありかた，地域社会の構造などは，その一部にすぎない．とくに両州での飢餓事例が，政治的発言力の弱いトライブ（部族）の人々の居住地域に集中していたことなどを見逃すことはできない．「民主主義のもとでは飢饉は発生しない」という命題は，「公共活動」が飢饉防止に働きかける経路を，かなりの程度簡略化した議論なのである[Jayal 1999：91-100；Currie 2000：23-5]．その後に刊行された Drèze and Sen [2002] では，社会的，経済的な不平等のもとでの民主主義が，弱者の声を十分に反映できないという，いわば当然の事態を考慮に入れて，より参加的な民主主義を構想するという方向に議論を拡張している．

「公共活動」における公共性

　つぎにとりあげたいのは，「公共活動」概念における「公共性」の内容についてである．

　政治の世界には，さまざまな利害が渦巻いている．各種，各様の利益は，多様な組織や活動によって，政治の場に表出される．いったい，そうした「利益団体」の活動と，「公共活動」とのあいだには，どのような関係があるのだろうか．ある種の「利益」には「公共性」を賦与し，それ以外には拒否するという

ようなことは可能なのだろうか．また，外部から「公共性」を判断しうる権能などが，なにか中立的な主体に与えられているのだろうか．問題をこのように投げかけてみると，実はわれわれは，たんにセンの概念というよりは，政治学，社会理論における「公共性」の理解という広大な領域に踏み込んでしまっているのだが，ここでは検討の対象をセンが展開している議論そのものに限定しておこう．

　センの主張においては，これまでみてきたように，「公共活動」は人々の福祉 (well-being) を現実化する役割において重要な位置が賦与されていることはいうまでもない．しかし，公共的な空間で展開される・す・べ・て・の活動が，こうした「理性的な」目標にむけられているとはだれも保障できない．たとえば，セン自身も Drèze and Sen [1995] のなかで，インドの現実では，教育への要求は，基礎教育よりも高等教育への要求という「特定の形態の公共活動」として現れがちであると指摘している．あるいはまた，インド社会における階層性を反映して，下層民の要求と活動が，カーストをベースとした「セクト的な (sectional)」政治に傾くことも認めているのである．さすがに，「ラーマ寺院建設運動」までをも「公共活動」の文脈で触れた事例には出合ってはいないが，ここに挙げたような活動は，センらによって「公共活動」の範囲内に含められている．この問題は，Drèze and Sen [2002] になると，「自己主張 (assertion)」と「連帯活動 (solidarity)」という2つの概念で，個別の要求(活動)と公共的な要求(活動)を概念上区別するという試みへと発展している．

　つまり，センの「公共活動」概念には，一方で公共的な政治空間における様々な活動という，ごく一般的な含意と，他方で福祉の実現にかかわる公共的な目標を志向した活動という規範的な含意とがともに包含されているのである．したがって，注意すべきは次の2点である．まず，センの各種の著作のなかでは，飢餓防止や福祉実現との関わりで，後者がとりわけ強調されてはいるが，かれが想定する政治世界では，「理性的な」目標をめざす「公共活動」のみが存在しているわけではないということである．しかし他方で，規範的な「公共性」が設定されることで，「公共性」は争奪の対象（「単純多数決」ないし「勝てば官軍」の論理）だと居直る「現実主義」的政治分析や，市場交換やゲーム論をモデルとするいわば「投票民主主義」観と，センの政治分析とのあいだの距離が，くっきりと浮かび上がる．またそれによって，政治分析は現実の記述にとどまらない，

現実への批判としての役割を獲得することができるのである．

　以上，2つの論点にわけてみてきたように，センの「公共活動」概念に関しては，留保されるべき点は少なからず見出される．肝心なことは，センによる「公共活動」概念における規範性に留意し，現実と規範との同一視に陥らないことである．両者の間には，相互交通の複雑な経路が介在するからである．こうした個人間の多様な選択の表出を可能にする経路を保障するもの，それこそがセンの構想する「構築力」をもった民主主義に他ならない（民主主義に関する議論も Drèze and Sen [2002] でより拡充・強調されている）．

4．多元社会におけるセキュラリズムの模索

背景：ヒンドゥー至上主義によるセキュラリズム攻撃

　冒頭に紹介したように，90年代にはいって，センはインドにおけるヒンドゥー至上主義の進出を意識した評論をしきりに著すようになる．多元主義の擁護は，経済自由化論批判とならんで，かれの90年代インド論の核心となる．

　センの主張を理解する前提として，まずは，ヒンドゥー至上主義の台頭の背景をごく手短かに紹介しておこう（詳細は佐藤宏 [2002] 参照）．巨視的な観点からは，社会主義の崩壊，市場主義とグローバリズムの浸透という90年代の世界的な流れのなかで，宗教ナショナリズムの復興に強い関心が寄せられている．90年代インドのヒンドゥー至上主義(ナショナリズム)の興隆は，しばしば，こうした世界的な現象との並行関係で語られる．たしかに，インド政治においても「計画経済」の破綻，経済自由化政策への移行とともに，ヒンドゥー至上主義が政治の表面に躍り出した．国民会議派からインド人民党への政治的主導権の移動である．

　しかし，こうした移行の図式は，肝心な点で単純化のそしりを免れない．それは，この移行の土壌を準備し，それを先導したのが，ほかならぬ国民会議派自身であったという事実である．インドの独立を主導した会議派は長期にわたって，インド政治で基軸となる位置を占めてきた．しかし，1975-77年の非常事態導入以降，急速な内部崩壊に直面した．80年代になると，会議派は，宗教やカースト集団に的を絞った集票政治をすすんで展開し，セキュラリズム理念のもとで，政治と宗教の接近にある程度慎重であった独立直後の政治とは様相を

異にする「アイデンティティ政治」状況が次第に醸成されることになった．

そして，89年の第9次連邦下院選挙にあたって，会議派はムスリムには家族法の分野で，またヒンドゥーにはアヨーディヤーのモスク開放問題で，それぞれヒンドゥーとムスリムの世論を逆撫でにしながら譲歩を行うという愚劣な駆け引きを演じた．その結果，会議派は双方からの支持を同時に失い，政権を野党に明け渡した．インド人民党は，こうした会議派の失策に乗じて，アヨーディヤーのラーマ寺院建立を旗印にして，多数派ヒンドゥーの「復権」を訴えたのである．会議派支配のもとで，「ムスリム宥和」に傾きすぎた「セキュラリズム」の秤を本来の均衡に回復せよというわけである．会議派は「宗教と政治」の陥穽にはまり込み，90年代政治の主導権を，インド人民党に一歩づつ譲り渡すことになったのである．92年12月のアヨーディヤーのモスク破壊事件は，こうした背景のもとで引き起こされた．

多元主義の擁護と歴史理解

さて，このような90年代のヒンドゥー至上主義の昂揚を，多元主義への挑戦ととらえるセンが，講演や評論をつうじて展開してきた批判点は多岐にわたる．まず，かれはヒンドゥー至上主義の社会的な土壌をとりあげる．そして，その背景が基礎教育の遅れを放置してきた独立後の公共政策の失敗にあることを指摘する．そのうえで，ヒンドゥー至上主義運動の提示している歴史観や社会・政治観にみられるインド史の歪曲と「矮小化」，そしてインドにおける宗教的，哲学的伝統の誤解を，完膚なきまでに暴き出すのである（Sen [1993b] [1993d] [1996b] [1996c] [1996e] など)．

このようなセンによるヒンドゥー至上主義への批判が，さしあたり念頭においているのは，疑いもなくインド国内の政治状況である．しかし，見逃してはならないのは，ここでの批判が，価値の多様性，個人の選択の多重性，批判的理性の働きなど，かれの社会理論の基礎的な立脚点にうえにしっかりと組立てられていることである．それゆえに，批判の射程は，ヒンドゥー至上主義を貫通して，より広い社会認識のありかたにまで及んでいるのである．

(1) **ヒンドゥー至上主義の社会基盤**

かれは，ヒンドゥー至上主義(Hindu activism)を単一の思想や運動とみること

に警告を発する．異なる要素には，異なる対応が必要となるからである．それは，宗派的な (communal) ファシズム，ヒンドゥー・ナショナリズム，戦闘的な蒙昧主義 (militant obscurantism) の 3 つの要素からなる活動である（以下は主として Sen[1993 b]）．前二者はそれぞれ，マハーラーシュトラ州を地盤とする右派政党シヴ・セーナーと，全国政党であるインド人民党によって代表される．これらが比較的教育を受けた中産層のあいだでのヒンドゥー主義の社会的基盤であるのにたいして，戦闘的蒙昧主義は，ウッタル・プラデーシュなど北インドの基礎教育の遅れが著しい農村部の大衆を基盤としている．つまり，独立後インドの公共政策のもっとも深刻な失敗が，今日にいたって，ヒンドゥー至上主義の活動の温床となっている (Drèze and Sen [2002] は，これらの地域が同時に父権制的意識が強く，ジェンダー不平等の根強い地域であることにも注意を払っている)．インド人民党は連邦下院議席の約 7 割をこうした北インド地域から獲得している．教育の普及などによる批判意識の成長は，北インドでは南インドなどに比べ，ごく近年の現象なのである．また，同じ北インドでも，上層カーストに対する批判が顕在化した下層カーストや不可触民のあいだには，ヒンドゥー至上主義の浸透は緩やかである．それは，ヒンドゥー至上主義が，バラモンや上層カーストを支持層とするインド人民党の政治戦略に他ならないからである．こうして，基礎教育の普及は，Drèze and Sen [1995] が明らかにしたような参加的経済発展の前提となるだけではなく，ヒンドゥー至上主義へのもっとも緊急な対抗策でもあることが指摘されるのである．ここで，センはヒンドゥー至上主義による下層カーストの包摂の試みについては，あまり注意を払っていないが，構図としては誤りではない．

これらの 3 つの運動に通底する要素として，センは「無智 (ignorance)」を抉り出す．この無智は「戦闘的蒙昧主義」にあっては，ある意味で植え付けられた「単純な」ものであるのに対して，宗派的ファシズムとヒンドゥー・ナショナリズムにおいては，社会観や歴史観の歪曲をともなった「手の込んだ無智」である．後者に向けられたセンの批判を詳しく検討しよう．

(2) **インド史における多元性**

ヒンドゥー至上主義の社会観や歴史観への批判のなかで，祖父 K. M. センを源泉として継承したインド史へのセンの学識は遺憾なく発揮される．批判の根底

を貫くのは,「手の込んだ無智」によって意図的に(あるいは場合によっては無自覚的に)否定され,歪曲されているインド史における多元性の復権である.

まず,宗教的な多元主義は,インド(亜大陸)における仏教,ジャイナ教以外の,「外来」宗教とされるゾロアスター教,ユダヤ教,キリスト教など諸宗教の起源の古さに根拠づけられる.特に欧米の聴衆を意識した場合に,センが好んで持ち出すのは,インドにおけるキリスト教徒の存在が,イギリスへのキリスト教公式布教よりもはるかに早く,すでに紀元3世紀には確認されるという事実である.イスラーム教徒(ムスリム)については,ヒンドゥー・ムスリムの活発な文化的融合の歴史 [Sen K. M. 1950] と,ムスリムが今日のインド人口の1割強,絶対人口で1億を超すという事実が,かれらを外来者とみなし排斥する論理の不当さを証明している.

多元性の主張は,しかし,ヒンドゥー教徒以外の存在を重視する主張にとどまるものではない.むしろ,「ヒンドゥー教」自体の内部に,豊かな多元性が存在してきたことが,ヒンドゥー至上主義への決定的な反撃となる(祖父センによる Sen, K. M. [1961] も参照).センはいう.マーダヴ・アーチャールヤによって14世紀に著された権威あるヒンドゥー哲学書においては,無神論の伝統が筆頭に数え上げられているではないか.偶像崇拝も,ヒンドゥー教の不可欠の属性などではない.偶像崇拝がバラモンにとってではなく,下層カースト民への宗教的権威付けの必要から維持されてきたことは,歴史的にも明らかである.また,ヒンドゥー至上主義がその動員の中心的なシンボルとしている伝説上の「ラーマ」神についても,「ラーマ」の事蹟を伝える古代叙事詩「ラーマーヤナ」には,伝承の地域的多様性が豊かにあり,たとえばベンガル地方(センの出身地)では,ラーマは神性をもたない単なる伝説上の人物にすぎない.「ヒンドゥー」が宗教的な意味でのひとつの集団に対応する意味で用い始められたのは,たかだかこの200年あまりのことである.こうした「ヒンドゥー教」内部の多元性こそが,インド(亜大陸)における稔り豊かな文化的地域的多様性をもたらしているのである.ヒンドゥー至上主義における他宗教(とりわけムスリム,キリスト教徒)への非寛容は,インド内部における地域的,文化的多様性への非寛容にもつながる.「差異への寛容というものは,(局面に応じて)たやすく切り売りできるものではない (Toleration of differences is not easily divisible)」のである [Sen 1993 b : 6].

追い打ちはさらに辛辣である．ヒンドゥー至上主義は，植民地主義的インド観への先祖帰りにほかならないとセンは断じる．彼は，ジェイムス・ミルの浩瀚な『英領インド史』を引きながら，植民地主義とヒンドゥー至上主義のインド観の一致を指摘する．ミルのいう「知的に破産した，おぞましい観念と野蛮な社会慣行に満ちたインド」というイメージは，インドの民族主義者たちが一貫して戦ってきたものである．ヒンドゥー・ナショナリストたちは，皮肉にもミルの正しさを証明しようと躍起になっているのである．

(3) インド史における理性と寛容

　ヒンドゥー至上主義によるインド史の矮小化に対して，センは単なる反駁にとどまらず，さらに積極的なインド史像をうちだそうとする．ヒンドゥー至上主義の歴史観が，植民地主義的インド観の裏返しとすれば，この作業は，同時に植民地的インド史観への反証，ひいては「西洋対東洋」という古いパラダイムへの挑戦とならざるをえない．それは，「西洋」の独占物となってきた「理性」，「科学」，「寛容」などをインド歴史の共有物へと取り戻すことなのである [Sen 1993 d；Sen 1996 c；Sen 2000 a；Sen 2000 c；Sen 2001 b]．

　センが注目するのは，インド史における科学的認識の伝統である．本章冒頭でふれたインド歴史学会での開会演説は，この主題を軸に展開されている [Sen 2001 b]．センは歴史を「知的な企て」の一部としながら，歴史以外の「もろもろの知的な企ての歴史」への関心と注意を，聴衆である歴史家たちに喚起する．そして，「知的な企て」としてのインドにおける科学の歴史こそは，歴史以外の「知的な企て」のうちで，「西洋」からも，また悲しいことに自ら自身によっても，最も軽視されてきた分野にほかならないとする．インドの数学，天文学（占星術ではない！），さらには哲学・思想が，アル・ビールーニーらを介してアラブ世界やヨーロッパに伝えられたことは，この講演でのセンによる指摘をまつまでもない．しかし，ここでセンは，アル・ビールーニーによるインドでの「蝕」研究の記述から，インドにおける科学的な批判精神の伝統を掘りおこす．アル・ビールーニーは，「蝕」の理解における地動説的な観点が，古典批判のなかから生まれていることを紹介しているのである．

　この「蝕」の事例から，既存の知識に対する異端的立場，懐疑主義が，新たな知識の発見につながったいっぽうで，経典を墨守する立場が，インドにおけ

る科学の進展を妨げてきたとセンは主張する。批判的な思考を優先する異端的立場と科学の発展の関連は、インド史のなかからも読みとることができるというのが、彼の結論である。メッセージは明瞭であろう。多元主義の擁護は、集団の共存もさることながら、いわば、「理性の働き場所を確保する」という意味において、価値あるものとされるのである。

アル・ビールーニーの記述とならんで、センが強調するのは、ムガル帝国の第3代皇帝アクバルの治世における、「寛容」と「理性」の試みである。この点に焦点をあてた Sen [2000 c]は加藤周一氏によっても注目され、その核心部分が以下のように簡潔に要約されている（引用は一部省略）。

> 昔十六世紀末に、ムガール帝国の皇帝アクバルは、多くの宗教(イスラーム、ヒンドゥー、ジャイナ等)の平和共存を考え、宗教問題については政府の中立的立場を制度化し、個人の信教の自由を保障し、人間行動の善悪を判断する最高の基準を理性に置いた。彼自身はそれを「理性の道」（rahi aql）と呼んでいたという。
> 他方同じ頃のイタリアでは、宗教的信念にもとづき、社会の腐敗堕落を弾劾してフィレンツェの市民を魅了したジョルダーノ・ブルーノを、カトリック教会が異端として断罪し、火あぶりにしていた（1600年）。（中略）「寛容」の精神は、あきらかにインドにあって西欧にはなく、イスラーム世界にあってキリスト教世界にはなかった（「夕陽妄語 理性の復権」『朝日新聞』（夕刊）2000年9月26日、傍点引用者）。

アクバルの寛容の試みは、このほかにも諸宗教を統合した「神聖教」（Din-i Ilahi）の提唱、統一暦（Tarikh-Ilahi）の制定などが挙げられる（Sen [2000 c]、また近藤 [1995]参照）。アクバルの試みは、その後継者たちによって継承されることはなかったが、これを一人の皇帝の気紛れと片づけることはできない。ヒンドゥー、ムスリムの交流と融和は、すでにムガル期以前から、カビールら宗教指導者が先鞭をつけた活動によって、民衆的な基盤を獲得していた。また、センはインドで今日使用される暦の研究をつうじて、ヒンドゥー暦の一種と考えられているベンガル暦の基準年が、アクバルによる新暦の基準年とされたイスラーム暦（Hijri）の963年、つまりかれの治世元年であることに注意を喚起している [Sen 2000 a]。

科学的な思考と同じく，寛容の理念においても，多元主義擁護の根底に理性の働きを認めること，これが次に論じるように，さまざまな立場からのヒンドゥー至上主義批判とセンによる批判とを分かつ，もっとも重要な分岐点である．彼のラビーンドラナート・タゴール論［Sen 1997 c］から読み取れるのは，この見地において，センが自らの立場を，マハートマー・ガンディーにではなくタゴールに重ね合わせていることである．

こうして，問題は今日のインドにおける「セキュラリズム」論，「寛容」論へと発展する．この問題を論ずるなかで，多元主義へのセンの接近法はいっそう鮮明な姿をあらわしてくるだろう．

セキュラリズム：未完のプロジェクト

歴史を歪曲し，政治に公然と宗教をもちこもうとするヒンドゥー至上主義に，それではセンはどのような対抗の論理を築き上げるのだろうか．独立インドでは，多元社会における共存の理念として，Secularism（セキュラリズム）理念が暗黙の前提となってきた．ここでは，Secularism という概念が内包する多義性を消してしまわないように，とりあえずは「政教分離」などという語に当てずに，そのまま使用しておく．

センはヒンドゥー至上主義による攻撃にたいして，当然セキュラリズムを擁護するのだが，その砦にたてこもるのではなく，批判に積極的に立ち向かうことを訴える．なぜなら，インドにおけるセキュラリズム理念自体がきわめて多義的だけでなく，概念そのものに「不完結性」が内在しているからである（以下は主に Sen［1993 b］［1996 b］による）．

(1) セキュラリズムと「寛容」

独立以来のインドでは，ムスリムへの非差別原理を「セキュラリズム」と称してきた．凄惨なヒンドゥー・ムスリム対立を招いた独立の経緯から，セキュラリズムを「政教分離」というよりは，「諸宗教間の寛容」にかかわらせて理解する傾向が強いことは十分理解できよう．したがって，セキュラリズムはまず「寛容」として理解された．

センはこの「寛容」にメスを入れた．本来，寛容は信ずる者同士だけでなく，信じざる者への寛容も含まれねばならないと，かれは主張する．すでにみたよ

うに，インド哲学史上における無神論や不可知論の伝統を強調するセンの立場からすれば，当然であろう．しかし，センが問題にしているのは，信ずる者のあいだのみで流通する「寛容」が，無神論，不可知論への「不寛容」となって現れているというインドの現実である．そこでは，あらゆる宗教批判が無神論，不可知論の烙印をおされるか，もしくは他宗教への攻撃と受け止められる．このような意味での「寛容」，すなわち宗教的な感情を傷つけないことだけに関心を集中する「セキュラリズム」は，たやすく「集団的な不寛容感情の総和 (sum of the collective feelings of intolerance)」[Sen 1993b : 9] に転ずるのであるとセンは主張する．

(2) セキュラリズムと「政教分離」

それでは，「寛容」でなく，セキュラリズムのもっとも一般的な含意である「政教分離」は，インドにおいて，この語の適切な対応語であろうか．すでに植民地期以来，インド社会深奥における変動は，幼児婚の禁止，宗教寄進財への行政的監督をはじめ国家による「宗教への介入」を不可避にした．独立後のヒンドゥー家族法改革においても，婦人の財産権規定等に欠陥をはらみながらも，重婚の禁止など，この分野への国家による介入はセキュラリズム原理の範囲内のものとして社会的な合意をえることができた．国家は世俗化 (secularization) の過程からまったく自由でいることは困難なのである．現実には，国家は宗教と無数の接点をもつのである．こうして，セキュラリズムを完全な「政教分離」とする理解の形式性が，まず明らかにされる．問題は，インドのような多元社会において，宗教と国家の係わり合いがいかなる形態をとりうるのか，あるいはより積極的に，セキュラリズムの立場からいかにとるべきなのかという課題なのである．

(3) セキュラリズムと「シンメトリー」

したがって，セキュラリズム概念にとって，残されたものはシンメトリーの概念である．国家と宗教が何らかの接点をもたざるを得ないとすれば，関与が差別的でないこと，シンメトリックであることが要求される．インドにおいては，シンメトリーとしてのセキュラリズムという理解は，「宗教中立性」という表現で，「寛容」とならんで広く受容されている理解でもある（佐藤宏 [2002] で

この点が議論されている).

しかし,「宗教中立性」は一種の陥穽でもある.なぜなら,「中立性」それ自体は,国家と宗教の係わり合いについての,何らの実質的な要請を孕んでいない.特定宗教の国教化のような論理的に両立し難い極限的な政策を除けば,たとえ国家と宗教が無限に接近しようが,完全に分離しようが,複数集団間での「シンメトリー」が保たれる限り,「宗教中立性」は維持されることになる.センは病院への政府補助金の例をあげる.セキュラリズムをシンメトリーの観点からみれば,経営主体が宗教団体であろうとなかろうと,すべての病院にひとしく補助金を交付することも,また宗教団体が経営するすべての病院に,ひとしく補助金の交付を行わないことも,セキュラリズムとして成立する.あるいはまた,「冒瀆法」を特定の宗教についてのみ制定することは明らかにシンメトリーに反するが,国内のすべての宗教を対象に「冒瀆法」を制定することと,いかなる宗教にたいしても「冒瀆法」を制定しないこととは,シンメトリーの観点からは等価である.

このように,セキュラリズムをシンメトリーとして理解すると,問題は一巡して,結局,国家と宗教の関係をいかなる論理により,いかなる形で政治的に処理するかという点に回帰する.その選択には,セキュラリズムを「超える (to go beyond)」論理が設定されねばならない.センは,この「超える」論理が「公正 (fairness)」や「正義 (justice)」であるとする.冒瀆法の例でいえば,同じシンメトリーでも,あらゆる宗教にそれを適用するよりは,いかなる宗教にも適用しないことのほうが,個人の多重的な価値を公正に扱うという観点からは望ましいことに違いない(センがインドにおける無神論の伝統をしばしば強調していることを想起して欲しい).シンメトリーとしてのセキュラリズムは,「公正」,「正義」という理性的な判断と組み合わされて初めて,その内実を獲得することができるのである.

こうしたセンの議論は,多元主義の擁護にも,いくつかの異なったヴァリエーションのあることを示唆している.宗教的な寛容の立場からの多元主義の擁護はガンディーの発想にその典型をみることができる.センがこの立場を採らないことは,これまでの紹介から明らかであろう.また,コミュニタリアニズム(共同体論)や多文化主義も,多元主義に根ざす有力な主張である.しかし,センの立場は,諸個人の善しとする価値の多様性とアイデンティティの理性的

な選択を重視する点で，集団的アイデンティティ（自己同一性，自己の帰属認識）の先行性や包括性を主張するコミュニタリアニズムや多文化主義とは厳しく対立する．

ここで注目されるのは，ヒンドゥー至上主義批判と並行しながら発表された Sen [1998 b] および Sen [1999 e] という2つの論説である．内容的に密接な連続性を持つ（文章も一部重なる），これらふたつの論説のなかで，センはアイデンティティの選択における理性の働きを重視し，コミュニタリアニズムへの理論的批判を展開するとともに，国家的アイデンティティを超える多面的なアイデンティティを基礎とするグローバルな正義の実現への展望を大胆に描いている．センの「インド論」と「正義に関するリベラルな理論 (liberal theory of justice)」との理論的接点としても理解できるこれら2つの論説の紹介をもって，本章の結びとしたい．

おわりに
―― アイデンティティからグローバルな正義へ ――

講演「アイデンティティに先立つ理性」[Sen 1998 b] の主張はきわめて明快である（詳しくは [鈴村=後藤 2001：246-51] 参照）．この講演で，センは，ロールズの正義論とそれを批判するコミュニタリアニズムとの論点が交差する地点に，かれのアイデンティティ論を展開する．コミュニタリアニズムは，ロールズの「正義論」の立脚点である「原初状態」や「正義の原則」が，帰属の意識を共有する特定の集団（community）を前提としてのみ成立しうると批判する．かれらによれば，正義とはロールズのように演繹的な公理として導かれるものではなく，共同体において習慣，規範として形成されてくるのである．いかえれば，アイデンティティの獲得によって，行動の規範が内面化されるのである．こうしたコミュニタリアンによるロールズ批判は，「正義」にとどまらず，あらゆる価値判断における社会的文脈の規定性を過度に強調することへとつながっていく．センは，こうした批判に対して，人間行動への社会的な影響を認めたうえで，個人のアイデンティティはきわめて多面的なものであり，いかなるアイデンティティにおいても，それは何らかの意味での個人の選択の結果として現れることを強調する．センのこの主張からは，アイデンティティの先行論や決定論が，本来多様な価値や多重的な属性をもつ，個人の選好や選択の可能性を，結果的

に狭めることにつながるという，自由とケイパビリティの議論と通底する論理を読みとることができる．

こうした立場からすれば，アイデンティティの過度な先行性と規定性を主張するヒンドゥー至上主義や国家主義が，多元主義の立場からのみならず，自由とケイパビリティの実現という観点からも厳しい批判の対象となることはいうまでもない．また，アイデンティティの多様性に着目すれば，国家的アイデンティティは相対化され，国家を横断するさまざまなアイデンティティに基礎をおいたグローバルな（インター・ナショナルとは区別される）「正義」，あるいはグローバルな「公共財」への視野も開けてくる．国家ないし諸国民を単位とする「ネーション間の正義」ではなく，かつまた「世界国家」的な夢想でもない，それらを超えた地点に多様なアイデンティティを基礎とする「グローバルな正義」を設定する．これが，コミュニタリアニズムに抗してロールズを擁護しつつ，同時にロールズを超えようとする，センの理論的な構想にほかならない [Sen 1999 e]．

2001年11月11日と12日の両日，アメリカによるアフガニスタン空爆が強行されるさなか，インドのニューデリーでは，アマルティア・センをも交えて新たな南アジアの人権活動組織 (South Asians for Human Rights, SAHR) が結成された．センは創立会合の講演で，サミュエル・ハンティントン流の「文明の衝突」を貧困な世界観 (impoverished vision of the world) として批判しながら，アイデンティティによる区分けがもたらす，人々の声，自由そして能力の抑圧に警告を発した (*The Hindu*, November 13, 2001, テキストは Sen [2002 a])．相食む狂気のまえに立ちはだかろうとする批判的理性の声である．なお追記すれば，2003年4月にインドで予定された SAHR の会合はその後，会場をバングラデシュのダカに変更した．インド政府がパキスタンの有力な人権活動家の入国に消極的なためである．

後記：本稿は並行して執筆した佐藤宏 [2002] と一部重複する内容がある．また脱稿後に Drèze and Sen [2002] が刊行されたが，ここでは旧版 Drèze and Sen [1995] をベースとして，新版による重要な修正や追加を最小限度採り入れるにとどめている．新旧版の対比については，佐藤宏 [2003 b] 参照．

なお，本章で紹介した論文の多くを収録する Sen [2005] も参照されたい．

Column

▶ベンガルの文人オモルト・シェーン

　アマルティヤ・センは，母語のベンガル語ではオモルト・シェーンと発音される．そのノーベル経済学賞受賞から，1913 年に同文学賞を受けたベンガルの大詩人タゴールを思いだした人も少なくはなかっただろう．しかし，彼の故郷のベンガル（現在はバングラデシュとインドの西ベンガル州に分断されている）では事情は異なる．タゴールはわざわざ記憶から呼び出される必要はない．大詩人は今でも，特に西ベンガルでは，その知的，文化的生活の中心に君臨しているからだ．シェーンのノーベル賞受賞は，西ベンガルにおけるタゴール崇拝にいよいよ拍車をかけたといってよいかもしれない．

　実際，シェーンはタゴールの申し子のような存在なのである．ストックホルムの受賞式典のスピーチでシェーンはむろん経済学について語ったが，レセプションのスピーチではタゴールに言及し，自らの思想の源泉を明らかにしている．その後さらに，シェーンは明快なタゴール論を書いて，タゴールと自分の血脈の濃さを語っている [Sen 2000 f]．

　この興味深いタゴール論の特徴は，タゴールとガンディーという近代インドの二人の巨人の比較論にあって，シェーンは紛れもなくタゴールに軍配をあげている．ガンディーが近代西欧文明をほぼ全面的に否定したのに対して，タゴールは西欧の合理性，科学を肯定し，その上に立つ社会経済発展の可能性を積極的に評価した．タゴールは西欧の否定ではなく，西欧との交流こそあるべき文明の姿と考えたのだ．何も考えず糸車（チャルカ）を回すのが独立への道ではなく，教育を普及し，科学を発展させることで，社会的矛盾を解決していこうと考えたのがタゴールである．独立後のインドはガンディーの反近代的路線もとらなかったし，初等教育の普及を軸とし基本的人権の実現を図るというタゴールの路線もとらなかった．こうして見ると，シェーンが目指してきたのは，経済学的に焼き直したタゴール思想の実現だといってよいかもしれない．

　シェーンとタゴールの結びつきは，祖父の代からである．祖父キティモホン・シェーン（1880-1960 年）は，タゴールの創設した学園の中世インド思想史の教授であった．彼はタゴールの思想圏の綺羅星の一つであり，その思想史は人間中心的である．「ベンガルは神の土地ではない．この国は人間の国だ．ベンガル人が知っているのは人間で，彼は神をも家人にしてしまったのだ」（『ベンガルの精進』）．ここには人間の福祉・自由を中心に据えたタゴールの思想がよって立つ精神的風土が語られており，キティモホンはその学問によってタゴールを補強したことになる．シェーンは少年期から青年期に，この祖父からインド哲学のてほどきを受けたという．

　父アシュトシュ・シェーンは土壌科学者でダッカ大学教授だったこともある．第二次世界大戦中のベンガル大飢饉（2-300 万人の死者を出したと推計されている）の後，彼は死に至るまでシャンティニケトン周辺の村々で高収量品種の普及などに尽

力している．息子の学問には父の実践が先行していたのだ．

　祖父からは文系の頭，父からは理系の頭を受け継いだシェーンは，どんな試験でも一番だったオールラウンドの秀才だが，一方で離婚した詩人の妻から讃嘆されるほどの努力の人でもある．たゆまず知的生産に打ち込むところもタゴールに似通う．「私の息子はもっと早くノーベル賞を取って当然だった」——こう言い放ったという老母の前では，この大学者もせっかちでやんちゃ坊やにしか見えなかった．マザコンは実はれっきとしたベンガル文化の一側面である．マザコンであって，同時に骨太な文人でもあるというところが，いかにもベンガルの知識人らしくていい．

2003年6月2日，立命館大学に於いて

第6章 現代アフリカ研究とセン
——比較開発学のための試論——

はじめに

いかに普遍的な輝きを放つ思想であっても，その生産者は生身の人間である．固有の人間が生み出した思想の体系から，その生産者が帰属する空間の個別的な特性に影響を受けた要素を腑分けしていく作業は，その思想の普遍性をいっそう鮮明に際立たせることになるだろう．いうまでもなく，アマルティア・センはインド出身の経済学者である．そして，センの知的な営みが南アジアの歴史と社会，政治と経済と密接不可分な関係にあることは，本書の他の諸章で綿密に分析されているとおりであり，いまさら繰り返して強調する必要はない．

しかし，センの開発の政治経済学は，南アジアの学であるにとどまらず，より普遍的な開発の学たろうと志すものである．それは，センの理論体系が，アジアのみならずアフリカ世界に対しても，原理的に適用可能でなければならないということを意味する．本章では，センがアフリカについて述べたこと，そしてセンの理論的枠組みに対するアフリカ研究者の反応を手がかりに，センの開発論の可能性のフロンティアを探っていく．アフリカにおける貧困と飢饉の固有のパターンを踏まえながら，エンタイトルメント理論とケイパビリティ理論を統一的に把握する可能性について，そして現代アフリカの開発をめぐる保健衛生セクターと農業セクターの連関といったトピックについて，本章で，これから順番に検討を加えていくことにしよう．

この作業は，セン理論の解釈を越えて，アジアとアフリカの開発課題に伏在する両地域の共通性と異質性に接近していくものにもなるだろう．本章のサブタイトルを「比較開発学のための試論」とした所以である．[1]

1.『貧困と飢饉』をめぐって

脱集計化アプローチと市場の暴力性

アマルティア・センの名を開発研究の世界にあまねく知らしめた作品といえば，何といっても『貧困と飢饉』[Sen 1981 b]を挙げねばなるまい．同書の前半部はエンタイトルメント理論を確立した理論編，後半は南アジアとアフリカの現代の飢饉の諸相を検討した実証編である．さらにその実証編は，南アジアの飢饉（ベンガル大飢饉とバングラデシュ飢饉）の分析がアフリカの飢饉（エチオピア飢饉とサヘル飢饉）の分析を挟み込むという構成，すなわち南アジアとアフリカの事例の一体性を強調する構成になっている．

センの貧困研究を貫く手法のひとつに，脱集計化 (disaggregation) という構え方がある．センによれば，これまでの開発経済学は，富と貧困の指標として，総生産や総所得，総供給といった集計化されたデータに関心を集中しすぎる傾向があった．しかし，物質的な富の総量が増大することは，個々の人間が豊かに生きるための手段にすぎないのであって，決して目的ではない．この視点から，センは『貧困と飢饉』において，突発的な食糧供給量の減少が飢饉を引き起こすという FAD (Food Availability Decline) アプローチを徹底して批判する．1943年のベンガル飢饉の際も，エチオピアの 1972-74 年の飢饉の際も，1974年のバングラデシュの飢饉の際も，当該地域全体で集計された食糧生産高は国民を養うのに十分な量であった．人びとを飢えさせたのは，投機や買い占めによる食糧価格の暴騰や収穫の局地的な壊滅を引き金とする，食糧エンタイトルメントの崩壊であった．根本問題は食糧供給の不足ではない．様々な階層の人びとが，様々な程度に，食糧を手に入れる能力を失ったことが問題だったのである．

脱集計化の手法は，原理的には功利主義とりわけ総和主義に対するセンの批判の論理と重なり合うが，センは実証研究でもその手法を首尾一貫して適用する．『貧困と飢饉』の後にセンが練り上げていったケイパビリティの概念が示すように，開発の究極の目的は具体的な顔をもつ個人の福祉の増進である．しかし，個人まで一挙に脱集計化を進めると経済分析としては意味をなさない．そこでセンは，国家と個人のあいだの様々な中間項に注目する [Sen 1992 b : 邦訳 第

8章］．すなわち，一国の経済が困難に直面する場合，それが地域，所得階層，職業集団，性別，年齢などの違いに応じて人々に不均等に打撃を与えていくプロセスを，丁寧に検証していこうとするのである．『貧困と飢饉』の実証研究は，その見事な例証になっている．たとえばエチオピアの飢饉に関して，センは，ウォロ州における農耕民の直接的エンタイトルメントの失敗から労働者，職人，乞食へと困窮が波及し，続いて交換エンタイトルメントの失敗という形でハラルゲ州の牧畜民へと被害が拡大していくプロセスを叙述しているが，この二段階的な飢饉の拡大の描写はダイナミックで，説得力がある[Sen 1981b：邦訳 第7章]．

『貧困と飢饉』のなかでセンが検証した飢饉の市場メカニズムとは，財の相対価格の破局的な大変動であり，平常時の社会の統合原理をずたずたに切り裂く無統制な市場の諸力の暴走であった［*ibid.* 邦訳 232-33］．飢饉の直撃を受けたウォロ州から他の相対的に裕福な州へと農産物が運び出されたこと，そして穀物と家畜の相対価格の激変によって，干ばつの被害を受けていないハラルゲの牧畜民までが飢餓に突き落とされたことは，アフリカのなかでも特に貧しいとされるエチオピアにおいてさえ，市場の諸力がいかに破滅的な結果をもたらしうるかを示している．

このようなセンの飢饉論は，アフリカと南アジアの地域的な差異よりも，むしろ共通性を浮き彫りにするものである．南アジアとアフリカの経験は，市場とエンタイトルメントという同一の接近方法によって分析可能なのであり，その意味で通訳可能である．『貧困と飢饉』は暴走する市場の解剖学なのであり，センがいうとおり，「(エチオピアの)牧畜民は，市場メカニズムによって殺されたのである」［*ibid.* 邦訳 162］．

アフリカの貧困の歴史学

『貧困と飢饉』において，センは南アジアからアフリカへの大胆な越境を試みた．この試みは，アフリカ研究の分野ではどう受け止められたのだろうか．まず，歴史学者の反応を検討するところから始めよう．取り上げるのは，イギリスの経済史家ジョン・アイリフによるアフリカの貧困の歴史研究である．

アイリフの『アフリカの貧者——ひとつの歴史』[Iliffe 1987]は，エチオピアとサヘル地域の貧困の歴史叙述から説き起こした書物であり，その第13章「独

立アフリカにおける貧困の成長」では現代アフリカの飢饉も縦横に検討されている．ところが，現代アフリカの飢饉をめぐるアイリフの叙述のなかに，センの飢饉論に対する言及はみられない．文献考証の大家たるアイリフは，現代の飢饉研究の基本文献であるセンの作品を読まなかったのだろうか．そんなことはない．同書のまさに冒頭において，アイリフはセンの『貧困と飢饉』をはっきりと意識して，貧困に対する「経済学的アプローチ」の有効性に疑義を表明しているのである［ibid. 1-2］．

ここでアイリフは，『貧困と飢饉』第2章を念頭に置いて，絶対的貧困と相対的貧困の概念的優劣をめぐる経済学者の議論はアフリカの歴史研究には役に立たない，と主張している．なぜなら，どちらの貧困概念も計測を必要とするが，アフリカでは20世紀まで貧困の計測など行われたことがなかったからである．経済学者は同時代の貧困の「計量」に専念すればよい．だが，現代の貧困の型は人間行動の歴史的蓄積を経て形成されてきたのであって，歴史資料に残る人びとの振る舞いの記録から貧困の「質」に迫ることこそが，歴史学者の仕事である——アイリフの議論の含意を要約すると，そういうことになるだろう．『貧困と飢饉』において，センは，アダム・スミスとマルクスを批判的に引用しつつ，歴史的・社会的に相対化された貧困概念が部分的な有効性しかもたないことを指摘しているが［Sen 1981 b：邦訳 25-26］，アイリフの議論は，このセンの立論に対して，対象社会の個性を重視する歴史学の立場から反駁を加えたものだと考えられる．

ただしアイリフは，経済学の普遍主義に対する歴史相対主義の優位性を主張しているわけでは必ずしもない．アイリフは，アフリカの貧困とアジアやヨーロッパの貧困の質的な違いを説明する根本原理を，人口と土地の関係に求めている．アフリカは典型的な土地豊富＝人口希少経済である．この人口希少性という空間的特性が開発の桎梏になることはよく知られており，開発経済学の流れのなかで明快な理論的定式化も試みられてきた［Boserup 1965, 1981；Binswanger and McIntire 1987；Platteau 1996, 2000；Platteau and Hayami 1998］．アイリフの『アフリカの貧者』は，純然たる歴史実証研究でありながらも，土地豊富＝人口希少という初期条件がアフリカに遍在する貧困のパターンを歴史的に形成してきたことに注目する点において，制度制約を重視する近年の開発経済学の思考と共鳴する．

この視角のもとで, アフリカとアジアにおける「貧者」の質的な相違を, アイリフは次のように説明する. アフリカのような土地豊富社会において, 貧者とは, 豊富な土地を利用するのに必要な労働(自己の労働もしくは他者の労働)にアクセスできない者, すなわち「働けない者」である. 拡大家族の相互扶助の網の目から何らかの理由ではじき飛ばされ, かつ労働できない者(障害者, 老人, 年少者)が, 土地豊富社会の貧困層のコアを形成するのである. これとは対照的に, アジアやヨーロッパのような土地希少社会においては, この「働けない者」に加えて, 土地にアクセスできない人びとと, 十分な価格で労働力を売ることができない人びとと, 養えないほど多くの家族を抱える人びとが, たとえ壮健な働き盛りであっても, 不断に貧困層へと突き落とされていく[2] [Iliffe 1987 : ch. 1].

土地豊富社会において諸個人が労働にアクセスできるかどうかは, 多分に偶然的な要素によって左右される. そこでは, 貧者と富者の固定的な階層秩序は生まれにくい. 他方, 土地をはじめとする生産要素が希少であり, それらが一部の人びとによって独占され世襲されるに至った社会では, 永続的な階層秩序が再生産され, 世代を超えて引き継がれていくことになる. このように, アイリフが『アフリカの貧者』において強調するのは, 土地・人口比の違いという単純な初期条件の相違から数百年, 数千年を経て, 貧困の性質が地域によって大きく位相を変えていくという歴史的なダイナミクスに他ならない.

構造的貧困と情況的貧困

アイリフの『アフリカの貧者』は, 資源と人口の関係という共通の物差しを使って, アフリカと他の地域の貧困の型の「違い」を際立たせるものであった. さらにアイリフは, 同書の各所において, 相互扶助から外れた人びとに対する制度的なケアがアフリカ社会の内在的なシステムとしては育ってこなかったことを強調している. インフォーマルな個人的善行としての貧者の救済はアフリカにも存在してきたし, 存在している. だがアフリカにおける貧者の救済は, 救貧制度の持続的発展という形をとることがなかった[ibid. 7, chs. 2-6]. 永続的な世襲の貧困層が存在せず, したがって「底辺」が常に流動する社会では, 対象を特定した救貧制度が発達する余地はなかったのである[3].

ところが, ここでアイリフはさらに筆を進め, アフリカにおける社会保障制度の欠落を埋めたヨーロッパ人たちの偉業を賞賛する. アフリカにおけるキリ

スト教宣教師の慈善活動は，医師アルベール・シュヴァイツアーの献身的な活動を転機として世俗化した．そしてシュバイツアーの理想は，現在では西洋文明を信奉する若いヨーロッパ人たちに引き継がれ，参加型開発を試みる援助機関の善行として結実している．近年，ヨーロッパ人の実践を模倣する形でアフリカ人の福祉組織が登場してきたのは，歓迎すべきことである［Iliffe 1987：195,258］．こうやってアイリフは，階層化した西欧社会において発達した慈善組織がアフリカの貧者の救済に訪れることを積極的に「善」とする価値判断を，自信たっぷりに叙述のなかに滑り込ませていく．アフリカ人には状況を自ら改善する資質が備わっていないとするアフロ・ペシミズムの立場である．

しかし，こうしたペシミズムはセンの立場ではない．ドレーズとセンの『飢えと公共活動』では，緊急救援機関の活動は非効率的で的はずれなものになりやすいことが指摘される程度で［Drèze and Sen 1989：68-69,105-6,118-19］，開発における先進国の援助機関の役割は，そもそも議論の対象にさえなっていない．貧困を撲滅する公共行動は，まずもって，その社会に内生的なものでなければならないという確信が，センの開発論の根底にあるといってもいいだろう[4]．

この問題には本章の末尾で立ち戻るとして，ここではアイリフの貧困論の検討を進めよう．アイリフはアフリカの貧困を説明する枠組みとして，フランスのヨーロッパ史家ジャン・ピエール・グトンによる**構造的貧困**（structural poverty）と**情況的貧困**（conjunctural poverty）の区別を採用している［Gutton 1971］．構造的貧困とは，個人的もしくは社会的な環境に起因する諸個人の長期にわたる貧困であり，情況的貧困とは，通常は自足的な人びとが危機によって突き落とされる一時的な貧困である．構造的貧困が日常的貧困であるとすれば，情況的貧困は非日常の破局的貧困だといってもよい．

すでに見たように，アイリフは日常的な貧困の2つの形態として，アフリカ型の土地豊富社会の貧困の型と，ヨーロッパ＝アジア型の土地希少社会の貧困の型を明確に区別した．しかし，アフリカの土地豊富社会は必ずしも固定的なものではないのであって，とりわけ20世紀後半の南部アフリカでは，土地希少＝人口過剰経済が徐々に姿を見せはじめている．そこでは労働できない者に加えて，土地をもたない者が，アフリカの文脈ではまったく新しい（アジア型の）構造的な貧困層を形成しつつある［Iliffe 1987：ch. 14］．アフリカの貧困が，「アジア型の世襲の構造的貧困」に近づいていくという流れである．

その一方，現代のアフリカにおいては，情況的貧困もまた大きく様相を変えつつある．ビアフラ，エチオピア，スーダン，モザンビークなどでの悲惨な事例を除くと，一般の印象とは違って，19世紀までのような大規模な死者をともなう飢饉は，20世紀後半以降のアフリカではあまり見られなくなっている．そのかわり，アフリカ全体としては，破局的な飢饉がそれほど頻繁に起こらなくなる反面で，極貧層の栄養状態が局地的に悪化するようになっている．いわば，「情況的貧困と構造的貧困が収斂する」という事態が見られるのである［ibid. 6, 225-29］．

注目しておきたいのは，このような議論の前提となる構造的貧困と情況的貧困の区分が，定義上というよりも事実上，センとドレーズが『飢えと公共活動』において示したケイパビリティ理論とエンタイトルメント理論の区分に相応しているということである．センとドレーズは，ケイパビリティの概念によって農村民の日常的な栄養不良と保健衛生・教育問題を扱い［Drèze and Sen 1989：ch. 2］，エンタイトルメントの概念によって農村民の食糧アクセスとその突発的, 破局的な機能不全としての飢饉を扱う［ibid. ch. 3］というふうに，両概念の守備範囲の分業を明確にしている．だが，ケイパビリティとエンタイトルメントという二重の概念装置を日常の貧困と非日常の貧困の分析に照応させるという手法に，本当に論理的な必然性があるのだろうか．この2つの概念の相互連関の問題を，現代アフリカの飢饉を扱う次の節で，もう少し詳しく論じてみることにしよう．

2. 飢饉，エンタイトルメント，ケイパビリティ

エンタイトルメント理論の再検討

センの飢饉論に対するアイリフの反応は歴史学からのものであった．ここで人類学からの反応を紹介したい．イギリスの人類学者アレクサンダー・デワールの問題提起は，センのエンタイトルメント理論のアフリカにおける妥当性を正面から問い直した現場からの批判として，きわめて重要な意味をもつ．デワールは1984-5年のスーダンのダルフールの飢饉を対象に迫力ある著作を発表した［de Waal 1989］．その内容については別の場所で紹介したことがあるので［峯1999：第6章 第2節］，本節では，センのエンタイトルメント理論をデワールが直

接的に批判した論文［de Waal 1990］の内容を検証することにしたい．

　デワールが提示した主要な論点は，以下の3つに要約できる．第1は，センは飢饉の犠牲者を，本質的に受動的な存在として描いているというものである．これに対してデワールは，アフリカにおける飢饉の犠牲者が，野生の植物を食用にしたり，水源や町に移動するなど，積極的なコーピング戦略を行使することを強調する．さらにアフリカの飢饉の犠牲者は，主体的に「飢餓を選択する (choose to starve)」こともある．デワールが調査したダルフールの牧畜民は，自分たちがいかに飢えようとも，けっして家畜には手をつけず，飼料や水を与え続けていた．南アジアの土地希少経済の貧困層は，アフリカの小農とは異なって一般に土地などの資産をもたない．ところが，アフリカにおける飢饉の典型的な犠牲者は，いかに貧しかろうと，土地や家畜などの資産を家族や共同体単位で保有する小農である．これらの自己保有財は，飢饉の打撃を和らげる緩衝財としても機能する．[5]

　センはエチオピア飢饉における牧畜民の飢餓を，交換エンタイトルメントの失敗の結果として描き出した．市場的諸関係はアフリカの各地に浸透しており，交換エンタイトルメントによる分析が重要な意味をもつ場所は広がっている．しかし，相対的に自足的な経済構造をもつ地域の飢饉においてより典型的なのは，初期所有財 (endowments) の崩壊である．こうした事態に直面するとき，アフリカ農村民の多数派である小農(小資産所有民)は自分たちの食糧摂取量を低下させてでも資産を防衛し，あらゆる代替策を使って飢饉の災禍を切り抜け，最終的に生業に復帰しようとするというのが，デワールが強調する点である．[6]

　第2の批判は，飢饉の分析にあたり，センは食糧のみに注目しているというものである．『貧困と飢饉』における飢饉の因果律は，「食糧エンタイトルメントの失敗→飢饉」というものである．すなわち，飢饉の犠牲者は食糧にアクセスできず，万策尽き果てて餓死する (starve to death) のである．[7]しかしデワールは，サヘル飢饉，エチオピア飢饉，ダルフール飢饉というアフリカの主要な飢饉の3つの事例を引きながら，飢饉の中心的な事実は疾病による大量死であったと主張する．インドの飢饉では生命を脅かす栄養不良が問題になる事例が多いのかもしれないが，少なくともアフリカの飢饉では疾病というファクターの方が重要である．飢饉は人間や家畜の移動と水源への集中を引き起こす．汚染された飲料水を飲めば，飢えている者も飢えていない者も，貧者も富者も，

第3に，デワールは，センの飢饉論には暴力の次元が入っていないと批判する．略奪などによる非法律的な財の移転（暴力によるエンタイトルメントの失敗）が視野から抜け落ちているというのである．暴力的な社会秩序の崩壊は，コーピング戦略さえ不可能にしてしまう．人びとは資源から強制的に引き離される．資産は失われ，社会内の請求権は失われ，市場は制御不能になり，移住先では野生の食糧にも水にもアクセスできない．とりわけ深刻な飢饉，すなわち「人を殺す飢饉 (famine that kills)」は，こうした事態の果てに勃発する．武装した勢力が住民を人質にし，飢饉を計算に入れ，諸外国の援助を政治的に利用することさえある．これは内戦下のスーダンで見られた構図であるが，アフリカに限らず，紛争や抑圧体制と密接に結びついた飢饉こそが同時代の典型的な飢饉の姿だと考えることもできよう．

　さらにデワールは，アフリカにおいては一般に市場が細分化されており，輸送手段や商業インフラの未整備とあいまって，需要がある場所に穀物が届きにくいという要素も指摘している．これは，センによるエチオピア飢饉の分析は穀物輸送への物理的障害などの供給上の制約を軽視している，というB.G.クマールの批判[Kumar 1990：183-84, 211-22]とも重なり合う．市場の細分化，輸送インフラや保健衛生インフラの未発達，そして小農の資産保有といった論点はすべて，アフリカの土地豊富経済の特質と深く関係している．人口に比して土地が広大な社会では，インフラ整備のコストがきわめて高くつく反面で，コーピング戦略の余地が拡大するのである．

保健衛生と暴力の次元

　セン理論の継承者シディク・オスマニは，上記のデワールの批判に対して体系的な反論を試みている．飢饉に直面した人びとが主体的に「飢餓を選択する」という第1の論点については，エンタイトルメント分析の時間軸を引き延ばし，飢饉の犠牲者が現在の飢えと未来の飢えという異時点間の選択の問題に直面していると解釈すること，すなわちエンタイトルメント理論の動態化によって処理できるとされる．未来の飢餓を避けようとすれば現在の飢餓を選択せざるをえないと考えるわけである[Osmani 1995：279-80；Sen 1981b：邦訳 80]．ある飢饉では現在の飢えを耐え忍ぶという選好の型が一般化する反面，別の飢饉ではそ

うならないのはなぜかを説明していく必要があるが，エンタイトルメント理論の防衛としては筋が通っている．

だが，疾病の重要性という第2の論点についてのオスマニの反論は歯切れが悪い．センのエンタイトルメント理論は，そもそも「飢饉の主因 (proximate cause)」のみを指し示すものであって，「飢饉のダイナミクス」を分析するものではないというのである．オスマニは，食糧の欠如による飢餓の広がりが主要な因果関係なのであって，疾病の流行はそこから派生するダイナミクスだと解釈することで，飢饉分析におけるエンタイトルメント理論の中心的な位置を防衛しようとする [ibid. 281-82 ; Osmani 1991]．これに対してデワールは，「飢餓主因論」は飢えと大量死の因果律を事実のなかに強引に読み込むものだと批判するとともに，飢餓の延長線上に飢饉をとらえる点において，センの飢饉観とマルサスの『人口論』の飢饉観の近さを指摘している [de Waal 1991]．

この問題は，センの飢饉論の枠組みのなかに保健衛生のファクターを組み込むことができれば解決するだろう．デワールは，保健衛生や教育を扱うケイパビリティの概念を飢饉分析に導き入れ，これを食糧エンタイトルメントの概念と統合させ，さらに日常の貧困と（急性または悪性の貧困としての）飢饉を連続するものとして捉える視角を採用するならば，センの理論はもっと首尾一貫したものになると提案した [de Waal 1990]．しかし，センとドレーズの『飢えと公共活動』 [Drèze and Sen 1989] においては，飢饉をエンタイトルメントの劇的な崩壊（非日常）に結びつけ，慢性的な貧困をケイパビリティの剥奪（日常）に結びつけるという構図のもとで，両概念のそれぞれの体系化が試みられている．そこでは，ケイパビリティ理論が保健衛生や教育の領域に関係づけられる反面で，エンタイトルメント理論はもっぱら食糧問題の領域に関係づけられるのである．両者が編集した『飢えの政治経済学』三部作の構成も，この区分を踏襲している [Drèze and Sen eds. 1990 a ; Drèze and Sen eds. 1990 b ; Drèze and Sen eds. 1991]．

しかし，エンタイトルメントとケイパビリティのそもそもの定義に立ち返れば，前者が非日常的な破局を，後者が慢性的な貧困を扱うという概念区分の必然性は出てこないし，ましてやエンタイトルメント分析が食糧論に特化すべきだという理由も考えられない．「個人が支配できる財の集合」としてのエンタイトルメントには，原理的に，保健医療や清潔な水といった非食糧エンタイトルメントも含まれるはずだからである [Drèze and Sen 1989 : 177-78]．

エンタイトルメント理論を駆使したセンの飢饉分析が「食糧バイアス」を残している理由としては，エンタイトルメントとケイパビリティが同時に提唱された概念ではなく，『貧困と飢饉』において食糧エンタイトルメントをめぐる堅固な理論を確立した後，その不十分性を補うかたちでケイパビリティの概念を練り上げていったという，セン自身の思考の深化のプロセスが関係しているのかもしれない．かりにセンに対するデワールの批判が数年早く提起されていれば，『飢えと公共活動』に結実した共同研究の構成そのものが，かなり違ったものになっていた可能性がある．現在の私たちには，エンタイトルメント理論を＜制度論＞，ケイパビリティ理論を＜主体論＞として位置づけ直したうえで，日常の公共行動のなかで飢饉＝破局を抑止する制度を築いていく視角が求められているのではなかろうか．[9]

デワールによる批判の第3の論点，すなわち飢饉における暴力の役割という要素についてはどうだろうか．デワールとオスマニの論争には，法とエンタイトルメント概念をめぐる興味深いやりとりが含まれていた．飢饉に襲われた牧畜民が隣の牧畜民を襲撃して家畜を奪うという事例は，襲撃する牧畜民にとっては自らのエンタイトルメントを確保もしくは回復しようとする法律外的行為であるが，襲撃される牧畜民にとっては自らのエンタイトルメントを剥奪される法律外的行為に他ならない[de Waal 1991]．ゲーム理論の「安全保障のジレンマ」を想起させるケースである．だが，エンタイトルメント理論は，自らのエンタイトルメントを拡張する法律外的行為を明確に考察の対象から外している．法律外的行為がエンタイトルメントに影響を与えることを容認してしまうと，行使する暴力の程度に応じて自らの初期所有財が無制限に膨張していくことになり，エンタイトルメントは定義不能に陥ってしまうからである［Osmani 1991]．セン自身，飢饉において略奪や強盗などの権限外移転が重要になる場合，エンタイトルメント分析は困難に直面すると明言している[Sen 1981b：邦訳 76]．だとすれば，暴力を伴う飢饉の様態は経済学と政治学を含む諸学の協働によって説明が試みられるべきテーマだということになるだろう．拡大エンタイトルメント（extended entitlements）の概念が有効性をもつのが，ここである．[10]

センの飢饉分析に対するアフリカ研究者からの批判の論点は，切実な現実を踏まえたものであった．デワールによる批判の後，センが飢饉における大量死の原因を語る際には，必ず疾病の重要性に触れるようになった（たとえばSen

[1999d：邦訳191])．センが巨大な知的権威となった今だからこそ，センの諸理論を神棚に祭り上げるのではなく，現場から建設的な批判を積み重ねていくことが重要になっているのではなかろうか．現実を偉大な理論にあわせてねじ曲げるのは本末転倒なのであって，理論は常に現場からの視線にさらされることによって豊富化していくからである．

3．地域比較の手法

喪われた女性たち

　飢える大陸としてのアフリカのイメージは，世界にすっかり定着した．だが，アフリカ大陸は，アイリフが考えたような博愛主義者の施しを待つ受動的な客体にすぎないのだろうか．アフリカに誇れるものはないのだろうか．アフリカは，アジアが抜け出した低開発の無間地獄で呻吟する永遠の劣等生なのだろうか．

　ここにおいてセンは，アフリカの側にしっかりと寄り添う．センはアフロ・ペシミズムと一線を画し，自立への道を歩むアフリカを激励し，それどころか自らの祖国インドはアフリカから学ぶべきだとさえ主張する[Sen 1988a]．こうしたセンの姿勢がもっとも鮮明に現れているのが，喪われた女性たち (missing women) をめぐる議論である [Sen 1990c; Sen 1999a：邦訳117-20; Croll 2001]．医学的・生物学的には女性の方が生存率が高く，平均寿命も長いので，社会の男女比をみれば女性の方が多くなるのが当然である．しかし現実の多くの途上国の貧困家庭では，医療も食べ物も男子が優先され，女子は後まわしにされる傾向がある．こうして女性の死亡率が不自然に高まり，統計的に女性人口が男性人口を下回るという異常事態が発生する．

　ところが，サブサハラ・アフリカにおける女性と男性の人口比は，途上国のなかでは例外的に，先進国の数値とさほど変わらない．そこでサブサハラ・アフリカの男女比を基準として，南アジア，中国，西アジア，北アフリカなど，女性人口が少ない他地域の女性の「不足分」を算出し，その総計を求めると，世界で1億人に近い数の女性が消えている計算になる．サブサハラ・アフリカには存在しないタイプの性差別のせいで，日本の人口に匹敵する数の女性が，アジアの各地で命を落としているのである．

アジアと北アフリカにおける男性人口と女性人口のおそるべき不釣り合いは，個々の女性のケイパビリティの剝奪の累積的な結果だと考えられる．センはすでに『財とケイパビリティ』の補論において，インドのミクロな家計調査を素材に男女比の不均衡の問題を扱っているが［Sen 1985 b：Appendix B］，広域的な比較論の領域になると拡大エンタイトルメントが重要になる．性差別を法理として明文化している国は（財産権などをめぐる暗黙の規定を除けば）まず存在しないだろうが，家庭内における食物や医療の偏った分配を正当化するような種々の社会的規範は，多くの国々で実際に強く機能しているからである．そこでは宗教や社会的慣習に加えて，社会的分業のあり方をはじめとする実物的な経済基盤の特質も考慮する必要がある．南アジアの場合と比べると，アフリカの女性が相対的に健康で，男性よりも死亡率が低くなっている有力な理由のひとつは，女性が生産労働に従事する割合が高いところに求められる［Boserup 1970］．

農業生産の主体としての女性の位置の重要性は，アフリカ史研究の世界でも確認されている．たとえば，大西洋奴隷貿易で栄えたアフリカ人奴隷商人は，利益があがる女性奴隷をアフリカ内部に隠し，ヨーロッパ人奴隷商人には男性奴隷だけを売りつけようとしたという．大西洋を渡った奴隷は男性2，3人に女性1人の割合だったとされるが，アフリカ内部の奴隷の価格は一般に女性の方が男性よりも高かった．よく働く女性奴隷の方が男性奴隷よりも資産価値が高かったのである［Robertson et al. eds. 1983］．

現代についてはどうだろうか．ストックホルム大学のペーテル・スヴェードベリ［Svedberg 1999 a；Svedberg 1999 b］は，人体測定学（anthropometrics）の方法による興味深い地域比較を行っている．世界の栄養失調人口の数と分布を特定するにあたって，FAO（国連食糧農業機関）は当該地域の食糧の生産と貿易から食糧供給量を割り出し，それを人口で割って一人あたりカロリーを計算する手法を用いている．そうすると，アフリカにおける栄養失調人口は人口全体の43パーセントと，世界最悪の数字が出てくる（表6-1の全般的栄養失調率）．

だが，自給農業が支配的で，耕地面積の計測が困難で，穀類の種類が多く，かつ混作や連作が盛んなアフリカでは，正確な食糧生産量を知るのは極端に難しく，したがってアフリカ人の4割が食糧不足に苦しんでいるという計算結果には相当な誤差が含まれている可能性がある．そこでスヴェードベリは，WHO（世界保健機関）が実施してきた子どもと成人女性の体格に関する標本調査デー

表 6-1 栄養状態の比較（アフリカと南アジア）

	サブサハラ・アフリカ	南アジア
全般的栄養失調率	43%	22%
低身長（乳幼児）	38%	60%
低体重（乳幼児）	30%	58%
低身長（成人女性）	3%	16%
低体重（成人女性）	20%	60%

(出所) Svedberg [1999b].
(注) 子供は0-5歳，成人は15-49歳．データはFAO，WHOなどの国連機関の1990年代の各種出版物からとられている．成人女性の場合，低身長は145センチ未満，低体重は45キロ未満．全般的栄養失調率と身長・体重の計測結果とでは，基礎データも算出の方法もまったく違うことに注意．詳細な議論についてはSvedberg[1999a]を見よ．

タを使って，子ども，女性それぞれの体格を地域にまたがって比較してみた．その結果が表の下半分である．南アジアの女性と子供の栄養摂取には大きな問題がある反面，アフリカの女性は性的バイアスから相対的に自由であることがわかる．南アジアにおける子ども（乳幼児）の栄養不良には，母親の栄養状態が大きく関係しているとされる．個人の人体測定結果にもとづいて栄養状態を計るこの手法は，食糧の総供給量によって人びとの栄養状態が決定されるというFADアプローチに対する批判と，貧困の計測における生物学的アプローチの再評価 [Sen 1981b : 邦訳 16-20] という，センが『貧困と飢饉』で展開した二重の論点を意識的に現場に適用したものである．

「アフリカの飢餓」と言われる問題には誇張があること，アフリカの女性の栄養状態が南アジアと比べて良好であることがわかった．だが，南アジアと比べると，アフリカは保健衛生面での遅れが目立つ．2000年の乳幼児死亡率は，南アジアが1000人あたり68人であるのに対して，アフリカは107人に達する．アフリカ人の平均余命は49歳であるが，これは南アジアの62歳よりもかなり低い [UNDP 2002]．アフリカ人の死亡率が高い直接の原因は栄養不良ではなく，感染症の脅威である．保健衛生インフラの整備には分散した村落を越えた政府レベルの介入が不可欠であるが，アフリカ諸国の政府は効果的な介入に失敗してきたのである．

いずれにせよ，アフリカは必ずしも貧しくない．南アジアと比べたとき，ア

フリカでは女性の栄養状態が良好だという観察結果，そしてアフリカでは人びとの栄養状態よりも保健衛生が問題だという観察結果は，「アフリカでの農村滞在中には伝染病や下痢に気を遣うが，飢えが一般的だとは思えない」「アフリカでは女性たちが農作業に従事する姿をよく見かける」という旅行者の実感にも符合する．

　このことの政策的インプリケーションは大きい．スヴェードベリは，少なくともアフリカにおいては，希少な開発資源を投下する対象として，食糧増産よりも保健衛生セクターの充実を優先させるべきかもしれないと結論づけている．アフリカの飢饉における死者の多くは餓死ではなく病死したという，前節で検討したデワールの論点からも，保健衛生セクターの重要性は明らかであろう．先進諸国が「援助疲れ」を見せるようになった現在，対アフリカ援助の重点領域は，投入した開発資金を十分に回収できない生産セクターへの有償資金協力から，保健衛生などの人道部門に限定した無償資金協力へとシフトしつつあるが，こうした動きにも合理的な根拠がないことはないのである．[11]

　しかし，農業セクターを放置し，国外からの無償資金協力に依存して保健衛生セクターの改善を進めるというアプローチは，いささか短絡的である．外部資金に依存する公共支援の改善には，本質的に持続性が期待できないからである．アフリカのなかでも特に天然資源が欠落する国々の場合，公共支援を持続させる内部的な貨幣的資源＝税収の源泉として，農業セクターは基軸的な重要性をもつ．在来技術を重視するにせよ，新品種の導入や灌漑を重視するにせよ，農業セクターの生産性向上と商業化なくして，アフリカにおける持続的な所得水準の向上はありえない．人びとの生活の質を改善する道として，センが，スリランカやインドのケーララ州，中国などの公共支援主導型 (public-support-led) プロセスに加え，韓国などの成長媒介型 (growth-mediated) プロセスの意義を認めているのも，この論点に関係する．一人あたり GNP の拡大は，それ自体が目的ではないにせよ，人びとのケイパビリティの改善のための重要な「機会」を提供するのである [Drèze and Sen 1989 : ch. 10]．

　手段と目的の，そして長期的課題と短期的課題の相互連関を理解するところから，開発政策における戦略的発想が生まれてくる．保健衛生分野における公共支援を通じた個々人のケイパビリティの十全な展開をアフリカ開発の最重要の目標のひとつに設定するとしても，そのための財政的手段が長期的に持続可

能なものにならない限り，目的の実現を未来の世代にわたって永続化させることはできない．そのような意味でアフリカの農業近代化には，食糧安全保障の実現や有機的な農工連関の実現といった直接の意義に加えて，手段としての価値 (instrumental value) があると考えることができる．[12]

アフリカと南アジア

アフリカと南アジアを単一の基準から比較して，どちらが進んでいる，もしくは遅れているということはできない．HDI (人間開発指数) のランクづけをみると，173カ国中の下から27カ国を，アフリカの貧しい国々が独占している [UNDP 2002]．だが，インドの人口は約10億，アフリカの人口は約8億であるから，一国の平均値として現れるインドの貧困の指標 (HDIランキング124位) を州や地域ごとに分割＝脱集計化して，アフリカの国々と比較する作業も正当化されよう．そうやってインド内の貧困地域とアフリカ内の貧困国を比較すると，どちらも同程度に貧しく，スヴェードベリの結論と同様に，アフリカよりもインドの方が平均寿命が長いが，アフリカの方が栄養状態がよいという一般的パターンが見られることを，センは確認する [Sen 1999b：邦訳 112-7]．

貧困の様態は同一ではない．ある地域で達成できていないことを，資源の極度の制約のもとで他の地域が達成できているとしたら，その理由を実践的に考究することには少なからぬ意義があるはずである．すでに見たように，『貧困と飢饉』におけるセンは，エンタイトルメント理論を通じてインドとアフリカにおける飢饉の構図の同質性を照らし出した．だが，その次の段階においてセンが練り上げていった地域比較論，とりわけ『飢えと公共活動』で提示された実践的な飢饉防止論では，地域の貧困の様態の大づかみな対照と相互学習という論点が以下の2点について展開されている．

第1は，民主主義論である．ここでは，飢饉を防ぐうえでの民主主義の手段としての価値が強調される [Sen 1984b；Sen 1994a；Sen 1999b：邦訳 56, 172-73, 202-8；Drèze and Sen 1989：ch. 11]．センは，独立後のインドでは一度も大規模な飢饉が起きなかったことを強調する．インドにおいて飢饉の効果的な防止に貢献したのは，独立した野党とマスコミの活発な政府批判であった．飢饉のような「スキャンダル」が発生すれば与党は政権から追われざるをえないため，政府は本腰を入れて飢饉防止に取り組むことになる．これとは対照的に解放後

の中国は，大躍進の時期に3000万人ともいわれる飢饉の犠牲者を出した．いくつかのアフリカ諸国も独立後に大飢饉を経験している．これらの悲劇は，中国とアフリカにおける多元的民主主義の欠如と関係づけられる．

インドの民主主義を誇るセンは，返す刀で，インドの農村において慢性的な貧困が放置されている事態を嘆く．常態化した貧困はいまさら新聞や野党の争点にならないのである．これに対して社会主義中国の農村部の公共政策は，貧農の生活水準の底上げに大きく貢献した．そしてアフリカの農村社会も，世界の通念ほどに貧しいわけではないし，そこでの女性に対するバイアスはインドよりもはるかに弱い．センによるインドと中国の対照の論理 [Drèze and Sen 1989 : ch. 11] と，インドとアフリカの対照の論理 [Sen 1988 a] は，パラレルのものである．その延長線上に中国とアフリカを対照させれば，中国については政策的介入による農村社会の平等化が，アフリカについては社会のインフォーマルなメカニズムによる農村社会の平等化が機能してきたということになるだろう．

第2は，飢饉対策における市場メカニズムの利用という論点である．これについては，インドとアフリカの経験が真正面から対比される．飢饉対策というと，援助機関やNGO，政府機関が被災地に入り，飢える人びとに食糧を直接分配する方式が頭に浮かぶが，そうした「供給介入型」の救援活動の効率性は低い．センとドレーズは，潜在的な被災地で迅速に公共事業を組織し，労働を提供した者に現金を支給することで住民の購買力を下支えするという「需要支持型」の方法を提唱する．政府が供給に介入しなくても，あとは民間商人が競って穀物を運び込むだろう．実際にインドで成功を収めてきたやり方である．前節で検討したような市場の細分化，輸送インフラの未整備といった問題を考慮するとき，こうした需要支持型の飢饉対策がアフリカのすべての場所で適用可能かどうかについては疑問が残る．しかしドレーズとセンは，ボツワナ，ジンバブエ，カボベルデといった国々はインド型の飢饉対策を採用し，実際に成功を収めてきたと報告する [Drèze 1990 b ; Drèze and Sen 1989 : ch. 8]．

アフリカもインドも一枚岩ではない．地域の特性を大胆に比較しながら，それぞれの内部の矛盾した諸力に注目していくというのが，センの脱集計化の方法論である．センの「協力を含んだ対立 (cooperative conflicts)」という概念は，利益の衝突と一致が共存する状態，すなわちジェンダーや生産関係における相

互依存的な敵対関係，あるいは敵対的な相互依存関係を叙述するものである
[Drèze and Sen 1989 : 11-12]．事物の運動を矛盾の同一性と闘争性の相において
つかみ，ミクロな矛盾の累積として大きな矛盾が生み出されていくダイナミク
スを見る．このようなセンの構え方は，『矛盾論』において毛沢東が展開した弁
証法の論理を想起させるものである[13][毛 1937].

おわりに

アフリカの農村や都市の各地で人口圧力が高まり，貧困の構造化が見られる
ようになってきたことは間違いない．未来のアフリカ大陸の姿は，現在のイン
ド亜大陸の姿に徐々に近づいていくのかもしれない．しかしセンは，同時代の
インドの貧困の複雑な諸相を明確に意識化しているからこそ，人口構造の移行
それ自体を素朴に肯定したりはしないし，西欧型モデルとその派生形態への収
斂を暗黙の前提とする制度進化の礼賛に与することもない．センは異なる地域
における異なる貧困のパターンを対照させるが，それをもって，種々の経済に
優劣をつけようとは決してしないのである．少なくともアフリカの大部分の場
所においては，南アジアなどに匹敵するような，人間を永続的に縛りつける身
分制度は存在したことがなかった．

市場制度の生成プロセスと同じように，文化的・社会的・政治的諸制度の変
化のプロセスもまた，低次から高次への発展段階論の枠組みにおいてとらえら
れることが多い．しかし，あらゆる社会の現存する制度は，外的な諸力と内的
な諸力の歴史的相互作用の結果として成立したキメラ的複合体である．センは
インドの文脈において，勃興するヒンドゥー至上主義には，西欧に発するオリ
エンタリズムをインド人自身が内面化した結果という側面があることを指摘す
る[Sen 1993 d ; Sen 1997 b]．この観点は，アフリカにおける農村の慣習法の世界
（「伝統」的制度）と都市の市民社会（「近代」的制度）の二股の分裂が，植民地支配
の渦中でコインの表裏として生成していったとする，ウガンダのインド系知識
人マームド・マムダニの議論と響きあうものである[Mamdani 1996]．アフリカ
における男性優位が植民地宗主国による「近代化」介入とともに強化されたと
いう，ボズラップの論点を想起したい．[14]

現代の最先端の開発経済学の世界では，センのエンタイトルメント／ケイパ

ビリティ理論と，(アフリカの文脈ではとりわけダグラス・ノースの影響を受けた)新制度派アプローチが併存し，それぞれが影響力を競い合っているのが現状である[絵所 1997：232-34]．これらの2つのアプローチは今のところほとんど没交渉だが，双方の方法論には潜在的に深い亀裂がある．新制度派はアフリカ開発研究に長期的な経済史の視点を導入することに成功したが，合理性の御旗の下で単線的な歴史法則主義へと収斂していく傾向は否めない．これとは対照的に，センは徹底的に決定論から距離を置き，制度の可塑性に賭け，公共的な集団行動の可能性に寄り添おうとする．主体的な公共行動に対するセンの信頼は，外的環境の変更可能性を等閑視するネオダーウィニズムへの力のこもった批判のなかに，十全に現れている[Sen 1993a]．センの公共行動論とハイエクの自生的秩序論が決定的に対立するのも，ここである．

　センが営々と構築してきた飢饉論，エンタイトルメント理論，ケイパビリティ理論の視角は，開発研究の土俵を着実に押し広げてきた．インド亜大陸から発信されるセンの思想は，アフリカへ，東アジアへと波紋を広げていく．20世紀末に確立したセンの開発に対するアプローチは，21世紀における新しい「南からの開発の政治経済学」の誕生を予告するものだといっても，決して過言ではあるまい．センが切り開いた地平を引き継ぎ，地域の固有性と普遍性が交錯する地点において，開発研究のフロンティアを共同で探求していくことが，私たちに課された責任である．

注
1) 本章は，峯［1999］の第6章とエピローグでとりあげた議論を縮約し，新たな論点を追加して練り直したものである．直接関連する論考として黒崎・山崎［2000］も参照されたし．
2) センは，『不平等の再検討』において，ジョン・ロールズの「正義の政治的構想」の部分性を批判する文脈で，1973年のエチオピア飢饉に際して救済策をとらなかった皇帝ハイレ・セラシエの言葉を引用している．「富はつらい労働によって獲得されるべきものであり，働かない者が飢えるのだということを，われわれ政府は論し続けてきた」［Sen 1992b：邦訳120］．社会的選択にかかわるエチオピア皇帝のこの評言は，格差と不平等を容認する立場，飢饉の犠牲者が社会の連帯を求めることを否定する立場の表明として引用されているのだが，労働せずに飢える者に対して政府が手を差し伸べる必要はないという倫理のアフリカ的な文脈は，アイリフの議論に照らして考えてみると理解しやすい．

第6章　現代アフリカ研究とセン　*173*

3) 前近代社会における典型的な「底辺」は奴隷である．ここで，前植民地期アフリカの奴隷制は固定的な階層制度ではなかったことに注目しておきたい．土地豊富社会アフリカでは，希少な労働力は重用され，孤児や戦争捕虜，他の共同体からの逃亡者，追放された者，犯罪人などが，入れ替わり立ち替わり奴隷の列に加わった．ところが，資産としての奴隷たちは，数世代かけて，あるいは本人が生きているうちに受け入れ社会に統合されていったことが，種々の歴史実証研究によって示されている [Kopytoff and Miers 1977].

4) 絵所［2001］は，インド経済研究とアフリカ経済研究の流れを対比させながら，インドの経済学研究にみられる強靭なナショナリズムの存在に言及している．脱植民地期のアフリカもまた民族主義やパンアフリカニズムを掲げる高潔な政治家を排出したが，この大陸が経済主権の意識をもつ政策研究者を層として生み出してこなかったのは事実である．このことは，アフリカでは広域的な中央集権国家を運営する歴史的伝統が浅かったこと（すなわち国民国家の「若さ」）と関係しているのかもしれない．

5) アフリカでは，家畜や農具は家産であるが，土地は首長の権威のもとに共同体が保有し，家族は用益権を保証されるという形が一般的である．したがって，個々の家族が勝手に土地を処分することはできないことに注意する必要がある．独立後の土地所有の形態は様々で，タンザニアのように国有を原則とするところから，ケニアのように私有を原則とするところまであるが，後者でも実態として土地が自由に売買されているとは限らない．土地所有はアフリカ経済の制度分析にあたって重要な論点であり，さらなる研究が待たれる．邦語の基本文献として吉田［1997］を参照．

6) 高橋［2001］は，センの『貧困と飢饉』の書評において，アフリカでは近代国家成立のはるか以前から「貧困を飢餓に，飢餓を飢饉に発展させないための何らかの共同行為や制度が育まれてきた」ことに注目し，「非国家，非市場レベルでのエンタイトルメントのあり方と人びとの生存戦略を正当に評価，把握することが不可欠である」と説いている．

7) hunger は「飢え」あるいは「ひもじさ」を表す一般的な言葉であり，starvation は「飢餓」，すなわち餓死の前段階としての強烈な飢えを表す言葉である．starvation には時間と場所が限定されるというニュアンスも感じられる．この starvation が深刻化して大量死に結びつくときに famine すなわち「飢饉」が発生するというのがセンの理解であり，デワールが批判するポイントである．

8) しかし，飢えによる肉体の抵抗力の低下は，飢饉に伴う疾病の症状を重篤なものにするかもしれない．一般的には，疾病が栄養状態を悪化させ，栄養不良が免疫力を弱めるという悪循環の因果律が認められる．ただし，これは病気の種類によるのであって，ペスト，天然痘，チフス，黄熱病，破傷風，エイズといった伝染病については，栄養状態と罹患率・死亡率の因果関係は弱いと考えられている [Dasgupta 1993：405-8]．なお，デワールが分析したダルフール飢饉の場合，被災者の主要な死因として記

録されているのは下痢による脱水症状，麻疹，マラリアなどであり，死者の過半数は抵抗力が弱い1歳から4歳の子どもであった．家計の貧しさと死亡率のあいだには，有意の相関関係は認められなかった [de Waal 1989: ch. 7]．ダルフール飢饉の被害が集中したのは，経済的に困窮する特定の社会階層ではなく，基礎体力が弱い特定の「年齢層」だったということであろう．

9) ケイパビリティの概念を精緻化しつつあった時期のセンは，エンタイトルメントとケイパビリティの両概念を，前者の拡大が後者の拡大を保証するという構図で明快に関連づけたことがある [Sen 1984b: 497]．なお，日本語訳があるデヴルーの『飢饉の理論』[Devereux 1993] は，飢饉に対する社会の脆弱性を重視し，さらに政治や国際関係と飢饉の関連に着目している．このデヴルーによる最近のセン批判 [Devereux 2001] は，共同体的土地保有によるエンタイトルメント関係の「不明瞭化」という論点を除けば，デワールが提示した3つの論点と重り合うものである．

10) 拡大エンタイトルメントとは，法に準ずる機能を果たす規範あるいは正統性(legitimacy)によって保証されるインフォーマルな諸権利に対応する概念である [Drèze and Sen 1989: 10-11]．人類学が広い意味で法学の一分野であること，エンタイトルメントが原理的に法的権利にかかわる概念であること，西洋近代法と慣習法という植民地時代の遺物にアフリカ社会が今でも引き裂かれていることを考えると，人類学とエンタイトルメント理論のアフリカを舞台とする協働にも期待できる．なお，デワールにはもうひとつ，より一般的なアフリカ飢饉論があるが [de Waal 1997]，1989年の著作ほどの理論的な切れ味はない．

11) 乳幼児の死亡率は経口水分補給や予防接種の普及によって劇的に低下することが知られているが，これらの手段は比較的安価であり，「赤ん坊の命が救われる」という対外広報のイメージも強烈である．国際援助機関が食糧問題から公衆衛生問題へと課題の力点をシフトさせつつある背景には，そうした事情があると考えることもできる．ただし，乳幼児向けの公衆衛生を過度に重点化する政策は，本文で述べる問題点に加えて，学齢期以上の子どもの栄養状態の改善を軽視するという負のバイアスを内包しがちである [Dasgupta 1993: 95-96]．

12) アフリカにおける食糧供給の構造的制約条件を明快に論じた Platteau [1990] は，ドレーズとセンがとりまとめた共同研究の一環として書かれたものだが，エンタイトルメント／ケイパビリティ理論との接点は少ない．FAOの農業生産統計には大きな誤差が含まれるにせよ，長期的な時系列で比較すればトレンドはわかるだろう．平野[2001]を見よ．開発における農業セクターと非農業セクターの優先順位をめぐる議論については，双方のバランスを追求することの意義を説いたルイスの立論に立ち戻りたい [Lewis 1955]．

13) 主流の常識的なポジションに対して反主流の意外なポジションを提示することで二項対立的な選択状況をつくりだし，自らは後者の側に肩入れしつつ，二元論を超えた高

次元の合意を目指していくという戦略は，センがよく採用するスタイルである．経済自由化以前の中国共産党の農村政策に対してセンが一貫して高い評価を与えてきたことを考えると，センの論理と毛沢東の弁証法の論理に親和性があるという構図も理解しやすい．ヴィクトリア時代風のお堅い道徳家としての横顔も，時流に抗する第三世界主義者としての横顔も，どちらもセンの実像だと考えられるが，セン理論を継承する人びとのあいだで，将来は「セン右派」と「セン左派」の両極分解が見られるようになるかもしれない．

14) 前植民地期のサブサハラ・アフリカにおいては，男性が開墾時の木の伐採，狩猟，近隣集団との戦争などに従事する反面，女性は家事労働に加えて農耕の力仕事の大部分を引き受けてきた．ところが，人口増加と植民地支配のプロセスとともに，この構造は徐々に変質していく．男性が出稼ぎ労働に引き抜かれたところでは，残された女性が食糧生産への関与を強めるという形で既成の性別分業が強化されたものの，食糧生産性は低位のまま放置された．ヨーロッパ人は自然条件がよいところでは商業農業を奨励したが，その場合に技術移転の対象として選好されたのは男性ばかりであった [Boserup 1970：16-24, 31-35, 53-64, 85-89, 92-95]．

第7章 センとジェンダー：構築的普遍主義へ[1]

はじめに

　2002年9月,『アマルティア・センの仕事と思想についてのワークショップ：ジェンダーの視角から』と題する,センを囲むワークショップが,オックスフォードで開かれた[2]．当初『センをジェンダー化する』という名称も考えられていたというそのワークショップには,社会選択理論,哲学,家計経済,開発経済,経済史,など様々な領域の研究者が一同に会し,それぞれの報告に対してセンのコメントと活発な議論が行われていた．センの仕事のほとんどが,後述するようにジェンダーに関わる内容を持っていることを考えれば,当然ではあるが,特記すべき背景としてはフェミニスト経済学と呼ばれる潮流の隆盛をあげることができる．

　本章の課題はアマルティア・センの仕事をジェンダーの視点から紹介することである．この課題に以下のような手順で応えていきたい．第1にフェミニスト経済学と呼ばれる潮流について紹介をする(第1節)．これを最初に持ってくるのは,本章の読者は,センの仕事の全体像については本書他章によって接近可能であるけれども,フェミニスト経済学についてはあまり知識がないという想定による．第2に,アマルティア・センの仕事とフェミニスト経済学とが,いくつかの点で共通の課題を提起していることを示す(第2節)．第3に,フェミニスト経済学はじめジェンダー研究がセンのアプローチを使う場合の留意点といくつかの批判(第3節),第4に,センのアプローチにとってのジェンダー研究の含意について述べたい(第4節)．

1. フェミニスト経済学とジェンダー[3)]

フェミニスト経済学とは何か

　1960年代からのいわゆる第二派フェミニズムは学問の領域でも，様々な問い直しを誘発した．それらは多くの学問分野で従来の学問の「普遍性」「客観性」が実際には男性中心主義的バイアスのかかったものであることを暴いたが，このような事態は経済学では起こらなかった．

　それではこの時期，経済学ではどのような動きがあったのだろうか．皮肉にも他の社会科学・人文科学で学の問い直しが行われていたとき，経済学の分野では，「合理的経済人」が合理的選択理論や新制度派などの形をとって，従来の経済学が対象としてきた領域（＝市場）をこえ，社会のあらゆる領域を説明しようとしていた．この時期の経済学と女性との関わりで特筆すべきことは2つある．1つは，G. ベッカーを嚆矢とする新家庭経済学（New Home Economics）であり，もう1つは家事労働論争である．前者は「合理的経済人」の家庭への拡張であった．[4)]後者の家事労働論争はイタリアの女性解放運動「ロッタ・フェミニスタ（Lotta Femminista）」のスローガン「家事労働に賃金を」に端を発し，主にマルクス主義フェミニストたちによって議論された．これはその後2つの仕方で経済学と関連した．1つはその後の論争がマルクス主義経済学者たちによって主に担われたことである．英語圏ではマルクス主義経済学自体が経済学の中で周辺化されていたこともあって，経済学の主流にはほとんど影響を与えなかった．もう1つは，家事労働の問題は1980年代に入って国連などの国際的機関でのアジェンダとして地位を得るにいたり，それを通じて，統計や開発にかかわる経済学者の一部に影響を与えた [ex. Waring 1988]．ただしこれが（経済学一般はもとより開発経済学のような分野でさえ）理論や学の枠組みに影響を与えるには至らなかった．

　ともかくいずれも他の学問領域でフェミニズムが起こしたような変化を経済学にもたらすことは出来なかった．前者（新家庭経済学）はむしろフェミニズムの見地からは承伏しがたいものであったし，後者（家事労働論争）は周辺化された．とはいえ非経済的な「女性の領域」と考えられてきたものが，経済学の対象として議論されたことは，必要な前史だったといってよいだろう．ともかく女性

に言及する経済学の文献は'70年代に増加し始め,非経済学者やラディカル・エコノミストによる批判も起こりつつあった.

フェミニスト経済学が公然と姿を表すのは,'90年代に入ってからである. 1989年-90年にかけてのアメリカでのフェミニスト理論と主流派経済学の関係についての議論をもとに,1993年に『経済人(男)を超えて:フェミニスト理論と経済学』[Ferber and Nelson eds. 1993]が出版される.これはフェミニスト経済学の最初の出版物といってよい.ヨーロッパでは'93年にアムステルダムで会議「周辺から飛び出して:経済理論へのフェミニストの視角」が開かれ,その内容も出版された[Kuiper and Sap eds. 1995].この間1992年に「フェミニスト経済学国際学会(International Association for Feminist Economics, IAFFE)」が設立され,第一回国際会議が開かれた.'95年には学会誌『フェミニスト経済学(*Feminist Economics*)』が創刊された.

これらの動きがフェミニスト経済学と呼ばれているが,経済学理論においては新古典派,制度派,マルクス派,ポスト・ケインジアン,ラディカル派[久場1999],フェミニズム理論においてはリベラル,ラディカル,マルクス派,分離派,差異派[足立1999],といった多様な潮流からの参加者がみられる.そしてジェンダーのみならず,人種,階級といった線引きにも関心をもっている[久場1999].このようにフェミニスト経済学といっても単一のものではなく多様であるが,足立[1999]によれば以下のような認識が共有されているという.第1にジェンダーによる差別・抑圧と,それに経済的基盤が存在することを認める.第2にその問題を経済学内部の問題として分析する.第3に,その過程で,経済学が前提としてきたことを問い直し,根本的再考をうながす.つまりなにより新古典派を問う,あるいは再-理論化するものとしてフェミニスト経済学は立ち現れたのであった.

J. A. ネルソンによれば,主流派の経済学は「何が価値のあるものかについての男性のバイアスのかかった概念」のまわりにうち立てられたものである.彼女はジェンダーを「非生物学的な現象を生物学的な差異化の身体的経験と比喩的に連結するもの」[Nelson 1996:5]と定義する.そして男性性/女性性の区別が,他の様々な特性や質の二分法と比喩的に結びつけられていることに注目する.例えば「合理的」=「男性的」,「情緒的」=「女性的」といった結びつきのことである.そして男性性/女性性のヒエラルヒーがこれらの二分法にも持ち込

まれ，一般に男性性に結びつけられる特性や質が価値あるものとされる[Nelson 1996 : ch. 1]．

そして経済学にもこれらのジェンダー関係が反映されているという．男性性に結びつけられる領域や方法が，学問の中心的枠組みを形作る一方，女性性に結びつけられる領域や質は周辺化されてしまっていると主張する．例えば「合理的経済人」の仮定や，市場中心の経済学のあり方などは，ジェンダー・バイアスによって説明されうる．そして新古典派のパラダイムに挑戦した多くの試みが成功してこなかった理由の1つとして，ジェンダー・バイアスを認識していなかったことをあげている [Nelson 1996 : ch. 2]．

「合理的経済『男』」を超えて

そしてもし第二派フェミニズムの展開を段階的ないし進化的に捉え，それをフェミニスト経済学に当てはめるということができるなら，現時点での到達点は，ポスト構造主義の立場から書かれた『フェミニスト経済学：合理的経済人（男）の男性性を問いただす』[Hewitson 1999]であろう．

フェミニスト経済学の最初の本（[Ferber and Nelson ed. 1993]，以下『超えて』と表記），そして到達点の本がともに「合理的経済人」を問題にしていることは偶然ではない．新古典派経済学のもっとも基本的な前提はまた，その男性中心的な体系の中心でもあるからだ．それのことはまず，「合理的経済人」が「男」である (Rational Economic MAN!) ことに象徴的に現れている．女性について特定のトピックとして議論されることはあっても，「経済問題の『一般的な』議論」において女性がでてくることはないことをさして，FerberとNelsonは「『経済男』の世界」と呼んだ [ibid. 1993 : 4-5]．

『超えて』においてこの点についてまとまった議論を展開しているのはイングランドの論文「分け隔てられた自己：新古典派の諸前提における男性中心主義的バイアス」[England 1993]である．彼女は「合理的経済人」は「分け隔てられた自己 (separative self)」であるといい，その特徴を以下の4点にまとめる．第1に効用の個人間比較が不可能とされていること．第2にひとの嗜好が外生的で不変とされていること．第3に市場では利己的に行動するとされていること．第4に家庭では利他的に行動するとされていること[ibid. 1993 : 37]．そしてこれらを批判することはフェミニズムの助けを借りなくてもできるし，現にされて

きたとして，センなどに言及する．そのうえでフェミニズムによらない批判は「ジェンダーが社会的に組織されてきたあり方は，人間の経験のどの部分が新古典派のモデルの外に置き去りにされてきたかと，大きく関係する」[ibid. 1993：38] ことを無視してきたという．

そしてフェミニズムについてイングランドは，大きく2つの潮流があるという．1つは従来男性が中心であった領域にたいして，そこでの女性の排除の機構を問い，参入を図っていくもの．もう1つは従来女性が中心であった領域の価値が貶められていることを問うもの [ibid. 1993：38-39]．これはいわゆる「保護か平等か」あるいは「差異か平等か」といった対立を彼女なりにずらし，捉え直したものに他ならない．容易に見て取れるように，前者がアファーマティブ・アクション (Affirmative Action) 的政策ないし戦略に，後者がコンパラブル・ワース (Comparable Worth) 的政策ないし戦略に対応する．そしてこの両者は通常の解釈と異なり，矛盾しないと述べる．そのうえで後者の立場は，「古典的自由主義が男たちのために呼び出した，つながりや共感のない自己に基づいてモデル化された自己（男のためであれ女のためであれ）を賛美するようなフェミニスト」[ibid. 1993：40] とは対立するという．ここで彼女は「分け隔てられた自己」に「他者に情緒的につながった自己」を対置する．

さてここまでフェミニストの合理的経済「男」批判をみてきた．フェミニストによる合理的経済人仮説への批判そのものは，先述のように現時点ではポスト構造主義に基づくものへ進んでいるが，本章では立ち入らず，以下ではフェミニスト経済学とセンとの関わりをいくつかのトピックに則して見ていく．

2．共通の課題

相互依存性の把握

前節で述べたように，フェミニスト経済学の主張の核心には「合理的経済人」に対する批判がある．その1つの理由は，そこでは人と人とのあいだの相互依存 (interdependence) が捨象されてしまうことにあるとされる．相互依存の捨象への批判はまた，ひとりフェミニスト経済学だけではなく，フェミニズム一般の主張でもあった．

センのリベラル・パラドックスの含意の1つとして，社会選択理論に相互依

第 7 章　センとジェンダー：構築的普遍主義へ

存を導入する重要性をあげることができる（リベラル・パラドックスについては第 2 章参照）．このよく知られたパラドックスは実は，他者の選択に関する選好を含む場合のみに起こりうる．もし自分自身の利益のみに関心を持つ完全に分離された個人を想定した場合には，パラドックスは生じない（[Peter 2003]．本小節以下は著者の同意のうえ同論文に依拠している）．この点でこのパラドックスの前提自身が，完全に分離された自己という人間像から既にはみ出したものになっていることは注目に値する．セン自身「複合的な相互依存」の存在を前提としなければならないことを強調している [Sen 1986 e]．

　リベラル・パラドックスにおける相互依存について，より深く考えるために，センの『チャタレイ夫人の恋人』による説明から離れて，F. ピーターの提供する別の例示を紹介する．

　チョコレートのひとかけらがあり（分割できないと想定しよう），アンソニーとジーナがいる．ここでこのチョコレートをアンソニーが食べるという選択肢を a,ジーナが食べるという選択肢を b, どちらも食べないという選択肢を c とする．アンソニーはチョコレートがジーナの健康に良くないと信じていて，このことについては何度も彼女に説明してきた．彼は彼女がどんなにチョコレートが好きか知っているので，自分が食べてしまうよりは，誰かにやってしまう方がむしろよい．従ってアンソニーの選好順序は，(c, a, b) である．ジーナはチョコレートが自分の健康に良くないとは思っていない．チョコレートは大好きだけれども，アンソニーが欲しいのであれば，譲ろうと思っている．従ってジーナの選好順序は，(a, b, c) である．ここから先は『チャタレイ夫人の恋人』の場合と同じである．この例では，アンソニーのジーナの健康を気遣う気持ち，そしてジーナのアンソニーにチョコレートを残したいという気持ちが重要な位置を占めている．第三者がアンソニーにチョコレートを割り当てる場合と比較してみればよい．

　もう 1 つ別の例をもピーターは考える．今度はアンソニーはジーナの兄だという設定である．ジーナはいつも最善のものは兄のアンソニーのために残しておくように育てられ，アンソニーの方は妹のジーナのことなど考えず，自己中心的に育ったと考えよう．アンソニーがチョコレートを食べたくはない時，別の日のために取っておこうとか，友人にあげようとは思っても，妹のために残しておこうとは考えない．このとき彼の選好順序は先の例と同じく，(c, a, b) で

ある.ジーナの選好もやはり先の例と同じく,(a,b,c)である.この場合選好の形成そのものの是非を問う声もあるだろう(適応的選好形成)[5].

いずれにしてもセンの提起したリベラル・パラドックスの含意の1つとして,相互依存性を無視することができないという点を指摘することができる.

行為主体[6]

相互依存性の問題は,利他主義の問題と接続している.センは従来「利他主義」として一括して考えられてきた行動を「共感 (sympathy)」と「コミットメント (commitment)」という2つの概念に分けて提示する.ここで「共感」とは他者への関心に基づく行動が,直接に自身の厚生に影響を及ぼす場合である.これに対し「コミットメント」は他者への関心に基づく行動が,「その人の手の届く他の選択肢よりも低いレベルの個人的厚生をもたらすということを,本人自身が分かっている」[Sen 1977:邦訳 134]場合である.「共感」は外部性として処理することができるが,「コミットメントは現実的な意味で反-選好的な選択を含んでおり,そのことによって,選択された選択肢は,それを選んだ人にとって他の選択肢より望ましい(か少なくとも同程度に望ましい)はずだという根本的な想定を破壊する.そしてそのことは,[経済学の]モデルが本質的に[これまでとは]異なった仕方で定式化することを要求する」[Sen 1977:邦訳 136].

「合理的経済人」においては「人間は単一の選好順序をもつと想定され,必要が生じたときにはその選好順序が,彼の利害関心を反映し,彼の厚生を表し,何をなすべきかについての彼の考えを要約的に示し,そして彼の実際の選択と行動とを描写する」とされている.このような人は選択行動において矛盾を顕示しないという意味で「合理的」だとしても,選好,選択,利益,厚生といった全く異なる諸概念を区別しないという点で「愚か」ではないか.センはこのように問いかけ,「合理的経済人」とは「合理的な愚か者」に他ならないという [Sen 1977b:邦訳 145-46].

それではセンの提示する代替的な人間像はどのようなものだろうか.まずかれは人間の「行為主体 (agency)」的側面と「福祉 (well-being)」的側面とを区別する[Sen 1985a].人間にとって自分自身の福祉は重要な側面だが,いつもそれだけを考えて生きているわけではないからだ.これを先ほどの「コミットメント」「共感」との関連で考えると以下のようにいうことができる.すなわち「行

為主体」的側面から，コミットメントを取り除いたものが「福祉」的側面である．ここには「共感」は含まれうる．ここからさらに「共感」を取り除いたものが従来の貧困研究などの対象となってきた「生活水準」である [Sen 1987]．さらにまたあることを実際に「達成」する/したことと，複数の選択肢の中からそれを達成できる/たかという「自由」とを区別する [Sen 1985 b]．これらを図示すると図7-1のように書くことができる．

ここでの福祉と行為主体の区別は，ともすれば女性が受動的な客体としてのみ描かれがちな社会科学に対して，女性の行為主体性を強調してきたフェミニズム（およびフェミニスト経済学）の主張と共振している．

必　要

ところで以上の整理から，センの重要な議論の展開を，私は意図的に抜かしている．それは情報源としての選好の問題である．上述の整理だと，センのいう「福祉」的側面と，従来の枠組みとは似通って見えるかも知れない．しかしセンは上述の全ての領域に渡って，従来の枠組みでなされていた選好のみを情報源とするあり方を拒否するのである．そこでセンが導入するのが「ケイパビリティ」という概念である．この概念とこの概念を中心に展開されている理論（ケイパビリティ・アプローチ）の説明は本書他章に譲るとして，ここでは2点を指摘しておくにとどめたい．1つはセンは経済学において必要が選好として解釈されることへの異議申し立てを一貫しておこなっており，ケイパビリティ・アプローチをその展開として位置づけることができることである [山森 2000 a；山森 2001]．

第2に，この異議申し立てはフェミニスト経済学の課題でもある．経済学は

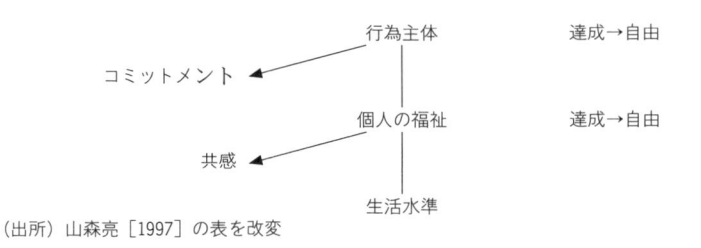

```
                行為主体        達成→自由
                   │
コミットメント ◄──┤
                   │
                個人の福祉       達成→自由
                   │
       共感 ◄──────┤
                   │
                生活水準
```

(出所) 山森亮 [1997] の表を改変

図7-1　コミットメント・福祉・行為主体

「欲求に基づく選択」といった側面にのみ光をあて，生活の必要を充足するための行動を無視してきたと主張され，その理由をフェミニスト経済学者は経済学における男性中心主義的バイアスにもとめる[Nelson 1996：part I]．つまり欲求ないし選好が男性的概念で，必要が女性的概念と社会的にされていることに，ひとつの原因をもとめる．

「欲求」が男性性に結びつけられ，肯定的に位置づけられる．そして逆に「必要」は女性性に結びつけられ，否定的な価値を帯びる．このような社会的なジェンダーバイアスの存在は，これまでの市場と社会保障・福祉との関係のあり方，そしてそれぞれを反映する学問分野のあり方とも相関しているだろう．つまり一方には「欲求」を市場での「交換」を通じて満たすことが出来る，「自助」可能な「自立」したひとがいる．他方には「必要」を福祉で満たす，「依存した」ひとがいる．したがって福祉の目標はこれらの「依存した」ひとを「更正」させ，「自立」させることになる．そして福祉国家の諸制度のうち，社会保険プログラムは前者に対応する「男性的」なものであり，公的扶助プログラムは後者に対応する「女性的」なものである．ここで男性的なプログラムは権利性を付与されるのに対し，女性的なプログラムの受給者にはスティグマが付与される．

このような関係は対応する学問分野の関係にも反映する．「欲求」の学問である経済学は「一般的」・「普遍的」な領域を対象とするのに対し，「必要」の学問である社会福祉学は，特定の領域やひとをのみ対象とする学問と観念される．そして逆にまた，そのような学問のあり方，認識のあり方が，一方での自立した市民，他方での依存状態にある福祉受給者という二分法を強化することとなる．

家計内の分配：協力を含んだ対立

周知のように主流の経済学においても社会政策学においても，分析の最小単位は家計であって，家計内部では平等に，あるいは必要に応じて分配がなされていると仮定される．他方ゲーム理論の道具立てを使って，家計内部の対立的側面を捉える研究も近年では出現しつつある．センはこれを肯定的に評価しつつも，家計は対立的側面と協力的側面双方を視野にいれないと十全に捉えることはできないと主張する．これをセンは「協力的対立 (cooperative conflict)」と表現する[Sen 1990a]．このような家計概念の再考や，家計内の分配を問題化す

ることは，フェミニスト経済学の最重要課題の1つでもある [Agawal 1997].

この他，ジェンダー不平等に関する経験的研究，位置的客観性などの方法論的研究においてもセンの議論とフェミニスト経済学とは共通の課題を担っているが，ここでは割愛する．

3．セン for ジェンダー

フェミニスト経済学にとってセンの議論が持つ肯定的な意味については，既にここまでで述べられてきているので，この節ではフェミニスト経済学やジェンダー研究がセンのケイパビリティ・アプローチを使う場合の留意点について述べておきたい．関連して差異に敏感であろうとする立場でセンの議論を使う場合の留意点にも触れる．

ケイパビリティ・アプローチがジェンダーなどの差異に敏感であるといえるのは，機能とケイパビリティに焦点をおくことが持つ，おおよそ以下の重なり合う2点に要約することができる意味による．第1に，所得を機能/ケイパビリティに変換するときの人間の多様性を反映することができる．例えば同じ所得を得ていても，家族の介護の責任を背負っているかどうかで，実際の生活水準は異なることなどを，センのアプローチは視野に入れることができる．ここでの多様性には通常「個人的」と整理されるものから，社会的，制度的，環境的なものまで含まれる．第2に，情報的基礎の複数性である．機能/ケイパビリティに焦点を置くということは，所得などの手段ではなくて，目的そのものに焦点をあてると説明されるが，実際には所得を含む複数の手段や制約を情報として利用することになる．

しかしながらこれらの特徴は，ケイパビリティ・アプローチが自動的に差異に敏感であることを保証しない．このアプローチは規範的な評価にあたって，ケイパビリティ集合に焦点をあてることを提唱しているが，それ以上の手続き，あるいは実質的な必要のリストなどについて，包括的な説明をする訳ではない．I. ロベインスの用語法によれば，このアプローチは「フレームワーク」であって「理論」ではないということになる [Robeyns 2001]．個別の問題に対してどのような応答がなされるかは，どのような説明的な社会理論と組み合わされるかによって異なる．

例えば Robeyns は以下のような例をあげる．ハリーとウェンディは中産階級のカップルである．ハリーはコンピューターのセールスマンであり，ウェンディは看護師である．最初の子どもが生まれたとき，ウェンディは職を辞め専業主婦になった．ハリーは家族のなかで唯一の稼ぎ手となり，金銭的に家族を養う責任を負うことになった．他方ウェンディはハリーと子どもの2人のケアを行うだけでなく，洗濯，料理，掃除，買い物などの家事の責任も負うことになった．ここで「保守主義的ケイパビリティ分析」は，次のようなものとなるだろう．まず2人のあいだの性別役割分業については，女性が子どもに対してより強い選好を持っていることで説明される（あるいはそうした選好の結果としての現状については所与のものとし，その過程はケイパビリティ分析の対象とはならない）．そのうえで2人のケイパビリティ集合が問題となるわけだが，これには2つの保守主義のヴァージョンがありうる．第1のヴァージョンは，2人とも同じケイパビリティ集合を持っていると考える．賃金労働にも家事労働にも，男女とも同じ機会を持っており，ただ選好の違いの結果が性別役割分業として現れるのである．であるから何の問題もないことになる．第2のヴァージョンは，2人のケイパビリティ集合が重なりあいながらも異なることを認める．しかしこの違いは男女の本質的な違いに基づくもので，問題ではないとされる [Robeyns 2001]．

このような保守主義的解釈とは異なった評価を「フェミニスト的ケイパビリティ分析」は行う．ジェンダー研究やフェミニズムの知見から，少なくとも以下の3点が検討されることになる．第1に資源をケイパビリティに変換するにあたってのジェンダーの差異．例えば労働市場における差別など，そのような差異が生じる理由はフェミニズムの見地からは不当と判断されるものがほとんどである．第2にケイパビリティ集合におけるジェンダーの差異．ジェンダー化された規範や期待によって，女性のケイパビリティ集合はしばしば男性のそれより小さいと論じられる．第3に選択や個人的責任の概念の再検討．選択は選好と制約との双方を反映しており，そのいずれの概念もジェンダーの視角から分析されるべきである．また選好そのものの形成もジェンダーの影響をうけており，このことは責任概念の再検討をも要請している [Robeyns 2001]．

このように同じケイパビリティ・アプローチを使用しても，どのような理論/立場を組み合わせるかによって，全く違った評価が行われうる．このような事

態は，ジェンダーに限らない．例えば障害についても異なった評価が存在しうるだろう．センの議論は彼の有名な身体障害者と自転車についての事例（自転車を使って移動することができない身体障害者にとっては，自転車という財の保有/供給は，移動手段を保障したことにはならない）から，障害の社会モデルと親和的と考えられ，その点で差異に敏感なアプローチであると解釈しうる．ここで障害の社会モデルとは，従来の学問的体系における障害把握（障害の医学モデル）に対する障害当事者の運動や学問の異議申し立てのなかで形成されてきた考え方である．障害の医学モデルが，個人の機能や能力が社会的に構築されていることは不問にしたうえで，その(狭く解釈された)機能に治療的に働きかけるアプローチであるのに対して，障害の社会モデルは，そうした個人の機能や能力が社会的に構築されていることに留意する (cf. Oliver [1990])．さまざまな定義があり，諸定義間のずれもあるが，ここでは以上のように整理しておく．しかしながらケイパビリティ・アプローチそのものは医学モデルと結合させることも可能であろう．例えば個人の機能の評価を，その人が例えば介助サービスを利用して実際に何ができるかを含めて考えるのではなく，身体のインペアメントの修復によって，その人の身体機能のみでどれだけの日常生活動作を行えるかに焦点をあわせてするような場合である．

　ケイパビリティ・アプローチが持つ諸特徴のうち，先述したジェンダーなどの差異にセンシティブでありうる特徴は，保守主義的解釈よりもフェミニスト的解釈，障害の個人モデルより社会モデルと結合したときに，より発揮されるとはいいうるだろう．しかしそのような差異に対する敏感さは，あくまで潜在的なものであって，ケイパビリティ・アプローチが自動的に保証するものではないことを確認しておく必要があるだろう．

4．ジェンダー for セン

　この節では前節までの議論と方向性を180度転換し，センの議論にとってフェミニスト経済学やジェンダー研究が持つ意味を考えてみよう．紙幅と筆者の能力上の制約からここでは4点指摘しておきたい．

ケア・行為主体・集合的行為

第1点. センの議論は Sen [1999] 以降, 規範的目標として自由の強調を強めていく. これに対してケアの問題が抜け落ちつつあるのではないかという危惧が表明されることがある. 例えば Sen [1999] の枠組みは, 規範的目標を自由に単一化してしまっており, ケアを巡って女性が置かれている状況を適切に扱えないと主張される [Gasper and Staveren 2003]. 果たしてセンの自由概念でケアの問題が抜け落ちてしまうかどうかは, 判断を保留するとしても, 一方で賃金労働に参入することで女性の行為主体や交渉力が上がるという, これ自体は正当な記述と, 他方でケアのような不払い労働の問題をどのように理論的枠組みのなかに組み込んでいくかという問題とをどのように結びつけられるかは, 検討の余地がある. 例えば Robeyns[2003] は時間管理における自律(Time-Autonomy)というケイパビリティを考えることで, センの枠組みのなかでケアの問題を扱う道筋をつけようとしている. この問題はジェンダー研究の側からセンの理論へ向けられた問いであることは確かだ.

　第2に, センの行為主体と適応的選好形成の強調とをどのように両立させていくかという問いがあるだろう. ここで適応的選好形成とは, 置かれている状況に選好を適応させてしまう事態をさす[8]. この問題はセンの功利主義 (より広く厚生主義) 批判と代替案としてのケイパビリティ・アプローチの理由の1つとなっている. しかしこの点の強調と, 行為主体の強調とが矛盾する場合もありうる. この種の「隘路」にはフェミニズムも直面してきており, その「抜け方」においても何らかの示唆があるはずである.

　第3に, センは社会的選択や行為主体について語るけれども, それらに関連する集合的行為については多くを語らない. もちろん彼のコミットメント概念には, ある種の集合的行為との連関が見え隠れするけれども, その概念自体はあくまで個人的なものだ. 他方, フェミニズムにおいて集合的行為や集合的な主体について多く語られてきた. その交差するところで, 例えば S. フクダ-パーは「集合的行為主体 (collective agency)」という概念を提出している [Fukuda-parr 2003]. 現行のセンの枠組みがその種の集合的概念に開かれているかどうかは吟味が必要であるが, ジェンダー研究はじめ様々な差異に関連する研究は, 社会的選択における集合的行為の重要性を教えてくれる. どのように接合しうるかはジェンダー研究からセンの理論に向けられた問いであろう.

構築的普遍主義

　第4点．センはケイパビリティについて，局面局面に応じた具体例を出すことはあっても，充足すべきケイパビリティの普遍的なリストを提示してはいない．このことはセンの議論が哲学的には「客観的リスト理論」とも呼ばれうることに照らしても，あるいは社会政策においては必要理論と整理され，通常そこではリストの提示が行われることに照らしても注目に値する．これについてはリストを出すべきだとする論者［Nussbaum 2000；Nussbaum 2003；Gough 2000］，センがリストを出していないことを偶然的なものとみなし，リストを出している論者とのあいだに矛盾はないと考える立場，そしてリストを出さないことに一定の意味を見出す論者［山森 2001；Robeyns 2003］に見解が別れている[9]．ここではこのリスト問題をセンの普遍主義への批判的なコミットメントとして捉える山森による解釈と，その方向性にジェンダー研究が与える示唆について駆け足で議論しておく[10]．

　センは文化相対主義への批判と普遍主義への志向性を，1980年前半のタウンゼントとの貧困理論論争において表明している．1980年代末のM.ヌスバウムとの共同論文で，より明示的な普遍主義へのコミットメントを行っている．ヌスバウムは2人の立場を「批判的普遍主義」と名付けているが，その「批判的」な普遍主義へのコミットメントの仕方は，2人のあいだで微妙に異なる．ヌスバウムは「可変的で慎ましやかな (open-ended and humble)」［Nussbaum 2000：77］ものだという限定をつけながらもケイパビリティのリストを提示し，センにも提示をせまる．ヌスバウムの議論はアリストテレス哲学に基礎づけられたものだ[11]．

　これに対してセンは，ヌスバウムの提案が「ケイパビリティ・アプローチの不完全さを根絶する1つの体系的な方法」［Sen 1993c：47］であると認めた上で，彼自身がその方法を採らない理由として以下の3点を上げる．

> 「たった一つの」道としてそれを受け入れることの私の困難は，人間の性質についてのこの見方はあまりに単純化されているかもしれないという関心からは部分的に生じ，またこのアプローチに含まれる客観性のタイプの性質と重要性について論ずる私の傾向から生じる．しかし最も私が妥協できない点は，じつのところ，そのようなケイパビリティの使用はその道をとる必要がないという考慮，そ

してケイパビリティ・アプローチの故意の/慎重な (deliberate) 不完全さは他の道（それはまたある説得性をもつ）をとることを許すという考慮に由来する [Sen 1993 b : 47].

この「より」批判的な普遍主義とも呼びうるセンのスタンスをわたしはかつて，西洋中心主義的な普遍主義のひき臼にひかれつつも，なお「新しい普遍性」を語るE. サイードにだぶらせて位置づけたことがある [山森 1997；山森 2000b]．いずれにせよ，センのおける普遍的なリストの不在は，時間的制約や能力的限界ではなく，「批判的」な普遍主義へのコミットメントのひとつの表現である．

もちろん何かに具体的に応答するときにケイパビリティないし機能のリストは有益である．そして個々の場面で具体的なケイパビリティに言及することをセンはいとわない．いわばセンは普遍的なたった1つのリストは持たないけれども，沢山のリストを持っているともいえる．この理論におけるリストの不在と，実践における沢山のリストとのあいだはどのように接続しているのだろうか．センの必要や民主主義の構築的側面についての言及が，その両者を繋ぐものとなりうる．

> 必要についてのわたしたちの構想は，剥奪の性質についてのわたしたちの考えに，そしてそれらに対して何ができるかについてのわたしたちの理解に関係している．表現と議論の自由をふくむ政治的諸権利は，経済的必要への政治的応答を引き起こすうえで枢要であるだけではなく，それらはまた経済的必要それじたいの概念化にとって中心的でもあるのだ [Sen 1994 a : 36].

ここでの彼の主張は，自由（政治的諸権利と民主主義）と必要の充足とを対立的に捉える立場への批判としてなされているから，その力点は第1に，必要への応答(すなわち分配)における自由の重要性の指摘にあることは間違いない．しかし本章の文脈で着目したいのは，なんといっても必要の決定(すなわち解釈)における自由の重要性の強調である．ここで彼のいう自由や政治的諸権利とは，すなわち公共圏に参加する自由であり権利であるということができる．かれは必要の社会規範としての側面，あるいは必要の社会的構築性に目配りしつつ，それを公共圏での議論によって形作られるものであることを認識していると読むことができる．

そのうえで，そのような公共圏への形式的自由/権利の存在のみでは，限界が

あることも指摘している.「あるタイプの剝奪,とりわけマイノリティーの必要を,民主主義が適切に認識することには,特別の困難があることを知るのは重要である [Sen 1994a：36]」.

この困難に対してセンは直接的な応答をしてはいないが,一定の方向性を読みとることは可能である.1つはアイデンティティを固定的に考えることへの警戒心である.彼はアイデンティティを発見されるものではなく,理性によって選択されるものであることを強調する[Sen 1998b].もう1つは必要の社会的構築の結果としての社会規範を,所与のものとはしないことである.「『普通であること (normality)』と『適切であること (appropriateness)』の支配的な理解」[Sen 1999d：116]が問題となる文脈があることをセンは認識している.

このように必要/ケイパビリティが,公共圏のなかで決定されていくあり方についての議論はいまだ十全に展開されているとはいえないとしても,その方向性を読みとることは可能である.この方向性を「構築的普遍主義 (constructive universalism)」と呼ぶことができる.[12)]

前節で述べたようにケイパビリティ・アプローチは,自動的には差異に敏感なアプローチであることを保証しない.必要の解釈,闘争をめぐるフェミニズムの主張 [Fraser 1989] を踏まえて,それをセンのケイパビリティの理論化の外側での言説の読解と重ね合わせることで明らかになった「構築的普遍主義」という方向性は,センの議論をジェンダーなどの差異にセンシティブなものとする,1つのありうべき応答である.

いずれにしてもセンの議論に対して,フェミニズムやフェミニスト経済学の蓄積が与える影響・意味については研究は始まったばかりである.

注
1) 本章草稿について,編者及び岡部耕典さん,齋藤まどかさんより貴重なコメントを頂いた.この場を借りて感謝の意を表したい.
2) Workshop on Amartya Sen's Works and Ideas: A Gender Perspective. All Souls College, Oxford. 11-13 September 2002.
3) 本節は山森 [2002：第3節]の内容と重なっている.また紙幅の制約もあり,本節については必要な注記を省略してあるので,同論文該当個所を参照して頂きたい.
4) 彼の議論の両義的な効果については山森 [2002] 参照.

5) 4節で簡単に触れる．
6) この項目は山森［2002：第2節］の一部分と重なっている．
7) 私はこの用語法に従わないけれども，センの「理論」は，例えばRawls［1971］の「正義理論」のような理論ではないし，Nussbaum［2000］やDoyal and Gough［1990］が「必要理論」であるようには理論ではないという点では，同一の立場である．従わないというのは「開かれた (open-ended)」理論というものがあり得るし，センの議論をそう呼ぶことができると考えるからである［山森2001］．
8) センはJ. エルスターの適応的選好形成の議論を引き継いでいる．そのことの問題については別稿を期したい．
9) この立場は論文として明示的に表明されることは少ないが，実際には非公式な場で頻繁に耳にする．
10) 詳しくは，山森［1997］［2000 c］［2001］．
11) Nussbaum［1988］．この点についてのヌスバウムのスタンスは，近著ではやや変化しつつあるが，それでもヌスバウムによればなおセンがリストを作っていないことを2人の間の重要な相違点として挙げている［Nussbaum 2000］．
12) 前述会議におけるセンとの対話から．なお本小節の内容自体は，山森［2001］などで既に展開した議論であることをお断りしておく．

第8章 人間開発指数とセンの経済思想
――指ではなく月を観る指標――

1．指標と観月

　2001年の3月，アフガニスタンのバーミヤン地区において，ガンダーラ美術の遺構である巨大な石仏が，イスラームの偶像破壊主義者タリバンによって爆破された．この爆破事件はBBC，CNN等の衛星放送やインターネットのウェブサイトで広く報道され，地球の反対側のメキシコでも研究者や知識人の間に大きな衝撃を与えた．そのころ私が客員教授として勤務していたコレヒオ・デ・メヒコという大学院大学でもアジア・アフリカ研究センターを中心に，この事件が大きな話題を呼んだ．この仏像破壊をめぐっていくつかの研究会が開催され，仏教徒の1人として私もたびたび意見を求められた．

　「もともとブッダは，自分の肖像や彫像の崇拝を求めた方ではありません．偶像崇拝に否定的という意味では，仏教はイスラームの信仰とそれほど変わりません．この世の根本原理として存在に関係が先立つことを覚ったブッダは，形あるものはかならず壊れる，といって諸行無常を説いています．バーミヤンの石像を21世紀にイスラームの偶像破壊主義者が爆破した事実は，その時まで偶像とはいえ石仏が存続していたことも同時に知らせてくれます．仏教徒がアフガンの地を離れてから1000年以上もの長年月にわたって，世界的な文化遺産であるバーミヤン地区の石仏を保存したのが，ほかならぬイスラーム教徒であることを教えてくれます」

　私はそのように答えて，文化遺産の消滅によって現代の知識人が感じがちな欠如の思いをなだめようとした．しかしながら，そのような返答はなんとなく見当違いだ，との思いを自分自身でも拭い切れなかった．なんだか大切な点を見失っているのではないか，という気持がしていたものの，それが何か解らな

い.

　半年後の2001年9月11日に，ニューヨーク世界貿易センターが爆破された．この事件のあと，イラン人映画監督マフマルバフの著作『アフガニスタンの仏像は破壊されたのではない，恥辱のあまり崩れ落ちたのだ』という長い題の訳書を読んだ［マフマルバフ 2001］．マフマルバフの視点を知って，わけ知り顔で話していた自分が，いかに愚かであったか気付いた．世界的な文化遺産のバーミヤンの仏像が破壊されたころ，アフガニスタンでは，深刻な旱魃と長期的な内戦が続いていた．アフガニスタンの難民キャンプを訪れた緒方貞子国連難民高等弁務官は，餓死に直面している人びとの数が100万人を越えると報告している．悲劇がここまで危機的な状況に達しているのに，仏教徒の私たちは無関心でいた．この点について，イスラーム教徒による長い題の作品は，次のように論じる．

　　「まだ心が石になっていなかった唯一の人は，あのバーミヤンの仏像だった．あれほどの威厳を持ちながら，この悲劇の壮絶さに身の卑小さを感じ，恥じて崩れ落ちたのだ．ブッダの清貧と安寧を求める哲学は，パンを求める人びとの前に恥じ入り，力尽きて砕け散った．ブッダは世界に，この貧困，無知，抑圧，大量死を伝えるために崩れ落ちたのだ．しかし，怠惰な人類には，仏像が崩れたということしか耳に入らない．中国のことわざがいうように，月を指差しても，愚かな人は月ではなく指を見ているだけだ」

　まことに，そのとおりだ．著者のマフマルバフは「中国のことわざ」と語っているが，中国経由で全世界に伝えられたとはいえ，まぎれもなくブッダ自身の言葉である．北伝仏教の出典は次のとおりである．[1]

　　「もしよく如実に観ずれば，境相はことごとく有なること無し．愚かなるものの，月を指すを見るに，指を観て月を観ざるが如く，文字に計著する者は，わが真実を見ざるなり」

　当の仏教徒である私もまた，月を観ないで指先だけを見ていた愚か者にすぎない．愚か者の私が，指ではなくその先の月を観て，私以外の人のために生きる道が本当にあるだろうか．それはおそらく，指の向こう側の社会関係に強い関心を持つことであろう．イスラーム教徒の映画監督マフマルバフが，生まれながらの仏教徒である私にブッダの教えを伝えてくれたのである．異教徒が教

えるブッダの言葉は，信仰の壁を越えている．スリランカ暮らしの長い私は，観月についての南伝仏教の伝承が気になって，スリランカの高僧数名にも問い合わせてみた．口をそろえて，「これがブッダの言葉であることは直ちに了解できるが，南伝大蔵経（パーリー語の仏典）に出所を見付けることはできない」という返事であった．

　この映画監督の眼には，おそらく巨大な世界貿易センターの建造物でさえも，金融グローバリゼーションによる第三世界民衆の生活困難を直視するに耐えられなくて，恥辱のあまり崩れ落ちたと見えたことだろう．現代世界における経済開発も環境破壊も人間が生み出した問題である以上，国内総生産や汚染物質量だけに注目していると，月を観ないで指を見ているだけに終わる．歴史に残る事実としては，タリバンによる石像破壊も，アルカイダによる世界貿易センターの自爆攻撃も，人為的な破壊活動の結果である．人類の文化遺産が飛散したことも，おびただしい人命が失われたことも，決して肯定するわけにはいかない．しかし，なぜそのような暴力的破壊が，同じ人類の仲間によって企てられるのであろうか．私たちは，巨大な石像やビルの彼方を観なければならないのである．

　現代世界における社会科学者の中でもアマルティア・センは，目先での指標ではなく遥かな満月そのものを観ようと努める，という意味でまことにたぐい稀な経済学者である．自由競争市場における経済的な合理性を体現したホモ・エコノミクスは，経済理論の支柱であるが，センによれば指を見て月を観ない「合理的な愚か者」である［Sen 1982 a］．

　数学者として出発したセンを経済学へ導いたのは，カルカッタ大学の経済学教授アミヤ・クマール・ダスグプタであった．経済学の基礎概念を徹底的に吟味することの大切さを教えたのは，留学したケンブリッジ大学における経済学教授ジョーン・ロビンソンであった．1974年に『経済理論と計画』（*Economic Theory and Planning : Essays in Honour of A. K. Das Gupta*）という書名で刊行されたダスグプタ教授記念論集に，センはロビンソン教授が主役をつとめた「資本理論の諸論争によせて」という論文を書いている［Sen 1974 c］．この論文における論争の舞台は，2000年以上も前に行われたブッダとその弟子である須菩提（Subhuti）との対話である．紀元4世紀にサンスクリット語の原典から，亀茲国の鳩摩羅什が中国語に翻訳した『金剛般若経』（*Vajirachedikaprajnapamita*）[2]がその

テキストである．

現代社会に転生して経済学者の姿を取る須菩提は，「尊師，資本の計測という困難な課題にどのように取り組めばよいでしょうか」とブッダに問う．ブッダは答える．「須菩提よ，そのような些末な問題に貴重な時間を浪費せず，もっと重要な課題に取り組みなさい．いったい何のために，お前は資本を計測しようとするのか」．

それでも須菩提は，問い続ける．「集計的な生産関数を用いて，資本の限界生産によって決まる利潤率を求めたいのです．でも，一つ以上の資本財を計測することができません．もしもすべての資本財が同質であれば，この難問は解決します．どうすればよいでしょうか」．ブッダも答え続ける．「私に神通力はない．だが須菩提よ，お前は本気ですべての資本財が同質であれば，資本と産出の技術的な関係から利潤率が導き出せると考えているのか．たとえば，消費財の産出量から資本の限界価値が得られるとすれば，その単位はいったいどのように表現されるのか．おそらくは，同質的な追加的資本の1単位から得られる追加的な消費財の物量単位であろう．しかし，利潤率は物量とは無縁な数字だ．単位当たりの消費財から得る同質的な資本の均衡価格は，割引率に用いる多様な利潤率に依存する．この難点は，たとえ同質的な資本によっても解決できないよ」．

それでも須菩提は，問い続ける．「しかし，ソローは単純な成長モデルを使って，解決しました．サミュエルソンは生産関数の代用モデルで解決しました．ソローやサミュエルソンは，どこかで間違いをおかしているのでしょうか」．ブッダもまた答え続ける．「ソローは同質の資本財ばかりでなく，単一の財からのみ構成される経済という仮定を置くことによって，資本財と消費財の相対価格という困難を避けることができた．サミュエルソンの場合は，異なった財を生産する部門が同一の資本装備率を持つという仮定によって，相対価格の困難を避けることができた．だがこれらの仮定は，現実の経済活動からかけ離れている」．このように，両ケンブリッジ間の資本論争をにぎわしたさまざまの話題が，インド古代の叙事詩『マハーバーラタ』の戦場になぞらえて取り上げられる．そして，新リカード派の統計学者スラッファーを引いて，ブッダが資本計測の不毛性を説く．

そこで経済学者の須菩提は絶望的な気分に陥り，ブッダに告白する．「資本論

争に立ち入る前は，インドや中国において資本集約度の低い生産技術の選択という研究課題が有用だと確信していました．しかし，生産要素としての資本の概念化や資本産出比率の計測が困難であることを思うと，もはやその考えも捨てなければなりません」．それを聴いて，ブッダは須菩提を慰める．「失業者が多い地域で灌漑ダムを建設するのに，ブルドーザーを使うより人力で土砂を運ぶべきだという判断は，資本論争とは無縁だよ．第1に，なによりもまず一般的な抽象理論は，たいへん疑わしいものである．その厳格な理論にこだわり続けると，代替的な技術を選ぶこともできなくなる．第2に，モーリス・ドップがいうように余剰労働は，無償労働とは異なる．第3に，資本集約度の低い技術を選ぶ問題は，華々しい論争の的である資本計測の困難によってほとんど影響を受けないはずだ」．

その教えを受けて須菩提は，さらに問う．「私は経済学者として生まれ変わって，常識に騙されない厳格な判断をしたいと願っています．いま資本概念の諸困難を教えて下さったばかりなのに，資本集約度の高低という技術選択の問題は，どうして影響を受けないのですか」．ブッダはこの問いにも答える．「第1に，利潤率が必ずしも資本の限界生産性によって決定されないという事実は，一定の利潤率の下である技術が他よりも資本集約度が高いということを妨げない．第2に，余剰労働の経済において資本集約度の低い技術を選ぶという場合，現存の資本ストック量ではなく，将来の投資について述べているにすぎない．第3に，資本集約度の低い技術を進める場合，資本を生産要素として扱うのではなく，低賃金労働との対比で労働以外の生産手段の使用をなるべく少なくしようとしているにすぎない．これが，常識というものだよ．たとえ経済学の理論がなくても，労働者が籠で土砂を運ぶのとブルドーザーの投入とでは，資本集約度の違いが自明ではないか」．

かくして須菩提は，「ジョーン・ロビンソンに叱られるのではないかと恐れながらも，失業が普遍的な停滞した経済のもとでは，職のない労働者は靴磨きや行商のように，ほんのわずかの資本を用いても働く」という結論にたどり着く．それを聴いて，ブッダは2500年前と同じように，理論の価値を過小評価してはいけないが，理論だけにこだわらず前に進むようにと，須菩提を諭す．

ここに要約した小品は，指ではなく月を観ようとするセンの姿勢をうまく語っている．新古典派による経済学の限界に気付きその相対化の必要を強調しな

がらも，同時に一定の吟味された範囲内であれば，経済理論が有効であることを信じるセンの思考の特質でもある．国連開発計画 (UNDP) による「人間開発指数」の策定に参画し，その問題点に十分気付きながらも，同時に一定の有効性を弁護してやまないセンの立場は，真理の多様な側面に着目する古代インド思想の伝統を受け継いでいるといえよう．

2．貧困と開発思想

　元来，経済学研究の主要な動機は，その出発点から貧困の解消であった．貧乏で苦しまなくてもよい経済システムはないだろうか，と模索し続けている．日本軍のビルマ侵攻やインパール作戦により，ベンガルにおける大飢饉を体験したセンにとっても経済学研究の出発点から大きな関心事であった．

　センが経済学者として研究活動を始めた 1950 年代において，国際機関における貧困は，後進国(Backward Countries)の問題として語られていた．これらの国々が植民地支配から政治的独立を達成し経済的な自立をめざすと，後進という表現は不適切と見なされた．やがて開発(Development)を至上の善と見るイデオロギーが，民族や国家の目標を指し示す高邁な理念になる．ケネディ大統領の主唱により，1960 年代は「開発の 10 年」と呼ばれ，国際連合の新設機関群に開発という名称が付けられた．開発計画や開発プロジェクトが山のように立案された時代である．

　開発理論の正統性が認知され，開発エコノミストという専門職も誕生した．開発関連の派生語を使いこなして政策を担当する人物は，勲章を胸に飾った軍人のような栄光に輝いていた．輝かしい開発が驀進する世界で，後進国という呼称は，いかにも時代に背を向けているように感じられ，つぎつぎと言い換えがすすめられた．未開発国から過少開発国 (Less Developed Countries) や低開発国 (Under-developed Countries) へ，低開発国から開発途上国 (Developing Countries) へと用語開発も進展した．ケンブリッジ大学の社会主義経済学者モーリス・ドッブのもとで学んだセンも，やがてこの潮流に乗り開発エコノミスト養成の専門家としてたびたび日本に招聘されるようになった．

　国数において世界の 8 割，人口において 7 割，面積において 6 割を占める開発途上国集団が，すべて開発の完成に向かって，ひたすら一本道を歩むことが

期待されている．これこそ北半球に集中している先進工業国が，南の国々に押し付けている開発一元論のイデオロギーである．北側諸国中心の世界秩序観である．

　1990年までの東西冷戦体制のもとで国際機関が作り出した開発関連の流行語群は，一定の共通の特徴を持つ．第1に，「適正技術開発 (AP)」，「基本的人間ニーズ (BHN)」，「総合農村開発事業 (IRDP)」，「技術移転 (TT)」，「開発における女性 (WID)」，「インフォーマル部門 (IS)」，「プライマリー・ヘルス・ケア (PHC)」等の用語例で解るように，なによりもまず，現存の政治経済システムとそのイデオロギーから距離を置こうとする．冷戦のもとで，国際機関が万人に呼び掛けるためには，中立的なスローガンが求められるのである．

　第2に，南北問題の解決をめざし，第三世界の経済発展に一定の方向性を与えようとする．アジア，アフリカおよびラテン・アメリカ諸国は，経済的には弱い立場にあるが，世界人口のおよそ8割を占め，国連加盟国の多数派である．国際政治では，無視することのできない勢力である．国際機関にとって，これらの地域における経済生活の向上は，ほとんど至上命令である．経済発展の方策を含まないような世界戦略は，成り立たない．

　第3に，資金の調達と人材の登用を促進する内容が望ましい．国際機関が生み出すこれらのキャッチ・フレーズは，比較的容易に事業資金を集めることのできる分野である．国際機関で働く開発官僚にとってみれば，10年単位で雇用を保証し，一定規模のプロジェクトを実施できる具体的な内容を伴わなければ，積極的に尊重する意味がない．広く世界に訴え，長期的な普及を図るには，先進工業国政府，世界銀行，国際通貨基金，アジア開発銀行など，資金を拠出する側への説得力が必要だからである．

　このような開発思想のもとで頭角を現してきたマブウル・ハクなどのような国際機関で働く南の国ぐに出身の経済学者が，既存の一元的な経済成長指標に反発し，1980年代から国際連合開発計画を中心に多様な社会経済指標の模索を始めた．GNPの成長率を基準とする経済開発政策に批判的なこれらの経済学者が，出身国の経済改革に優れた業績を残しているかどうかは別問題である．1986年にイスラマバードで私は，当時パキスタン政府の経済政策立案の責任者でもあったマブウル・ハク商工相に，インタヴューしたことがある．国際機関では貧困撲滅に関する第1級の理論家であるのに，自国の貧民救済については

無策の政治家に過ぎなかった．第三世界における華々しい貧困論争も，資本論争と同じように現実を変える力にはならないようである．

　それまで伝統的に貧困は次の3種の基準で判定されてきた．

① 所得水準

　生活保護制度のある国における基準は，貨幣所得で示される．1年間に生産された付加価値総額が計算の基礎になる．経済成長が貧困の解消に有効であると考える為政者にとって，1人当たりの国民所得は，経済学者が作り出してくれた実に便利な指標である．IMFや世界銀行なども重宝にし，貧困国，最貧国，絶対的貧困層などの分類に利用している．しかし，日本で最貧困家庭に支給される生活保護手当を南アジア諸地域に持っていけば，数人の家事使用人を雇える高額所得者になってしまい，貧困の意味がわからなくなる．1990年代の初め，ルーブルの外国為替交換レートが100分の1以下に急落したロシアでも，人びとは前年と同じ家にすみ，同じ衣類を身に着け，同じような食事をしていた．国際的な比較をする限りにおいて，所得水準が急落しただけのことであり，一挙に極度の貧困生活になったわけではない．

② 栄養水準

　貨幣所得の基準では，通貨価値の変動や商品経済の浸透などの違いから，地域や時代により貧困の意味がまったく異なり，比較のための指標たり得ない．そこで20世紀に入ってから多くの政府が採用するようになった基準は，栄養水準である．人間の生命を維持するのに必要なカロリー量は，地域や時代を越えて変わらないので，貧困ラインを決定するうえで有用とみなされた．そして栄養の質を判定するのに動物性蛋白質の摂取量などが考慮される．しかし，肉体労働者は，高カロリー食を摂取しようとするのに，高額所得者は低カロリー食を求めるようになると妥当性が無くなる．インドでは高カースト住民に菜食主義者が多く，下層の低カースト住民には卵，魚，肉などの食材制限が少ない．主要財閥の担い手である厳格なジャイナ教徒になれば，玉ねぎやジャガイモさえ口にしない．食文化を考慮に入れない国際比較は，貧困を誤解しかねない．

③ 医療・教育水準

　栄養だけでなく，衣料や住宅などの物量指標を追加すると，気候や地形など

に左右される度合いが大きくなる．もともと，猿や白熊などの野性動物に貧困は存在しないのだから，餌，毛皮，棲みか等，他の生物にも共通する指標を作ろうとするのが無理である．人間の基本的ニーズという概念に内容を与える試みが進められ，人間社会に固有の基本的に必要なものとして，病院数と医療従事者数や学校数と教員数などが指標に採り入れられるようになった．長年にわたる世界保健機関 (WHO)，国際労働機関 (ILO)，国連教育科学文化機関 (UNESCO)，世界銀行などの研究の成果でもある．しかし，病院に入院している日数が長ければ長いほど，受験勉強のため塾や予備校に通う期間が長くなればなるほど豊かになったとはいえない．イヴァン・イリイチのように制度的な医療や公教育は，むしろ貧しさの指標であると主張する人も現れているほどである．

このように見ると，万人を納得させるような貧困の物的指標を見つける作業は，きわめて難しいことがわかる．だからといって，人間社会に貧しい暮らしが存在しないというのではない．それでは，貧困はどこから生まれてくるのであろうか．貧困という言葉から人びとが思い描くのは，たいていの場合，なによりもまず経済的な困窮である．しかしながら，どの社会でもいつの時代でも，ひとが貧しい暮らしを強いられ貧困感を味わうのは，生活資料が乏しく野性動物に近い境遇に置かれるからではない．個々人ではどうすることも出来ない外的な諸力によって，従属させられる社会関係が貧困の根源である．この場合，単なる従属的社会関係一般が直接的に貧困を生むのではなく，経済的な従属関係に転化してはじめて貧困を感じさせられるのである．

男が筋力で一時的に女を従属させたり，教師が成績判定者としての権力で学生を従属させたり，本山が教義上の権威で末寺を従属させたり，超大国が弱小国を軍事力で従属させても，それだけでは貧困という社会関係は生まれない．これらの支配や従属が経済的な社会関係に転化したときに，はじめて貧困が主題として登場し，人々は貧しい暮らしに涙を流すようになる．

センのケイパビリティ・アプローチの優れた点は，さまざまな機能を達成できる自由を視野に置くことによって，広範な非経済的な社会関係から経済的な貧困が生まれる仕組みを解きほぐせるようにしたことである．近年では世界銀行でも，エンパワーメントを貧困撲滅戦略の一環として取り上げることを通じ

て，経済的な貧困を軽減するには，社会的な従属関係自体の解消が必要であることを強調するようになっている．このような形でセンの経済思想が果たしてきた影響力を確認することも可能である．

狭い意味での経済的な従属関係だけをみれば，貨幣経済が支配的になるとともに，経済的な従属関係が優越する大都市の方が，のどかな農山漁村より貧しいはずである．ところが，現実には生活環境は貧しいのに貨幣所得の高さが人びとを都市に引き付ける．そして農民や漁民の暮らしをも経済的に従属させ，貧困化してゆく．このような事態を説明する際に陥る貧困概念の狭さを，非経済的な社会関係にまで拡げて論じる道を拓いたのがセンの経済学だということもできよう．

3．社会経済指標の研究方法

1960年代から工業化が進められた多くのアジア諸国では，急激な社会生活の変化と環境破壊を引き起した．南北間の経済格差とともに，南側諸国内における社会階層間や地域間の格差拡大も深刻である．永続可能な発展を目標にして，環境問題に配慮した南北問題の社会経済指標を検討する必要がある．多くの研究機関や国連諸機関では，経済成長率以外の要因を加えた社会経済指標を発表している．ここではセン経済学の展開と交錯する国連開発計画の「人間開発指数」[UNDP 1991]を批判的に検討するとともに，これに代わる適切な社会経済指標がないか模索する．

南北問題は開発理論の一環として研究され，国内および国外の研究の蓄積は多く，その文献目録だけでも数巻を要するほどである．社会経済発展指標については，1980年代に入ってから，世界銀行や国連機関を中心に多様な指標の作成が進められ，刊行されてきた．また，アジア諸国の政府にとっても重要な関心事であり，各種の指標が公表された．それらの指標を批判的に再検討するための資料は少なくない．南側諸国内部でも，国連諸機関とは独立した南委員会 (The South Commission) を組織し，1990年にその見解を『南への挑戦』としてまとめた[The South Commission 1990]．今後も，南北の双方から経済開発指標の研究が進むものと思われる．その際にセン経済学を援用すれば，社会経済生活の変化による開発指標として，所得水準，栄養摂取基準，居住条件，教育施設，

医療機関や流域下水道などの表面的な物的条件よりも，エンタイトルメントという社会関係に根拠を置くアプローチが重要な役割を果たす．その意義は，およそ以下のように整理することができよう．

第1に，年々経済的な格差が拡大し深刻化する南北問題について，価格で表現された1年間の経済活動（フロー）を集計した値である国内総生産（GDP）をはじめとする既存の社会経済指標は多くの制約と限界をもち，その実情を適切に示すことができない．アジア諸国における貧富の格差に関する現行の指標と，地域住民の生活実感との間に大きな隔たりがある．また1人当たりGDPでは世界で最上位に位置する日本においても，南側諸国の数十倍もの豊かさを享受していると考える日本人は少ない．そのため，南北問題を解決する見通しも立ちにくく，また北側諸国における取り組みも形骸化しつつある．このような状況のもとで，南北問題の社会経済的な指標を再検討する研究は，将来の開発援助のあり方に，一定の指針を与えるという意味でもきわめて重要である．

第2に，1992年にブラジルで開催された国連環境開発会議以来，環境保全と経済開発との対立を解消し，世代を越えて永続可能な発展の道を模索する必要性が，南北の双方において深く認識されるようになった．1997年の京都議定書以来，地球温暖化問題など環境保全への政策的な配慮という点では国際的な合意を見つつある．しかし，環境汚染を引き起こす物的な要因の削減のみであって，最も重要な課題である永続可能な発展に必要な社会関係という視点からの指標作成は，ほとんど取り組まれていない．もとはといえば，エネルギー源の石油も水田の泥も汚染ではなく資源である．そのような資源が汚染に転化するのは，石油や土壌という物質のせいではなく，石油や泥をめぐる人と人との社会的な関係に由来する．21世紀の南北問題を正しく把握する上で，環境保全を重視する社会関係を創出することは不可欠であり，人類社会の将来にとっても無視することのできない大きな課題である．センの経済思想が，有効性を発揮する領域であろう．

第3に，南北間の経済格差に関する国際比較を可能にする諸指標を再検討する作業を通じて，貧しさや豊かさの概念そのものを社会科学的に吟味して，はたして日本人の暮らしはアジアの発展途上国の人々よりも豊かといえるだろうか，という疑問に答える．各種の社会経済指標の国際比較を行ない，南北問題の本質を解明することに資する研究ではあるが，アジアの永続可能な発展とい

う視点から見ると，高度経済成長期以降の日本的な生活様式がもつ問題をも逆照射できるからである．このような形で，日本における社会政策のあり方を見なおすことができる．

　第4に，ホモ・エコノミクスが暗黙のうちに男性名詞として扱われている事情が示すように，近代工業社会における経済活動の主要な担い手は男性であった．新古典派の経済理論は，女性が家族制度の下で経済的な利得とは無縁な無償の家事労働に従事するものとみなしている．女性の経済活動への参加を正当に評価する方法を示すことが求められるようになり，センの理論も国連開発計画の「人間開発指数」もその可能性を開こうと努めている．ジェンダーを経済学的に扱う試みを通じて，男性であることを否定できないセンは，対象との関係性を無視した客観的な科学に対して，当事者性の概念を取り入れようとする［山森 2002］．

　このような南北問題という立場からの開発論の終着駅が「サステナブル・デベロップメント」である．この当世の世界的な流行語を全世界に普及する上で，最も大きな力を発揮したのは，国際連合の「環境と開発に関する世界委員会」（ブルントラント委員会）である．ローマ・クラブの報告書『成長の限界』(1972年)が，資源の枯渇を予測して経済成長論者を震撼させたように，ブルントラント委員会の報告書『共同の未来』(1987年)は，「サステナブル・デベロップメント」の概念を手がかりに，迫り来る環境破壊の危機に警鐘を鳴らし，地球的な規模で恒久的対策をとる必要を説いたのである．「サステナブル・デベロップメント」は，国連開発用語としての資格要件を具備したスローガンであるが，それに留まらない．国際機関が創出した従来の開発用語の枠をはみ出し，開発業界そのものに刃を向ける可能性をも秘めている．先進工業国にとっては，簡単に飲み込むことも，吐き出すこともできない理念が込められているからである．「サステナブル・デベロップメント」は，開発政策の薬になるだけではない．使い方しだいでは，毒薬になるかもしれないのである．気候変動に関する京都議定書にアメリカが反対し続けるのも，そのことに気づいているからである．

4．新しい社会経済指標の試み

　1990年に始まる国連開発計画の人間開発指数は，独自の購買力平価で換算した所得水準である1人当たりGDPに加えて，出生時の平均余命と成人識字率を主要な指標として取り入れた．この試み自体は，すでに世界銀行のような他の国際機関でも行なわれてきたので，かくべつ独創的とはいえない．しかし，既存の社会経済指標を作成する作業とは異なり，所得水準以外に貧困を軽減する要員に着目して，南側諸国の立場から毎年のように，環境，食糧，保健，教育，ジェンダー，児童，人間の安全保障などの分野で積極的な政策提言を行なっている．これらの提言は，国際開発の諸事業に一定の方向性を与える力を発揮しているといえよう．

　しかし，問題点も少なくない．たとえば，出生時の平均余命という概念は，出生前に人工妊娠中絶のような形で多くの生命が失われる日本のような国を高位にし，出生後すぐに死亡する事例の多いアフリカ諸国やバングラデシュとの格差を実際以上に顕著にする．また，成人識字率という概念は，公教育の普及による公用語の支配力強化を示し，少数民族の言語や国内の方言が支えてきた文化の抹殺を高く評価しがちである．そのような個々の指標にまつわる問題点以上に大きいのは，なぜ全世界のすべての住民を国家単位に区分し，第1位から第174位までに一元的に序列づける必要があるのか，という疑問である．経済学者たちの知的傲慢ではないか，という問いに答えることはやさしくない．

　貧困から抜け出す道は，それゆえ，狭義の経済学が説くような経済成長でもなければ経済開発でもない．まして世界の人口を貧富でランク付けることでもない．それぞれの歴史的文化的背景のもとで，個別的な地域の住民大衆が従属的な経済関係を断ち切り，自立する道を選ぶよりほかないのである．このように捉え直さないと，「人間開発指数」では示されない日本社会の貧しさもアジアの辺境の豊かさも理解できなくなる．豊かさというのは生命活動の開花であるから，循環性，多様性および関係性の展開であるとまとめることができる．したがって，貧困から抜け出せるかどうかは，狭義の経済学を捨て，生命系に固有の循環性，多様性および関係性の内発的な展開をいかにして実現するかにかかっている．

このような視点から,「人間開発指数」に対抗して, 新しい社会経済指標創りを試みよう. ここでの貧しさとは, 経済的な従属(生活手段の被支配)と生活環境の破壊から生まれる. 豊かさは, 経済的な自立(経済活動の自主管理)と生命活動の充足をめざす暮しである. したがって, 特定地域の貧困指標を考えると, 次のとおりである. いうまでもなくこれらの指標は, ランキングのために必要とされるものではなく, 自分の住む地域社会の暮らしを充実させるための方向を示すものであって, 決して他の地域住民に対する優越意識を満足させるための指標ではない.

① 次世代の単純再生産からの乖離率

地域の人口を定常状態に近付けるかどうかが, 循環性の課題である. 一人の女性が生涯に産む子供の数が2.2人より大きく下回ったり, 大きく上回ったりすると, 年齢構成の歪みが特定の世代の負担を過重にし, その社会は様々の困難に直面する. この困難を解決し, 近隣社会との関係を調整する方法として, 定常状態より低い出生率の地域社会が, 高い出生率の地域から乳幼児を含む移住者を受け入れることができる.

② 精神病院に長期間隔離される患者数の比率

相異なった人格を地域に受け入れるかどうかが, 多様性の課題である. 精神病を癒す力が社会の成員の中に失われると, その地域は貧しいといわざるを得ないであろう. 社会復帰が困難になればなるほど, 地域の暮らしも画一的になっているであろう. 患者が強制的に収容される施設と, 通常の社会復帰を達成する過渡期に, どれだけ多種多様の居住や就業の道を用意できるかが, その地域の課題である.

③ 経済苦による行方不明(蒸発)者や自殺者の比率

地域社会に相互扶助システムが存在するかどうかが, 関係性の課題である. 借りた金を返せなければ, 住所を捨てたり自殺したりしなければならない社会は, 人と人との関係が希薄になっているからに違いない. 自殺者に対して保険金を支払う制度が, 本来の相互扶助を目的とする保険事業の精神に逆行していることも, 再検討すべきであろう.

以上の貧困指標とは反対の立場から, 地域の富裕指標を考えると, 次のとお

りであろう．

① 地域内における物質循環比率

　特定地域に運び込まれる財貨や廃物と，その地域から運び去られる物量が長期的に釣り合っていれば，循環性が永続可能であり，人々の暮らしも豊かになる．呼吸による酸素交換や血液のような体液循環と同じように，資源であれごみであれ，そのシステムに入る物質の量と出る物質の量が釣り合っていれば，豊かな社会である．この物質循環の比率が1から乖離する度合に応じて，環境破壊の危機は深刻になるであろう．日本列島に即していえば，海運統計によって搬入される貨物量と搬出される貨物量とを比べて，簡便に物質循環の比率を知ることができる．

② 女性による経済活動参加の比率

　地域社会に受け入れられる障害者の比率が多くなると，多様性の展開が容易になる．特定障害者を隔離するための特別施設の解消速度でもって，豊かな社会への進み方を判断することも可能であろう．人間社会では，避けようもなくすべての人が何らかの形で障害を背負っている．万人が障害者であるという立場に立てば，障害者とは無縁な存在であるはずの女性の経済参加率を指標に取ることが有効であろう．国連開発計画の「人間開発指数」がめざすように，ジェンダーは経済的な効率性優位を克服する課題である．

③ 人口に占めるボランティア活動家の比率

　単一の活動だけをする人間の住む地域から，越境する多元・多重の工作者であるボランティアが住む地域に代わると，人間社会における関係性の創出が進む．人間は異なった活動をする人間に出会うことによって，自己を豊かにするからである．かつてボランティアは，志願兵という軍事的な役割を担う存在であったが，暴力の呪縛を解けばボランティアこそ，地域住民にとっては「よそ者」として地域間協力の担い手になるであろう．

　このような一連の指標がめざすのは，＜いま・ここ＞から出ようとする人びとの希望の月を観る営みであって，他者を支配し開発してやろうとする国連官僚の醜い指の国際比較ではない．

注
1) 『大乗入楞伽経』唐訳（大正 16, 620 a）「若能如実観　境相悉無有　如愚見指月　観指不観月　計著文字者　不見我真実」（原梵文「ランカアヴァターラ・スートラ」南条本 p. 365）．他に『大智度論』『央掘魔羅経』『首楞厳経』等．
2) これは世界で最初に印刷された刊行物でもある．

あ と が き

　本書は，難産の末にようやく生み出されたものである．晃洋書房編集部の西村喜夫・丸井清泰両氏から最初にお話を伺ったのは，実に 2000 年 12 月のことである．それから法政大学や中村尚司氏の深草のご自宅で研究会を開催したが，原稿が思うように集まらず，何度もこの企画を断念しようと思った．確かにセンの議論は難解である．その上，彼の議論は目もくらむほど多方面に及び，かつ常に厳密かつ批判的であり，そして何よりも天才的である．この燃え立つような才気の前に立つと，われら凡人は，いささか消え入ってしまいたい気分になる．何人がかりでも，とても彼の仕事の全貌に立ち向かうことができないように思われる．

　が，ともかくも本書が陽の目をみることができたのは，西村・丸井両編集者の粘り強い姿勢のおかげである．両氏の温厚な編集ぶりに，萎える心が幾度も助けられた．ここにあらためて感謝したい．また早くから原稿を提出して下さった執筆者の先生方には，途方もなく長い時間のご辛抱を強制してしまった．ひとえに編者の責任である．しかし難産の甲斐あって，日本ではほとんど知られていないセンの思想の一端を伝えることができた．それぞれすばらしい 1 章を執筆して下さった先生方に，あらためてお詫びを申しあげるとともに，心から感謝したい．

　2004 年 3 月

編　著　者

（追記）
2012 年 5 月 21 日，「序章」を執筆された野上裕生氏が逝去された．
野上氏が残された学業と人柄をしのびつつ，合掌．

2013 年 2 月

参 考 文 献

足立真理子
 1999 「フェミニスト経済学という可能性」『現代思想』1月号, 27(1).
Agarwal, Bina
 1997 "Bargaining" and Gender Relations: Within and Beyond the Household," *Feminist Economics*, 3(1), pp. 1-51.
Akerlof, George A.
 1983 "Loyalty Filters," *American Economic Review*, 73, March, pp.54-63.Reprinted in *An Economic Theorist's Book of Tales*, Cambridge: Cambridge University Press, 1984 (幸村千佳良・井上桃子訳『ある理論経済学者のお話の本』ハーベスト社, 1995年).
Anand, Sudhir and A. K. Sen
 1996 "Sustainable Human Development: Concepts and Priorities," *United Nation Development Programme Discussion Paper Series*,1.
 2000 "Human Development and Economic Sustainability," *World Development*, 28(2), December, pp. 2029-49.
Anand, Sudhim and M. Ravallion
 1993 "Human Development in Poor Countries: On the Role of Private Incomes and Public Services," *Journal of Economic Perspectives*, 7(1), Winter, pp. 133-50.
アリストテレス
 1971 『ニコマコス倫理学』(高田三郎訳), 岩波書店.
Arrow, Kenneth J.
 1951 *Social Choice and Individual Values*, 1st edn., New York: Wiley.
 1963 *Social Choice and Individual Values*, 2nd edn., New York: Wiley (長名寛明訳『社会的選択と個人的評価』日本経済新聞社, 1977年).
Arrow, Kenneth J., A. K. Sen and K. Suzumrua eds.
 2002 *Handbook of Social Choice and Welfare*, Vol. 1, Amsterdam: North-Holland.
朝日穣治
 1992 『生活水準と社会資本整備』多賀出版.
Atkinson, Anthony B.
 1999 "The Contribution of Amartya Sen to Welfare Economics," *Scandinavian Journal of Economics*, 101(2), pp. 173-90.
Bardhan, Pranab K.
 1994 "Rational Fools and Co-operation in a Poor Hydraulic Economy," K. Basu, P. K. Pattanaik and K. Suzumura eds., *Choice, Welfare, and Development: Festschrift in Honour of Amartya Sen*, Oxford: Clarendon Press.
Barker, Paul
 1996 "Eva Colorni," in Paul Barker ed. *Living as Equals*, Oxford: Oxford University Press, pp. 145-146

Basu, Kaushik
   1999   "Amartya Sen, Economics Nobel Laureate 1998," *Challenge*, 42(2), March-April, pp. 41-51.
Basu, Kaushik P. K. Pattanaik and K. Suzumura eds.
   1995   *Choice, Welfare, and Development : A Festschrift in Honour of Amartya K. Sen*, Oxford : Clarendon Press.
Bauer, Peter
   1981   "The Grail of Equality", *Equality, the Third World, and Economic Delusion*, Cambridge , MA : Harvard University Press, pp. 8-25.
Becker, Gary S.
   1981   *A Treatise on the Family*, Harvard University Press.
Bergson, A.
   1938   "A Reformulation of Certain Aspects of Welfare Economics," *Quarterly Journal of Economics*, 52, pp. 310-34.
Berlin, Isaiah
   1969   *Four Essays on Liberty*, London : Oxford University Press (小川晃一・小池銈・福田歓一・生松敬三訳『自由論』みすず書房, 1971年).
Bernholz, Peter
   1974   "Is a Paretian Liberal Really Impossible?" *Public Choice*, 20, pp. 99-107.
Binmore, Ken
   1988   "Book Review : *On Ethics and Economics* by Amartya Sen," *Economica*, 55, No. 218, May, pp. 279-82.
Binswanger, Hans and John McIntire
   1987   "Behavioral and Material Determinants of Production Relations in Land-Abundant Tropical Agriculture," *Economic Development and Cultural Change*, 36(1), pp. 73-99.
Black, D.
   1948   "On the Rational of Group Decision-Making," *Journal of Political Economy*, 56, pp. 23-34.
   1958   *The Theory of Committees and Elections*, Cambridge : Cambridge University Press.
Bobbio, Norberto
   1990   *Saggi su Gramsci*, Milano : Giangiacomo Feltrinelli Editore (小原耕一・松田博・黒沢惟昭訳『グラムシ思想の再検討――市民社会・政治文化・弁証法』御茶の水書房, 2000年).
Boserup, Ester
   1965   *The Conditions of Agricultural Growth : The Economics of Agrarian Change Under Population Pressure*, London : Allen & Unwin (安澤秀一・安澤みね訳『農業成長の諸条件――人口圧による農業変化の経済学――』ミネルヴァ書房, 1975年).
   1970   *Woman's Role in Economic Development*, London : Allen & Unwin.
   1981   *Population and Technological Change : A Study of Long-term Trends*, Chicago : University of Chicago Press (尾崎忠二郎・鈴木敏央訳『人口と技術移転』大明堂, 1991年).

Bowles, Samuel and Herbert Gintis
　　2000　"Walrasian Economics in Retrospect," *Quarterly Journal of Economics*, 115(4), November, pp. 1411-39.

Challenge
　　2000　"Three Nobel Laureates on the State of Economics : Interviews with Robert Solow, Kenneth Arrow, and Amartya Sen," *Challenge*, 43(2), Jan.-Feb., pp. 6-31.

Collier, Paul and Jam Williem Gunning
　　1999　"Explaining African Economic Performance," *Journal of Economic Literature*, 37(1), pp. 225-44.

Croll, Elisabeth J.
　　2001　"Amartya Sen's 100 Million Missing Women," *Oxford Development Studies*, 29(3) pp. 225-44.

Currie, Bob
　　2000　*The Politics of Hunger in India, A Study of Democracy, Governance, and Kalahandi's Poverty*, Hampshire : Macmillan Press.

d'Aspremont, Claude and L. Gevers
　　1977　"Equity and the Informational Basis of Collective Choice," *Review of Economic Studies*,44, pp. 199-209.

Dasgupta, Partha
　　1990　"Well-Being and the Extent of its Realisation in Poor Countries," *Economic Journal*, 100, No 400, pp. 1-32.
　　1993　*An Inquiry into Well-Being and Destitution*, Oxford : Clarendon Press.

Dasgupta, Partha, A. K. Sen and S. Marglin
　　1972　"Guidelines for Project Evaluation," *Project Formulation and Evaluation Series*,2.

Datta, Bhabatosh
　　1962　*The Evolution of Economic Thinking in India : Dr. P. N. Banerjea Memorial Lecture 1961*, Calcutta : Federation Hall Society.

de Waal, Alex
　　1989　*Famine that Kills : Darfur, Sudan, 1984-1985*, Oxford : Clarendon Press.
　　1990　"A Re-assessment of Entitlement Theory in the Light of the Recent Famines in Africa," *Development and Change*, 21(3), pp. 469-90.
　　1991　"Logic and Application : A Reply to S. R. Osmani," *Development and Change*, 22(3), pp. 597-608.
　　1997　*Famine Crimes : Politics and the Disaster Relief Industry in Africa*, Oxford : James Currey.

Deb, R.
　　1990　"Rights as Alternative Game Forms : Is There a Difference of Consequence?" *mimeo*.
　　1994　"Waiver, Effectivity, and Rights as Game Forms," *Economica*, 61, pp. 167-78.

Deb, R., P. K. Pattanaik, and L. Razzolini
　　1997　"Game Forms, Rights, and the Efficiency of Social Outcomes," *Journal of Economic Theory*, 72, pp. 74-95.

Desai, Meghnad
　　1995　　*Poverty, Famine and Economic Development*, Aldershot : Edward Elgar
　　2001　　"Amartya Sen's Contribution to Development Economics," *Oxford Development Studies*, 29(3), October, pp. 213-23.
Devereux, Stephen
　　1993　　*Theories of Famine*, London : Harvester Wheatsheaf (松井範惇訳『飢饉の理論』東洋経済新報社, 1999 年).
　　2001　　"Sen's Entitlement Approach : Critiques and Counter-critiques," *Oxford Development Studies*, 29(3), pp. 245-63.
Doyal, Len and I. Gough
　　1991　　*A Theory of Human Need*, Houndmills : Macmillan.
Drèze, Jean
　　1990a　"Famine Prevention in India," in Drèze and Sen eds. [1990 b] , pp. 13-122.
　　1990b　"Famine Prevention in Africa : Some Experiences and Lessons," in Drèze and Sen eds. [1990 b] , pp. 123-72.
　　1999　　"Introduction," in J. Drèze, ed. *The Economics of Famine*, Cheltenham : Edward Elgar.
Drèze, Jean and Amartya Sen
　　1989　　*Hunger and Public Action*, Oxford : Clarendon Press.
　　1995　　*India, Economic Development and Social Opportunity*, Delhi : Oxford University Press.
　　2002　　*India, Development and Participation*, Delhi : Oxford University Press.
Drèze, Jean and Amartya Sen eds.
　　1990a　*The Political Economy of Hunger Vol. 1, Entitlement and Well-Being*, Oxford : Clarendon Press.
　　1990b　*The Political Economy of Hunger Vol. 2, Famine Prevention*, Oxford : Clarendon Press.
　　1991　　*The Political Economy of Hunger Vol. 3, Endemic Hunger*, Oxford : Clarendon Press.
　　1996　　*Indian Development: Selected Regional Perspectives*, Delhi : Oxford University Press.
Dworkin, Ronald
　　1981a　"What is Equality ? Part 1 : Equality of Welfare," *Philosophy & Public Affairs*, 10, pp. 185-246.
　　1981b　"What is Equality ? Part 2 : Equality of Resources," *Philosophy & Public Affairs*, 10, pp. 283-345.
England, P.
　　1993　　"The Separative Self : Androcentric Bias in Neoclassical Assumptions," in Ferber and Nelson ed. [1993] .
絵所秀紀
　　1997　　『開発の政治経済学』日本評論社.
　　1999　　「『スリランカ・モデル』の再検討」『アジア経済』40 (9-10), pp. 38-58.

2001 「アフリカ経済研究の特徴と課題」 平野編 [2001] 所収, pp. 21-50.
2002 『開発経済学とインド』日本評論社.
Evensky, Jerry
 2001 "Adam Smith's Lost Legacy," *Southern Economic Journal*, 67(3), January, pp. 497-517.
Ferber, Marianne A. and J. A. Nelson
 1993 "The Social Construction of Economics and the Social Construction of Gender," in Ferber and Nelson ed. [1993].
Ferber, Marianne A. and J. A. Nelson ed.
 1993 *Beyond Economic Man : Feminist Theory and Economics*, Chicago : The University of Chicago Press.
Foster, James E.
 1984 "On Economic Poverty : A Survey of Aggregate Measures," *Advances in Econometrics*, 31, pp. 215-51.
Foster, James E., and Amartya Sen
 1997 "On Economic Inequality After a Quarter Century," in Sen [1997a].
Foster, James, Joel Greer, and Erik Thorbecke
 1984 "A Class of Decomposable Poverty Measures," *Econometrica*, 52, pp. 761-65.
Fraser, Nancy
 1989 *Unruly Practices: Power, Discourse and Gender in Contemporary Social Theory*, Minneapolis : University of Minnesota Press.
福田徳三
 1980 『生存権の社会政策』講談社（講談社学術文庫）.
Fukuda-Parr, Sakiko
 2003 "Operationalising Amartya Sen's Ideas on Capabilities, Development, Freedom and Human Rights——The Shifting Policy Focus of The Human Development Approach," *Feminist Economics*. Forthcoming.
Gärdenfors, Peter
 1981 "Rights, Games and Social Choice," *Nous*, 15, pp. 341-56.
Gärtner, Wulf, P. K. Pattanaik, and K. Suzumura
 1992 "Individual Rights Revisited," *Economica*, 59, pp. 161-77.
Gasper, Des and I. van Staveren
 2003 "Development As Freedom——and As What Else ? Contributions and Shortcomings of Amartya Sen's Development Philosophy for Economics," *Feminist Economics*, Forthcoming.
Gevers, L.
 1979 "On Interpersonal Comparability and Social Welfare Orderings," *Econometrica*, 47, pp. 75-90.
Gibbard, Allan F.
 1974 "A Pareto-consistent Libertarian Claim," *Journal of Economic Theory*, 7, pp. 388-410.
Gibbons, Robert
 1992 *Game Theory for Applied Economists*, Princeton : Princeton University Press（木村憲

二訳『応用経済学のためのゲーム理論入門』マグロウヒル出版，1994年．福岡正夫・須田伸一訳『経済学のためのゲーム理論入門』創文社，1995年).

後藤玲子
- 2000a 「自由と必要：『必要に応ずる分配』の規範経済学的分析」『季刊社会保障研究』36(1), Summer, pp. 38-55.
- 2000b 「書評 Amartya Sen, *Reason before Identity : The Romans Lecture for 1998*」『海外社会保障研究』No. 123, Autumn, pp. 119-23.
- 2002 『正義の経済哲学——ロールズとセン』東洋経済新報社

Gotoh, Reiko and N. Yoshihara
- 1999 "A Game Form Approach to Theories of Distributive Justice : Formalizing Needs Principle," in H. de Swart ed, *Logic, Game Theory and Social Choice*, Tilburg : Tilburg University Press, pp. 168-83.
- 2003 "A Class of Fair Distribution Rules a la Rawls and Sen," *Economic Theory*, 22, pp. 63-88.

Gotoh, Reiko, K. Suzumura, and N. Yoshihara
- 2003 "On the Libertarian Assignments of Indivisual Rights," *mimeo*.

Griffiths, Sian ed.
- 1999 *Predictions : 30 Great Minds on the Futures*, Oxford : Oxford University Press (渡辺政隆・松本展子訳『世界の知性が語る21世紀』岩波書店，2000年).

Gough, Ian
- 2000 *Global Capital, Human Needs and Social Policy : Selected Essays, 1994-99*, Basingstoke : Palgrave.

Gutton, Jean-Pierre
- 1971 *La société et les pauvres : l'exemple de la généralité de Lyon*, 1534-1, Paris : Société d'édition "Les Belles Lettres".

Hammond, Peter J.
- 1976 "Equity, Arrow's Conditions, and Rawls' Difference Principle," *Econometrica*, 44, pp. 793-804.
- 1996 "Game Forms versus Social Choice Rules as Models of Rights," in K. J. Arrow, A. K. Sen and K. Suzumura eds., *Social Choice Re-examined* 2, London : Macmillan, pp. 82-95.

長谷川晃
- 2001 『公正の法哲学』信山社．

Herrero, Carmen
- 1996 "Capabilities and Utilities," *Economic Design*, 2, pp. 69-88.

Hewitson, G.J.
- 1999 *Feminist Economics : Interrogating the Masculinity of Rational Economic Man*, Cheltenham : Edward Elgar.

樋口陽一
- 1989 『自由と国家：いま「憲法」の持つ意味』岩波書店（岩波新書).

平野克己

2001　「アフリカ農業の国際比較——成長しない経済——」平野編 [2001] 所収, pp. 50-89.
平野克己 編
　　2001　『アフリカ比較研究——諸学の挑戦——』アジア経済研究所.
Hirschman, Albert O.
　　1981　"The Rise and Decline of Development Economics," in A. Hirschman, *Essays in Trespassing : Economics and Politics and Beyond*, Cambridge : Cambridge University Press, pp. 1-24.
　　1995　"My father and Weltanschaung,"in A. O. Hirschman, *A Propensity to Self-Subversion*, Cambridge, Mass.: Harvard University Press, pp. 110-12.
池本幸生
　　2000　「タイにおける地方間格差の多様性」大野幸一編『経済発展と地域経済構造：地域経済学的アプローチの展望』アジア経済研究所, pp. 59-81.
Iliffe, John
　　1987　*The African Poor: A History*, Cambridge : Cambridge University Press.
今岡日出紀・大野幸一・横山久
　　1985　『中進国の工業発展——複線型成長の論理と実証——』アジア経済研究所.
石川滋
　　1990　『開発経済学の基本問題』岩波書店.
　　1996　「開発経済学から開発協力政策へ」石川滋編『開発協力政策の理論的研究』アジア経済研究所, pp. 5-86.
Jayal, Niraja Gopal
　　1999　*Democracy and the State, Welfare, Secularism and Development in Contemporary India*, Delhi : Oxford University Press.
Kalai, Ehud
　　1977　"Proportional Solutions to Bargaining Situations : Interpersonal Utility Comparison," *Econometrica*, 45, pp. 1623-30.
Kanbur, Ravi
　　2001　"On Obnoxious Markets," *mimeo*.
加藤尚武
　　1997　『現代倫理学入門』講談社（講談社学術文庫）.
河上肇
　　1910　「経済上の理想社会」杉原四郎編『河上肇評論集』岩波書店, 1987年, pp. 16-29.
　　1917　『貧乏物語』岩波書店（1947年），および『現代日本思想体系 19 河上肇』（大内兵衛編集解説）筑摩書房（1964年）に収録.
川本隆史
　　1995　『現代倫理学の冒険——社会理論のネットワーキング——』創文社.
風早八十二
　　1937　『日本社会政策史』日本評論社.
近藤治
　　1995　「インド・イスラーム文化の形成」『講座イスラーム世界 3　世界に広がるイスラーム』栄光教育文化研究所, pp. 427-464.

Kopytoff, Igor and Suzanne Miers
  1977 "African 'Slavery' as an Institution of Marginality," in I. Kopytoff and S. Miers eds., *Slavery in Africa : Historical and Anthropological Perspectives*, Madison : University of Wisconsin Press, pp. 3-81.
久場嬉子
  1999 「"合理的選択"に関するフェミニスト・クリティーク――ケアの政治経済学試論――」『進化経済学会論集』第3集.
Kuiper, Edith and J. Sap eds.
  1995 *Out of the Margin : Feminist Perspectives on Economics*, London : Routledge.
Kukathas, Chandran and Philip Pettit
  1990 *Rawls : A Theory of Justice and its Critics*, Cambridge : Polity Press (山田八千子・嶋津格訳『ロールズ:『正義論』とその批判者たち』勁草書房, 1996年).
Kumar, B. G.
  1990 "Ethiopian Famines 1973-1985 : A Case-Study," in Drèze and Sen eds. [1990 b], pp. 173-216.
黒崎卓
  2001 『開発のミクロ経済学:理論と応用』岩波書店.
黒崎卓・栗田匡相・上山美香・市井礼奈
  2000 「貧しき人々の声をいかに聞くか――世界銀行の参加型貧困評価を読む――」『世界』7月号, pp. 222-32.
黒崎卓・山形辰史
  2003 『開発経済学:貧困削減へのアプローチ』日本評論社.
黒崎卓・山崎幸治
  2000 「『貧困と飢饉』――その後の20年」[Sen 1981:日本語版訳者解説], pp. 281-305..
Lewis, W. Arthur
  1955 *The Theory of Economic Growth*, London : George Allen & Unwin.
Mahalanobis, Prasanta C.
  1955 "The Approach of Operational Research to Planning in India," *Sankhya*, 16.
Mahalanobis, Prasanta C., Ramkrishna Mukherjea and Ambika Ghose
  1946 "A Sample Survey of After-Effects of the Bengal Famine of 1943," *Sankhya*, 7, Part 4, pp. 337-400.
Makhmalbaf, Mohsen
  2001 *The Buddha was not Demolished in Afghanistan : it Collapsed out of Shame* (武井みゆき・渡部良子訳『アフガニスタンの仏像は破壊されたのではない 恥辱のあまり崩れ落ちたのだ』現代企画社, 2001年).
Mamdani, Mahmood
  1996 *Citizen and Subject : Contemporary Africa and the Legacy of Late Colonialism*, Princeton : Princeton University Press.
間宮陽介
  1989 『ケインズとハイエク:<自由の変容>』中央公論社(中公新書).
毛沢東

1937　「矛盾論」(浅川謙次・安藤彦太郎訳『実践論・矛盾論他』河出書房新社, 1965 年, 所収).
Marx, Karl and Friedrich Engels
　　1848　　*Das Kommunistische Manifest* (大内兵衛・向坂逸郎訳『共産党宣言』岩波書店, 1951 年).
Mas-Colell, Andreu, Michael D. Whinston and Jerry R. Green
　　1995　　*Microeconomic Theory*, New York : Oxford University Press.
Mill, John S.
　　1859　　*On Liberty*, London : John W. Parker. Reprinted in M. Warnock ed., *Utilitarianism*, London : Fontana, 1973 (早坂忠訳『自由論』[関嘉彦責任編集『ベンサム, J. S. ミル』(世界の名著 38)] 中央公論社, 1967 年. 塩尻公明・木村健康訳『自由論』岩波書店, 1971 年).
峯陽一
　　1999　　『現代アフリカと開発経済学――市場経済の荒波のなかで――』日本評論社.
Moore, Mick
　　1994　　"How Difficult is it to Construct Market Relations? : A Commentary on Plateau," *Journal of Development Studies*, 30(3), pp. 818-30.
Murshid, Khan A. S.
　　1997　　"Generalised Morality and the Problem of Transition to an Impersonal Exchange Regime : A Response to Plateau," *Journal of Development Studies*, 33(5), pp. 693-713.
中川清
　　1994　　「解説」中川清編『明治東京下層生活誌』岩波書店 (岩波文庫), pp. 293-309.
Nelson, Julie A.
　　1996　　*Feminism, Objectivity & Economics*, London : Routledge.
野上裕生
　　2001a　「民主主義と人間開発」佐藤幸人編『新興民主主義国の経済・社会政策』アジア経済研究所, pp. 203-38.
　　2001b　「『人間開発報告 2000』とその周辺」『アジ研ワールドトレンド』68 号, pp. 22-25.
　　2004　　「人間開発とジェンダー」ジェトロ・アジア経済研究所・朽木昭文・野上裕生・山形辰史編『テキストブック開発経済学 (新版)』有斐閣, pp. 296-303.
Nozick, Robert
　　1974　　*Anarcky, State and Utopia*, New York : Basic Books (嶋津格訳『アナーキー・国家・ユートピア』上・下, 木鐸社, 1985/89 年).
Nurkse, Ragnar
　　1953　　*Problems of Capital Formation in Underdeveloped Countries*, Oxford : Basil Blackwell (土屋六郎訳『後進諸国の資本形成』厳松堂, 1955 年).
Nussbaum, Martha C.
　　1988　　"Nature, Function, and Capability : Aristotle on Political Distribution," *Oxford Studies in Ancient Philosophy*, Supplementary Volume, pp. 145-84.
　　1999　　"Women and Equality : The Capabilities Approach," *International Labour Review*, 138(3), pp. 227-45.

2000   *Women and Human Development : The Capabilities Approach*, Cambridge : Cambridge University Press.

2003   "Capabilities as Fundamental Entitlements : Sen and Social Justice," *Feminist Economics*, Forthcoming.

Nussbaum, M. and Amartya Sen

1987   "International Criticism and Indian Rationalist Traditions," *World Institute for Development Economics Research Working Papers*, 30. Reprinted in M. Krausz ed., *Relativism : Interpretation and Cofrontation*, South Bend : University of Notre Dame Press, 1999.

Nussbaum, M. and Amartya Sen ed.

1993   *The Quality of Life*, Oxford : Clarendon Press.

大庭健・川本隆史

1989   「訳者解説」大庭健・川本隆史訳『合理的な愚か者』勁草書房, pp. 263-95.

大熊信行

1974   「『豊かさ』の歴史性と時間の経済学：欲望論から能力論へ」『生命再生産の理論：人間中心の思想（上）』東洋経済新報社, pp. 266-99（原題「欲望論」として『別冊 潮』1970年1月号に発表）.

奥野正寛・鈴村興太郎

1988   『ミクロ経済学 II』岩波書店.

Oliver, Michael

1990   *The Politics of Disablement*, London : Macmillan（横須賀俊司・三島亜紀子・山森亮・山岸倫子訳『障害の政治学』明石書店, 近刊）.

Osmani, Siddiq

1991   "Comments on Alex de Waal's 'Re-assessment of Entitlement Theory in the Light of Recent Famines in Africa'," *Development and Change*, 22(3), pp. 587-96.

1995   "The Entitlement Approach to Famine : An Assessment," in Basu, Pattanaik and Suzumura eds. [1995].

Pattanaik, Prasanta K.

1996   "On Modelling Individual Rights : Some Conceptual Issues," in K. J. Arrow, A. K. Sen and K. Suzumura eds, *Social Choice Re-examined* 2, London : Macmillan, pp. 100-28.

Pattanaik, Prasanta K. and K. Suzumura

1994   "Rights, Welfarism and Social Choice," *American Economic Review : Papers and Proceedings*, 84, pp. 435-39.

1996   "Individual Rights and Social Evaluation : A Conceptual Framework," *Oxford Economic Papers*, 48, pp. 194-212.

Peleg, Bezalel

1998   "Effectivity Functions, Game Forms, Games, and Rights," *Social Choice and Welfare*, 15, pp. 67-80.

Peter, F.

2003   "Gender and the Foundations of Social Choice : The Role of Situated Agency," *Feminist Economics*, Forthcoming.

Platteau, Jean-Philippe
　1990　"The Food Crisis in Africa : A Comparative Structural Analysis," in Drèze and Sen eds. [1990 b], pp. 279-387.
　1996　"Physical Infrastructure as a Constraint on Agricultural Growth : The Case of Sub-Saharan Africa," *Oxford Development Studies*, 24(3), pp. 189-219.
　2000　*Institution, Social Norms, and Economic Development*, Amsterdam : Harwood Academic Publishers.
Platteau, Jean-Philippe and Yujiro Hayami
　1998　"Resource Endowments and Agricultural Development : Africa versus Asia," in M. Aoki and Y. Hayami eds., *The Institutional Foundation of Economic Development in East Asia*, London : Macmillan, 1998, pp. 357-410.
Polanyi, Karl
　1957　*The Great Transformation : The Political and Economic Origin of Our Time*, Boston : Beacon Press (吉沢英成・野口建彦・長尾史郎・杉村芳美訳『大転換――市場社会の形成と崩壊――』東洋経済新報社，1975 年).
Raj, K. N., A. K. Sen and C. H. Hanumantha Rao eds.
　1988　*Studies on Indian Agriculture*, Delhi : Oxford University Press.
Ravallion, Martin
　1994　*Poverty Comparison*, Fundamentals of Pure and Applied Economics,Vol.56,Harwood Academic Publishers.
　1997　"Famines and Economics," *Journal of Economic Literature*, 35, pp. 1205-42.
Rawls, John
　1967　"Distributive Justice," *Philosophy, Politics, and Society*, 3rd ed. by Peter Laslett and W. G. Runciman, Oxford : Basil Blackwell, 1967 (田中成明訳「分配における正義」田中成明編訳『公正としての正義』木鐸社，1979 年，pp. 121-60).
　1968　"Distributive Justice : Some Addenda," *Natural Law Forum*, Vol.13. (岩倉正博訳「分配における正義：若干の補遺」田中成明編訳『公正としての正義』木鐸社，1979 年，pp. 161-95).
　1971　*A Theory of Justice*, Cambridge : Harvard University Press (矢島鈞次監訳『正義論』紀伊国屋書店，1979 年).
　1993　*Political Liberalism*, New York : Columbia University Press.
Roberts, Kevin W. S.
　1980　"Possibility Theorems with Interpersonal Comparable Welfare Levels," *Review of Economic Studies*, 47, pp. 409-20.
Robertson, Claire and Martin Klein eds.
　1983　*Women and Slavery in Africa*, Madison:University of Wisconsin Press.
Robeyns, I.
　2001　"Sen's Capability Approach and Feminist Concerns," presented at the Conference on Sen's Capability Approach, St. Edmunds College, Cambridge.
　2003　"Sen's Capability Approach and Gender Inequality," *Feminist Economics*, Forthcoming.

Roemer, John E.
    1996   *Theories of Distributive Justice*, Cambridge : Harvard University Press（木谷忍・川本隆史訳『分配的正義の理論——経済学と倫理学の対話——』木鐸社，2001年）.

Rudra, Ashok and Amartya Sen
    1980   "Farm Size and Labour Use : Analysis and Policy," *Economic and Political Weekly*, Annual Number, February, pp. 391-94.

佐伯胖
    1980   『「きめ方」の論理：社会的決定理論への招待』東京大学出版会.

作間逸雄
    1998   「"ケイパビリティ"で考えてみよう：保守主義・リベラリズム・ケイパビリティー」『専修大学社会科学研究所月報』11月20日号, 425.

Samuelson, Paul A.
    1947   *Foundation of Economic Analysis*, enlarged 2nd edn., Cambridge : Harvard University Press, 1983（佐藤隆三［初版］訳『経済分析の基礎』勁草書房，1967年）.

佐藤宏
    1994   『インド経済の地域分析』古今書院.
    2001a   「インド・ケーララ州における地方制度改革——草の根からの公共性を求めて——」佐藤幸人編『新興民主主義国の経済・社会政策』アジア経済研究所, pp. 337-63.
    2001b   「インド——ボランタリズムと国家規制のせめぎあい——」重冨真一編『アジアの国家とNGO 15カ国の比較研究』明石書店, pp. 68-96.
    2002   「インド政治史への政治経済学的アプローチ」堀本武功・広瀬崇子編『叢書現代南アジア3 民主主義へのとりくみ』東京大学出版会, pp. 267-89.
    2003a   「インド・ケーララ州の社会保障制度」宇佐見耕一編『後発途上国の社会保障制度』アジア経済研究所, pp. 281-330.
    2003b   「書評：Drèze, J. and A. Sen, *India, Development and Participation*, 2002」『アジア経済』44(8), pp. 72-75.

佐藤仁
    1997   「開発援助における生活水準の評価：アマルティア・センの方法とその批判」『アジア研究』43(3), pp. 1-31.
    1999   「教育者としてのセン」セン『不平等の再検討：潜在能力と自由』（池本幸生・野上裕生・佐藤仁訳), 岩波書店, pp. 255-60.

Sen, Amartya K.
    1959   "The Choice of Agricultural Techniques in Underdeoeloped Countries," *Economic Development and Cultural Change*, 7.
    1960   *Choice of Techniques : An Aspect of the Theory of Planned Economic Development*, Oxford : Basil Blackwell.
    1961   "On Optimizing the Rate of Saving," *Economic Journal*, 71, pp. 479-95.
    1962   "An Aspect of Indian Agriculture," *Economic Weekly*, Annual Number, February, pp. 243-46.
    1963   "Distribution, Transitivity, and Little's Welfare Criteria," *Economic Journal*, 73, pp. 771-8.

1964a   "Size of Holdings and Productivity," *Economic Weekly*, Annual Number, February, pp. 323-26.
1964b   "Working Capital in the Indian Economy: A Conceptual Framework and Some Estimates," in P. N. Rosenstein-Rodan ed., *Pricing and Fiscal Policies*, Cambridge: M. I. T. Press.
1964c   "Preferences, Votes and the Transitivity of Majority Decisions," *Review of Economic Studies*, 31, pp. 771-8.
1965   "Mishan, Little, and Welfare :A Reply," *Economic Journal*, 75.
1966a   "Labour Allocation in a Cooperative Enterprise," *Review of Economic Studies*, 33, July, pp. 361-71. Reprinted in Sen [1984 b].
1966b   "Peasant and Dualism with or without Surplus Labour," *Journal of Political Economy*, 74, October, pp. 425-50. Reprinted in Sen [1984 b].
1966c   "A Possibility Theorem on Majority Decisions," *Econometrica*, 34, pp. 491-99.
1966d   "Hume's Law and Hare's Rule," *Philoshophy*, 41, pp. 75-79.
1966e   "Planners' Preferences: Optimality, Distribution, and Social Welfare, " in International Economic Association ed. *Economics of the Public Sector*, papers presented at the Round-Table Conferece at Biarritz.
1967a   "Isolatiion,Assurrance and the Social Rate of Discount," *Quarterly Journal of Economics*, 81, pp. 112-24.
1967b   "Surplus Labour in India: A Critique of Schultz's Statistical Test," *Economic Journal*, 77, pp. 154-61.
1967c   "The Nature and Classes of Prescriptive Judgments," *Philosophical Quarterly*, 17, pp. 46-62.
1969a   "Quasi-Transitivity, Rational Choice and Collective Decisions," *Review of Economic Studies*, 36, pp. 381-98.
1969b   "A Game-Theoretic Analysis of Theories of Collectivism in Allocation," in T. Majumdar ed., *Growth and Choice : Essays in Honour of U. N. Ghoshal*, London: Oxford University Press.
1969c   "Planners' Preferences: Optimality, Distribution and Social Welfare," in J. Margolis and H. Guitton eds., *Public Economics*, London: Macmillan.
1970a   "The Impossibility of a Paretian Liberal," *Journal of Political Economy*, 78, January/February, pp. 152-57. Reprinted in Sen [1982 a] (「パレート派リベラルの不可能性」大庭健・川本隆史訳『合理的な愚か者』勁草書房, 1989 年, pp. 1-14).
1970b   *Collective Choice and Social Welfare*, San Francisco: Holden-Day. Republished, Amsterdam: North-Holland, 1979 (志田基与師監訳『集合的選択と社会的厚生』勁草書房, 2000 年).
1970c   "Interpersonal Aggregation and Partial Comparability," *Econometrica*, 38, pp. 393-409. Reprintended in Sen [1982 a].
1971   "Choice Functions and Revealed Preference," *Review of Economic Studies*, 38, pp. 307-17.
1972a   "Choice, Orderings and Morality," (Bristol Conference on Practical Reason), in S.

Kölner ed., *Practical Reason*, Oxford : Blackwell, 1974. Reprinted in Sen [1982 a] (「選択・順序・道徳性」大庭健・川本隆史訳『合理的な愚か者』勁草書房, 1989 年).

1972b "What Are We Trying to Measure?" *Journal of Development* Studies, April, pp. 21-36.

1973a *On Economic Inequality*, Oxford : Clarendon Press (杉山武彦訳『不平等の経済理論』日本経済新聞社, 1977 年).

1973b "Behaviour and the Concept of Preference," *Economica*, 40, August, pp. 241-59. Reprinted in Sen [1982 a].

1973c "Poverty, Inequality and Unemployment : Some Conceptual Issues in Measurement," *Economic and Political Weekly*, 8.

1973d "On the Development of Basic Income Indicators to Supplement GNP Measures," *United Nations Economic Bulletin for Asia and the Far East*, 24.

1974a "Informational Basis of Alternative Welfare Approaches : Aggregation and Income Distribution," *Journal of Public Economics*, 3, pp. 387-403.

1974b "'On Some Debates in Capital Theory," in A. Mitra ed., *Economic Theory and Planning : Essays in Honour of A. K. Das Gupta*, Calcatta : Oxford University Press, pp. 39-48.

1975a "Rawls versus Bentham : An Axiomatic Examination of the Pure Distribution Problem," *Theory and Decision*, 4, pp. 301-9. Reprinted in N. Daniels ed., *Reading Rawls : Critical Studies of A Theory of Justice*, New York : Basic Books, 1975.

1975b *Employment,Technology and Development:A Study prepared for the International Labour Office within The Framework of the World Employment Programme*, Oxford : Clarendon Press.

1976a "Poverty : An Ordinal Approach to Measurement," *Econometrica*, 44, pp. 219-31. Reprinted in Sen [1982 a].

1976b "Liberty, Unanimity and Rights," *Economica*, 43, August, pp. 217-45. Reprinted in Sen [1982 a] (「自由・全員一致・権利」大庭健・川本隆史訳『合理的な愚か者』勁草書房, 1989 年, pp. 36-119).

1976c "Real National Income," *Review of Economic Studies*, 43, pp. 19-39. Reprinted in Sen [1982 a].

1976d "Welfare Inequalities and Rawlsian Axiomatics," *Theory and Dicision*, 7, pp. 243-62.

1977a "Starvation and Exchange Entitlements : A Great Bengal Famine," *Cambridge Journal of Economics*, 1(1), pp. 33-59.

1977b "Rational Fools : A Critique of Behavioural Foundations of Economic Theory," *Philosophy and Public Affairs*, 6, Summer, pp. 317-44. Reprinted in Sen [1982 a] (「合理的な愚か者——経済理論における行動理論的な基礎への批判」大庭健・川本隆史訳『合理的な愚か者』勁草書房 1989 年, pp. 120-67).

1977c "On Weights and Measures : Informational Constraints in Social Welfare Analysis," *Econometrica*, 45, pp. 1539-72. Reprinted in Sen [1982].

1977d "Social Choice Theory : A Re-Examination," *Econometrica*, 45, pp. 53-89.

1979a "Interpersonal Comparisons of Welfare," in M. Boskin ed., *Economics and Human Welfare : Essays in Honor of Tiber Scitovsky*, New York : Academic Press, pp. 183-

201. Reprinted in Sen [1982 a].
1979b "Issues in the Measurement of Poverty," *Scandinavian Journal of Economics*, 81, pp. 285-307.
1979c "Utilitarianism and Welfarism," *Journal of Philosophy*, 76, pp. 463-89.
1979d "Personal Utilities and Public Judgements: Or What's Wrong with Welfare Economics?" *Ecnomic Journal*, 89, pp. 537-58. Reprinted in Sen [1982 a] (「個人の効用と公共の判断——あるいは厚生経済学のどこがまずいのか？」大庭健・川本隆史訳『合理的な愚か者』勁草書房, 1989年, pp. 168-224).
1979e "Informational Analysis of Moral Principles" in R. Harrison ed., *Rational Action : Studies in Philosophy and Social Science*, Cambridge: Cambridge University Press.
1980a "Equality of What?" in S. McMurrin ed., *The Tanner Lectures on Human Values*, Vol. I, Cambridge: Cambridge University Press, pp. 194-220. Reprinted in Sen [1982 a] (「何の平等か？」大庭健・川本隆史訳『合理的な愚か者』勁草書房, 1989年, pp. 225-62).
1980b "Levels of Poverty : Policy and Change," *World Bank Staff Working Papers*, 401.
1980-81 "Plural Utility," *Proceedings of the Aristoterian Society*, 80, pp. 193-215.
1981a "Public Action and the Quality of Life in Developing Countries," *Oxford Bulletin of Economics and Statistics,* 43(4), pp. 287-319.
1981b *Poverty and Famines : An Essay on Entitlement and Deprivation*, Oxford: Clarendon Press (黒崎卓・山崎幸治訳『貧困と飢饉』岩波書店, 2000年).
1981c "Ethical Issues in Income Distribution: National and International," in S. Grassman and E. Lundberg eds., *The World Economic Order : Past and Prospects*, London: Macmillan, pp. 464-94.
1981d "A Positive Concept of Negative Freedom," in E. Morscher and R. Stranzinger eds., *Ethics : Foundations, Problems, and Applications, Proceedings fo the 5th International Wittgenstein Symposium*, Vienna: Holder-Pichler-Tempsky.
1982a *Choice, Welfare and Measurement*, Oxford: Basil Blackwell (大庭健・川本隆史抄訳『合理的な愚か者』 到草書房, 1989年).
1982b "Rights and Agency," *Philosophy and Public Affairs*, 11, pp. 3-39.
1982c "The Right not to be Hungry," in G. Flϕistad ed., *Contemporary Philosophy : A New Survey*, The Hague: Martinus Nijhoff Publishers, pp. 343-60.
1982d "Liberty as Control: An Appraisal," *Midwest Studies in Philosophy*, 7, pp. 207-21.
1983a "The Profit Motive," *Lloyds Bank Review*, 147, January, pp. 1-20. Reprinted in Sen [1984 b].
1983b "Economics and the Family," *Asian Development Review*, 1. Reprinted in Sen [1984 b], pp. 745-62.
1983c "Poor, Relatively Speaking," *Oxford Economic Papers*, 35, pp. 153-69. Reprinted in Sen [1984 b].
1983d "Development: Which Way Now?" *Economic Journal*, 93, December, pp. 745-62 Reprinted in Sen [1984 b].
1983e "Liberty and Social Choice," *Journal of Philosophy*, 80, pp. 5-28.

1983f "Evaluator Relativity and Consequential Evaluation," *Philosophy and Public Affairs*, 12, pp. 113-32.
1983g 「消費と投資の評価について」(高瀬千賀子・田近栄治訳)『アジア経済』24(7), pp. 5-12.
1984a "Family and Food : Sex Bias in Poverty," in Sen [1984 b] .
1984b *Resources, Values and Development*, Cambridge : Massachusetts & London, Harvard University Press.
1985a "Well-being, Agency and Freedom : The Dewey Lectures 1984," *Journal of Philosophy*, 82(4), April, pp. 169-221.
1985b *Commodities and Capabilities*, North-Holland : Elsevire Science Publisher (鈴村興太郎訳『福祉の経済学——財と潜在能力』岩波書店, 1988 年).
1985c "The Moral Standing of the Market," in E. F. Paul, J. Paul and Fred Miller Jr. eds., *Ethics and Economics*, Oxford : Basil Blackwell, pp. 1-19.
1985d "On Project Appraisal", *IDC Forum*, 2.
1985e "A Sociological Approach to the Measurement of Poverty : A Reply to Professor Peter Townsend," *Oxford Economic Papers*, 37, pp. 669-76.
1985f "Rights and Capabilities," in T. Honderrich ed., *Morality and Objectivity : A Tribute to J. L. Mackie*, London : Routledge & Kegan Paul, pp. 130-48.
1985g "Goals, Commitment, and Identity," *Journal of Law, Economics, and Organizations*, 1, pp. 341-55.
1985h "Women, Techonogy and Sexual Divisions," *Trade and Development Report*, 6, New York : United Nations.
1986a "Foundations of Social Choice Theory," in J. Elster and A. Hylland eds., *Foundation of Social Choice Theory*, Cambridge : University Press.
1986b "Rationality, Interest, and Identity," in A. Foxley, S. M. Mcpherson and G. O'Donnell eds., *Development, Democracy and the Art of Trespassing : Essays in Honor of A. O. Hirschman*, Notre Dame : University of Notre Dame Press.
1986c "Information and Invariance in Normative Choice," in W. P. Heller, R. M. Starr and D. A. Starrentt eds., *Social Choice and Public Decision Making : Essays in Honor of Kenneth J. Arrow*, Vol. I, Cambridge : Cambridge University Press, pp. 29-55.
1986d "Welfare Economics and the Real World," *Acceptance Paper : The Frank E. Seidman Distinguishe Award in Political Economy*, Memphis, Tennessee : P. K. Seidman Foundation.
1986e "Social Choice Theory," in K. J. Arrow and M. Intrilligator eds., *Handbook of Mathematical Economics*, Vol. III, Amsterdam : North-Holland, pp. 1079-181.
1986f "Food, Economics, and Entitlements," *WIDER Working Papers*, 1.
1987a *On Ethics and Economics*, Oxford : Blackwell (徳永澄憲・青山治城・松本保美訳『経済学の再生——道徳哲学への回帰』麗澤大学出版会, 2002 年).
1987b *The Standard of Living*, Cambridge : Cambridge University Press.
1987c "Hunger and Entitlemets : Reseach for Action," *WIDER Reseach for Action*.
1988a "Africa and India : What Do We Have to Learn from Each Other ?," in K. J. Arrow ed., *The Balance Between Industry and Agriculture in Economic Development*, Vol. 1 :

Basic Issues, London : Macmillan, pp. 105-37.
1988b "Property and Hunger," *Economics and Philosophy*, 4, pp. 57-68.
1988c "The Concept of Development," in H. B. Chenery and T. N. Srinivasan eds., *Handbook of Development Economics*, Vol. 1, Amsterdam : North-Holland, pp. 9-26.
1988d "Rights as Goals," in S. Guest and A. Milne eds., *Equality and Discrimination : Essays in Freedom and Justice*, Stuttgart : Franz Steiner, pp. 11-25.
1988e "Freedom of Choice : Concept and Content," *European Economic Review*, 32, pp. 269-94.
1989a "Food and Freedom," *World Development*, 17(6), pp. 769-81.
1989b "Economic Methodology : Heterogeneity and Relevance," *Social Research*, 56, pp. 299-329.
1990a "Gender and Cooperative Conflicts," in, I. Tinker ed., *Persistent Inequalities : Women and Development*, New York, Oxford : Oxford University Press, pp. 123-49.
1990b "Individual Freedom as a Social Commitment," *The New York Review of Books*, June, pp. 49-54(川本隆史訳「社会的コミットメントとしての個人の自由」『みすず』1月号, 358, 1991年, pp. 68-87).
1990c "More Than 100 Million Women Are Missing," *The New York Review of Books*, December 20, pp. 61-66(川本隆史訳「一億人以上の女たちの生命が喪われている」『みすず』10月号, 367, 1991年, pp. 2-19).
1990d "Justice : Means versus Freedoms," *Philosophy and Public Aaffairs*, 19, pp. 111-21.
1990e "Welfare, Freedom and Social Choice : A Reply," *Recherches Economiques de Louvain*, 56, pp. 451-85.
1990f "Food, Economics and Entitlements," in Drèze and Sen eds. [1990a], pp. 34-52.
1990g "Development as Capability Expansion," in K. Griffin and J. Knight eds., *Human Development and the International Development Strategy for the 1990s*, United Nations : MacMillan, pp. 41-58.
1991a "Welfare, Preference and Freedom," *Journal of Econometrics*, 50, pp. 15-29.
1991b "On Indexing Primary Goods and Capabilities," *mimeo.*, Harvard University.
1991c "Wars and Femines : On Divisions and Incentives," *DEP*, 33, October.
1992a "Minimal Liberty," *Economica*, 59, pp. 139-59.
1992b *Inequality Reexamined*, Oxford : Oxford University Press(池本幸生・野上裕生・佐藤仁訳『不平等の再検討：潜在能力と自由』岩波書店, 1999年).
1992c "Missing Women," *British Medical Journal*, 304, pp. 587-88.
1992d "Class, Gender and Other Groups," in Sen [1992 b], pp. 117-28.
1993a "On the Darwinian View of Progress," *Population and Development Review*, 19(1), pp. 123-37.
1993b "The Threat to Secular India," *New York Review of Books*, March 11, pp. 26-32. Reprinted in *Social Scientist*, 21(3-4), March-April, pp. 5-23.
1993c "Capability and Well-Being," in M. Nussbaum and A. K. Sen eds. [1993], pp. 30-53.
1993d "India and the West : Our Distortions and Their Consequences," *New Republic*, June, 7, pp. 27-34.

1993e "Markets and Freedom: Achievements and Limitations of the Market Mechanism in Promoting Individual Freedoms," *Oxford Economic Papers*, 45(4), October, pp. 519-41.
1993f "Positional Objectivity," *Philosophy and Public Affairs*, 22, pp. 126-45.
1993g "Sukhamoy Chakravarty: An Appreciation," in K. Basu, M. Majumdar and T. Mitra eds., *Capital, Investmet and Developmet : Essays in Memory of Sukhamoy Chakravarty*, Oxford: Blackwell, pp. xi-xx.
1994a "Freedoms and Needs: An Argument for the Primacy of Political Rights," *The New Republic*, January 10 and 17, pp. 31-38.
1994b "Amiya Kumar Dasgupta(1903-1992)," *Economic Journal*, 106(426)(September, 1994), pp. 1147-1155.
1994c "Well-being, Capability and Public Policy," *Giornale Degli Economisti e Annali di Economia*, 53.
1994d "Markets and the Freedom to Choose," in H. Siebert ed., *The Ethical Foundations of the Market Economy*, Tübingen: J. C. B. Mohr, pp. 123-38
1995a "Rationality and Social Choice," *American Economic Review*, 85, pp. 1-24.
1995b "Demography and Welfare Economics," *Empirica*, 22, pp. 1-21.
1995c "How to Judge Voting Schemes," *Journal of Economic Perspectives*, Winter, 9, pp. 91-98.
1995d "The Political Economy of Targeting," in van de D. Walle and K. Need eds., *Public Spending and the Poor : Theory and Evidence*, Baltimore: The Johns Hopkins University Press, pp. 11-24.
1996a "Social Commitment and Democracy," in P. Barker ed., *Living as Equal*, Oxford: Oxford University Press, pp. 9-38.
1996b "Secularism and its Discontents," K. Basu and S. Subramaniam eds., *Unravelling the Nation : Sectarian Conflicts and India's Secular Identity*, New Delhi: Penguin Books. Reprinted in R. Bhargava ed. *Secularism and its Critics*, Delhi: Oxford University Press, 1998, pp. 454-85.
1996c "On Interpreting India's Past," Asiatic Society, Calcutta. Reprinted in S. Bose and A. Jalal eds., *Nationalism, Democracy and Development*, Delhi: Oxford University Press, 1997, pp. 10-35.
1996d "Health, Inequality and Welfare Economics," *B. G. Kumar Endowment Lecture, 1995*, Thiruvananthapuram, Centre for Development Studies.
1996e "Our Culture, Their Culture: Satyajit Ray and the Art of Universalism," *The New Republic*, April 1, pp. 27-34. Also in *Span*, June-July, 1996 and in *Mainsream*, January 30, 1999, pp. 23-29("Taking Pride in a Pluralistic Society").
1996f "Legal Rights and Moral Rights: Old Questions and New Problems," *Ratio Juris*, 9, pp. 153-67.
1996g "Maximization and The Act of Choice," *Temi di discussione del Servizio Studi*, 270.
1997a *On Economic Inequality*, enlarged edition, Oxford: Clarendon Press (鈴村興太郎・須賀晃一訳『不平等の経済学』東洋経済新報社，2000 年).
1997b "Indian Traditions and the Western Imagination," *Daedalus*, 126(2), pp. 1-26.

1997c "Tagore and his India," *New York Review of Books*, June 26, pp. 55-63.
1997d "Editorial: Human Capital and Human Capability," *World Development*, 25(12), pp. 1959-61.
1997e "Human Rights and Asian Value: What Lee Kuan Yew and Li Peng Don't Understand about Asia," *The New Republic*, July 14-21.
1997f "Objectivity and Position," The Lindley Lecture, Department of Philosophy, University of Kansas.
1997g "Individual Preference as the Basis of Social Choice," in K. J. Arrow, A. K. Sen and K. Suzumura eds., *Social Choice Re-examined*, Vol. 2, London: Macmillan.
1997h "Maximization and the Act of Choice," *Econometrica*, 65, pp. 745-79.
1997i "The Penalties of Unemployment," *Temi di Discussione del Servizio Studi*, 307.
1998a "Indian Development: Lessons and Non-lessons," *Mainstream*, October 24, pp. 11-21.
1998b *Reason before Identity*, Delhi: Oxford University Press（細見和志訳『アイデンティティに先行する理性』関西学院大学出版会，2003年）.
1998c "Mortality as An Indicator of Economic Success and Failure," *Economic Journal*, 108: pp. 1-25.
1998d "Welfare Economics and The Quality of Life: Life Expectancy and Economic Evaluation," *Chung-Hua Series of Lecture by invited Eminent Economists*, 24.
1999a "Democracy and Social Justice," Lecture presented at the Seoul Conference on Democracy, Market Economy and Development on Feb. 26-27（秋山のぞみ訳「民主主義と社会正義」『世界』6月号，pp. 130-47）.
1999b "The Possibility of Social Choice," *American Economic Review*, 89(3), June, pp. 349-78.
1999c "Democracy as a Universal Value," *Journal of Democracy*, 10(3), July, pp. 3-17.
1999d *Development as Freedom*, Oxford: Oxford University Press（石塚雅彦訳『自由と経済開発』日本経済新聞社，2000年）.
1999e "Global Justice: Beyond International Equity," in UNDP(Inge Kaul, Isabelle Grunberg, and Marc Stern eds.), *Global Public Goods: International Cooperation in the 21st Century*, New York, UNDP/Oxford University Press, pp. 116-25 (「グローバルな正義：国際的な公正を越えて」カール・グルンベルク・スターン編（FASID国際開発センター訳）『地球公共財：グローバル時代の新しい課題』日本経済新聞社，1999年の抄訳，pp. 45-54に収録).
1999f "Beyond the Crisis: Development Strategies in Asia," *Asia and Pacific Lecture Series*, 24.
2000a "India through its Calenders," *The Little Magazine*, 1, 1 March(http://www.littlemag.com/2000/sen.htm).
2000b "Work and Rights," *International Labour Review*, 139(2), pp. 119-28.
2000c "East and West: The Reach of Reason," *New York Review of Books*, July 20 (website text).
2000d "Consequential Evaluation and Practical Reason," *Journal of Philosophy*, Volume XCVII, No. 9, September, pp. 477-502.

2000e "India and the Bomb," *Frontline*, September 29, pp. 64-72.
2000f "Tagore and His India," in R. B. Silvers and B. Epstein eds., *India : A Mosaic*, New York : 2000, pp. 53-106
2000g "Merit and Justice," in K. Arrow, S. Bowles and S. Durlauf eds., *Meritocracy and Economic Inequality*, Princeton : Princeton University Press, pp. 5-16.
2000h "Social Exclusion : Concept, Application, and Scrutiny" *Social Development Papers*, 1.
2001a "Symposium on Amartya Sen's Philosophy : 4 Reply," *Economics and Philosophy*, 17(1), pp. 51-56.
2001b "History and Enterprise of Knowledge," *Frontline*, February 2, pp. 86-91.
2001c "Global Doubts as Global Solutions," The Alfred Deakin Lectures 2001, May 15th (http://www.abc.net.au/rn/deakin/).
2001d "If it's Fair, it's Good : 10 Truths about Globalization," *Internaitonal Herald Tribune*, July 14.
2002a "The Right to One's Identity," *Frontline*, January, 18, pp. 63-64.
2002b *Rationality and Freedom*, Cambridge : Belknap Press of Harvard University Press.
2003 "Democracy and Social Justice : The Reach of Public Reason," A Paper prepared for a Symposium on "Publicness Towards The 21st Century : Realizing Sen in Theory and Practice" at Ritsumeikan University, June 2.
2005 *The Argumentative Indian : Writings on Indian History, Culture and Identity*, New York : Allen Lane (佐藤宏・粟屋利江訳『議論好きなインド人——対話と異端の歴史が紡ぐ多文化世界——』明石書店, 2008 年).

Sen, Amartya K. ed.
1970 *Growth Economics*, Harmondsworth : Penguin.

Sen, Amartya K. and B. Williams
1982 " Introduction : Utilitarianism and Beyond," in Sen and Williams eds. [1982], pp. 1-21.

Sen, Amartya K. and B. Williams eds.
1982 *Utilitarianism and Beyond*, Cambridge : Cambridge University Press.

Sen, Amartya K. and P. K. Pattanaik
1969 "Necessary and Sufficient Conditions for Rational Choice under Majority Decision," *Journal of Economic Theory*, 1, pp. 178-202.

Sen, Kshiti Mohan
1950 *Bharate Hindu-Musalamaner Yukta Sadhana* (インドにおけるヒンドゥー・ムスリムによる共同の発願, ベンガル語), Vishwabharati Granthalaya.
1961 *Hinduism,* Pelican Books (中川正生訳『ヒンドゥー教 インド三〇〇〇年の生き方・考え方』講談社, 1999 年).

塩野谷祐一
1984 『価値理念の構造：効用対権利』東洋経済新報社.

Silber, Jacques ed.
1999 *Handbook of Income Inequality Measurement,* London : Kluwer Academic Publishing.

Singer, Peter
  1993   *Practical Ethics*, Second Edition, Cambridge: Cambridge University Press (山内友三郎・塚崎智監訳『実践の倫理（新版）』昭和堂, 1999年).
総合開発機構 編
  1996   『中国経済改革の新展開』NTT出版.
The South Commission (「南」委員会)
  1990   *The Challenge to the South*, Oxford: Oxford University Press (室靖訳『「南」への挑戦』国際開発ジャーナル社, 1992年).
左右田喜一郎
  1922   「価値哲学より観たる生存権論」『左右田喜一郎論文集第2巻 文化価値と極限概念』岩波書店, pp. 3-34 (『国民経済雑誌』25(6), 1918年, 所載同論文訂正).
Srinivasan, T. N.
  1994   "Human Development: A New Paradigm or Reinvention of the Wheel?" *AEA Papers and Proceedings*, 84(2), pp. 238-43.
Subramanian, S. ed.
  1997   *Measurement of Inequality and Poverty*, Delhi: Oxford University Press.
Sugden, Robert
  1985   "Liberty, Preference and Choice," *Economics and Philosophy*, 1, pp. 213-29.
  1993   "Welfare, Resources, and Capabilities: A Review of Inequality Reexamined by Amartya Sen," *Journal of Economic Literature*, 31(4), December, pp. 1947-62.
杉原四郎
  1984   『日本のエコノミスト』日本評論社.
鈴村興太郎
  1978   "On the Consistency of Libertarian Claims," *Review of Economic Studies*, 45, pp. 329-42.
  1979   "A Correction," *Review of Economic Studies*, 46, p. 743.
  1980   "On Distributional Value Judgments and Piecemeal Welfare Criteria," *Economica*, 47, pp. 125-39.
  1982   『経済計画理論』筑摩書房.
  1983   *Rational Choice, Collective Decisions and Social Welfare*, New York: Cambridge University Press.
  1992   「厚生と権利—社会的選択論からのアプローチ」『経済研究』43(1), pp. 39-55.
  1996   「厚生・権利・社会的選択」『経済研究』47(1), pp. 64-79.
  1998   「機能・福祉・潜在能力：センの規範的経済学の基礎概念」『経済研究』49(3), July, pp. 193-203.
  1999   "Paretian Welfare Judgments and Bergsonian Social Choice," *Economic Journal*, 109, pp. 204-20.
鈴村興太郎・後藤玲子
  2001   『アマルティア・セン　経済学と倫理学』実教出版.
鈴村興太郎・須賀晃一
  2000   「訳者あとがき」[Sen 1977a：日本語版訳者あとがき], pp. 279-87.

鈴村興太郎・吉原直毅
 2000 「責任と補償：厚生経済学の新しいパラダイム」『経済研究』 51(2), pp. 162-84.

Svedberg, Peter
 1999a *Poverty and Undernutrition : Theory, Measurement, and Policy,* Oxford : Clarendon Press.
 1999b "841 Million Undernourished ?" *World Development,* 27(12), pp. 2081-98.

高橋基樹
 2001 「書評：アマルティア・セン『貧困と飢饉』」『アフリカ研究』58, pp. 83-84.

高山憲之
 1981 「貧困計測の現段階」『経済研究』32(4), pp. 311-31.

内田義彦
 1981 「河上肇――一つの試論」『作品としての社会科学』V, 岩波書店, pp. 227-344.

United Nations
 2000 *The World's Women 2000 : Trends and Statistics,* New York : United Nations（『世界の女性2000――動向と統計』日本統計協会, 2000）.

UNDP (United Nations Development Program)
 1991 *Human Development Report 1991,* New York : Oxford University Press.
 1999 *Human Development Report 1999,* New York : Oxford University Press（北谷勝秀監修『UNDP人間開発報告書1999――グローバリゼーションと人間開発』国際協力出版会, 1999年）.
 2000 *Human Development Report 2000,* New York : Oxford University Press（横田洋三ほか監修『UNDP人間開発報告書2000――人権と人間開発』国際協力出版会, 2000年）.
 2001 *Human Development Report 2001,* Oxford : Oxford University Press（北谷勝秀監修『UNDP人間開発報告書2001――新技術と人間開発』国際協力出版会, 2001年）.
 2002 *Human Development Report 2002,* Oxford : Oxford University Press（横田洋三ほか監修『UNDP人間開発報告書2002――ガバナンスと人間開発』国際協力出版会, 2002年）.

宇沢弘文
 2000 『社会的共通資本』岩波書店.

Van Hees, Martin
 1999 "Liberalism, Efficiency, and Stability : Some Possibility Results," *Journal of Economic Theory,* 88, pp. 294-309.

Waring, Marilyn
 1988 *If Women Counted : A New Feminist Economics,* San Francisco : Harper Collins（篠塚英子訳『新フェミニスト経済学』東洋経済新報社, 1994年）.

渡辺利夫
 1982 『現代韓国経済分析――開発経済学と現代アジア――』勁草書房.

World Bank
 2000a *The Voices of the Poor : Can Anyone Hear Us ?* Washington D. C. : World Bank.
 2000b *World Development Report 2000/2001 : Attacking Poverty,* New York : Oxford University Press.

山森亮
    1997 「ニード・剥奪・潜在能力」大阪市立大学経済学研究科修士論文.
    2000a 「福祉理論 アマルティア・センの必要概念を中心に」有賀誠・伊藤恭彦・松井暁編『ポスト・リベラリズム——現代の社会的規範理論——』ナカニシヤ出版, pp. 163-79.
    2000b 「貧困・社会政策・絶対性」川本隆史・高橋久一郎編『応用倫理学の転換』ナカニシヤ出版, pp. 140-62.
    2000c 「アマルティア・セン/規範理論/政治経済学」京都大学大学院経済学研究科博士論文.
    2001 「必要と公共圏」『思想』925, pp. 49-63.
    2002 「合理的経済『男』を超えて ——フェミニスト経済学とアマルティア・セン——」久場嬉子編『経済学とジェンダー』明石書店, pp. 75-95.

山崎幸治
    2001 「社会関係資本と効率改善のメカニズム」佐藤寛編『援助と社会関係資本』アジア経済研究所, pp. 35-63.
    1998 「貧困の計測と貧困解消政策」絵所秀紀・山崎幸治編『開発と貧困——貧困の経済分析に向けて——』アジア経済研究所, pp. 73-130.

横山源之助
    1899 『日本の下層社会』教文館より1899年発行. のち岩波書店(岩波文庫)(旧版1949年, 1985年に改版)より刊行.

吉田久一・岡田英己子
    2000 『社会福祉思想史入門』勁草書房.

吉田昌夫
    1997 『東アフリカ社会経済論——タンザニアを中心として——』古今書院.

吉原直毅
    1999 「分配的正義の理論への数理経済学的アプローチ」高増明・松井暁編 『アナリティカル・マルクシズム』ナカニシヤ出版, pp. 152-75.
    2003 「分配的正義の経済理論：責任と補償アプローチ」『経済学研究』(北海道大学経済学部), 第53巻第3号, pp. 373-401.

人名索引

⟨A⟩

足立真理子　178
アクバル，T. al-Din M.(Akbar, T. al-Din M.)　146
ビールーニー，A. R. M. A. (al-Biruni, A. al-Rayhan M. bn Ahmad)　145-46
アリストテレス (Aristoteles)　4, 6, 39
アロー，K. (Arrow, K. J.)　32, 49, 51, 55, 58, 62
朝日穣治　4-6, 9
アトキンソン，A. B. (Atkinson, A. B.)　38

⟨B⟩

バス，K. (Basu, K.)　42
バウアー，P. (Bauer, P.)　47-49
ベッカー，G. (Becker, G.)　177
バーグソン，A. (Bergson, A.)　53, 57
バーリン，I. (Berlin, I.)　13, 15
ベルンホルツ，P. (Bernholz, P.)　82
ビンモア，K. (Binmore, K.)　41
ブラック，D. (Black, D.)　58
ボース，A. (Bose, A.)　136
ボズラップ，E. (Boserup, E.)　171, 175
ボウルズ，S. (Bowles, S.)　40
ブッダ (Buddha)　193-97

⟨D⟩

ダスグプタ，A. K. (Dasgupta, A. K.)　28, 195
ダスグプタ，P. (Dasgupta, Partha)　4, 13
ダスプリモント，C. (d'Aspremont, C.)　60
デワール，A. (de Waal, A.)　160-64, 173
デブ，R. (Deb. R.)　82
デサイ，M. (Desai, M.)　ii, 106
デヴルー，S. (Devereux, S.)　174
ドッブ，M. H. (Dobb, M. H.)　198
ドレーズ，J.(Drèze, J.)　12-13, 22-24, 124-25, 127, 130, 132, 135, 159-60, 163, 170, 174
ドゥオーキン，R. (Dworkin, R.)　80

⟨E⟩

エンゲルス，F. (Engels, F.)　37
絵所秀紀　173
エヴァ (Eva (Colorni, Eva))　28-29

⟨F⟩

フクダ・パー，S. (Fukuda-Parr, S.)　188

⟨G⟩

ガンジー，I. (Gandhi, Indira)　126
ガンディー，M. K.(マハートマー) (Gandhi, M. K. (Mahatma))　138, 147, 149, 152
ゲルデンフォルス，P. (Gärdenfors, P.)　82
ゲルトナー，W. (Gärtner, W.)　68-73, 75
ゲバース，L. (Gevers, L.)　60
ギバード，A. G. (Gibbard, A. G.)　72, 82
ギンティス，H. (Gintis, H.)　40
後藤玲子　ii, 11, 14, 26, 29, 75, 80-81
グトン，J-P. (Gutton, J-P.)　159

⟨H⟩

ハイレ・セラシエ (Haile Selassie Ⅰ)　172
ハモンド，P. J. (Hammond, P. J.)　60, 82
ハク，M. (Haq, M.)　199
ハイエク，F. A. (Hayek, F. A. von)　172
ヘレーロ，G. (Herrero, G.)　80
ハーシュマン，A. O. (Hirschman, A. O.)　28, 122-23
ホッブズ，T. (Hobbes, T.)　46
ハンティントン，S. P. (Huntington, S. P.)　151
ハックスレー，T. H. (Huxley, T. H.)　i

〈 I 〉

池本幸生　9
アイリフ, J. (Iliffe, J.)　156-60, 165
イリイチ, I. (Illich, I.)　201
石川滋　132, 134-35

〈 K 〉

カライ, E. (Kalai, E.)　75
カンブール, R. (Kanbur, R.)　49
加藤周一　146
川本隆史　4, 9-10, 15, 17, 29
ケネディ, J. K. (Kennedy, J. F.)　198
クマール, B. G. (Kumar, B. G.)　162

〈 L 〉

ルイス, W. A. (Lewis, W. A.)　174
ロック, J. (Locke, J.)　46

〈 M 〉

マハラノビス, P. C. (Mahalanobis, P. C.)
　　108, 112, 120, 126
マフマルバフ, M. (Makhmalbaf, M.)　194
マルサス, T. R. (Malthus, T. R.)　163
マムダニ, M. (Mamdani, M.)　171
毛沢東　171, 175
マルクス, K. (Marx, K.)　4, 37, 157
マス・コレル, A. (Mas-Collel, A.)　36
ミル, J. (Mill, James)　145
ミル, J. S. (Mill, John S.)　63-64, 103

〈 N 〉

ネルー, J. (Nehru, J.)　108, 112, 126-27
ネルソン, J. A. (Nelson, J. A.)　178
ノース, D. C. (North, D. C.)　172
ノージック, R. (Nozick, R.)　8, 48, 82
ヌルクセ, R. (Nurkse, R.)　108
ヌスバウム, M. (Nussubaum, M.)　6, 19, 189

〈 O 〉

大江健三郎　i
オスマニ, S. (Osmani, S.)　128, 162-64

〈 P 〉

パタナイク, P. K. (Pattanaik, P. K.)　59, 68-71, 75, 82
ペレグ, B. (Peleg, B.)　82
ピーター, F. (Peter, F.)　181
ペティ, W. (Petty, W.)　39
ポランニー, K. (Polanyi, K.)　40

〈 R 〉

ロールズ, J. (Rawls, J.)　8, 75, 77, 150-51, 172
ラッツォリーニ, L. (Razzolini, L.)　82
ロベインス, I. (Robeyns, I.)　185
ロビンソン, J. V. (Robinson, J. V.)　195-96
ローマー, J. E. (Roemer, J. E.)　9, 80
ルドラ, A. (Rudra, A.)　117

〈 S 〉

サイード, E. (Said, E. W.)　190
作間逸雄　5-6, 22
サミュエルソン, P. A. (Samuelson, P. A.)　49, 53, 57, 196
佐藤仁　6, 28
佐藤宏　22, 25
シュヴァイツアー, A. (Schweitzer, A.)　159
シェーン, アシュトシュ (Sen, Ashutosh)　152
シェーン (セン), K. M. (Sen, Kshiti Mohan)　131, 143-44, 152
塩野谷祐一　6, 17
スミス, A. (Smith, Adam)　4, 38-39, 46, 50, 103, 157
ソロー, R. M. (Solow, R. M.)　196
スラッファー, P. (Sraffa, P.)　196
スティグリッツ, J. E. (Stiglitz, J. E.)　49
須菩提　195-97

サグデン，R. (Sugden, R.)　82
鈴村興太郎　　ii，5，11，14，22，29，68-73，
　　75，81-82
スヴェードベリ，P. (Svedberg, P.)　166-69

〈T〉

タゴール，R. (Tagore, R.)　147，152
高橋基樹　　173

〈U〉

宇沢弘文　　137

〈V〉

ヴァン-ヒース，M. (Van Hees, M.)　82

〈W〉

ワルラス，L. (Walras, L.)　39

〈Y〉

山森亮　　189
吉原直毅　　75，80

事 項 索 引

〈ア 行〉

アフガニスタン　193
ILO →国際労働機関
アイデンティティ　26, 142, 149-51, 191
アジア開発銀行　199
アフリカ　154-75
　カボベルデ　170
　ケニア　173
　ジンバブエ　170
　スーダン　160, 162
　タンザニア　173
　ボツワナ　170
　モザンビーク　160
アフロ・ペシミズム　159, 165
アルカイダ　195
アローの一般不可能性定理　32, 52-53
アローの不可能性定理　51, 54, 57, 60
イスラーム　146, 193
移転感応性　96
移転公理　85-87
医療・教育水準　200
インセンティブ　42, 44
インターリンケージ　118
インド　106-8, 110, 114-15, 121, 124, 126-27, 129-38, 140-48, 150-51, 165, 168-73
　――・エコノミスト　108, 126
　――経済　108
　――経済学　108
　――経済論　107
　――人民党　129-31, 141-43
　――の第2次五カ年計画　108, 112
インパール作戦　198
インフォーマル部門　199
インフラ　162, 167, 170
喪われた女性たち　99
永続可能な発展　202

HDI →人間開発指数
栄養　161, 166-69
　――失調　124, 126
　――状態　84
　――水準　200
エージェンシー　10-14, 20
エージェント　41
NGO　170
FAO →食糧農業機関
援助　159, 168, 170
エンタイトルメント　15-17, 48, 84, 88-90, 101, 106, 118-19, 121-24, 154-56, 160-64, 166, 169, 171-74, 203
　拡大――　164, 166, 174
　交換――　118-20, 122, 124, 128, 156, 161
　食糧――　155, 161, 163-64
　直接的――　156
エンダウメント　119, 123

〈カ 行〉

開発
開発における女性（WID）　199
　――の10年　198
外部性　37, 43, 45
格差原理　75, 77
家族労働　116-18, 204
カルカッタ（コルカタ）　107, 120, 129
環境問題　202
関係性　205, 207
韓国　121-23, 125, 168
完備性　34-37
寛容　144-49
飢餓　89, 91
飢饉　42, 46, 84, 88-90, 118-20, 123-26, 128, 130, 138-39, 155-65, 169-70, 172-74
　エチオピア――　155, 160-62

事項索引　*239*

サヘル―― 155, 161
ダルフール―― 160-62, 173-74
バングラデシュ―― 155
ベンガル――→ベンガル（大）飢饉
帰結主義　17-20, 49, 99
――・功利主義　17-19
技術移転（TT）　199
技術選択　197
機能→ファンクショニング
規範　35
基本的人間ニーズ（BHN）　199
教育　133-37, 142-43, 160, 163
共感　9, 37-38, 41, 50
競争均衡　43, 45
協同活動　133-34, 138
協同組合農業　118
京都議定書　203
協力的な参加　126
協力を含んだ対立　23-25, 170, 184
極論制限性　59
キリスト教　144, 158-59
均衡理論　41
グローバルな正義　26
ケア　188
経済
　――合理性　33-34
　――自由化　127, 130-32, 135, 137, 141
　――人（合理的経済人）　39, 41, 180
　――的な従属関係　201-2, 206
　　規模の――　43
　　小農――　109-10
　　土地豊富――　157-59, 162, 173
経済学
　開発――　106
　新古典派開発――　122
　新古典派――　33, 37, 50, 123, 125-26
　新制度派――　157, 172
　フェミニスト――　177-80
ケイパビリティ　4-9, 15, 19-20, 23, 32, 41, 45-47, 49, 78-79, 83, 89-93, 97-100, 104, 106, 122-26, 151, 154-55, 160, 163-64, 166, 168, 171-72, 174, 201
　――・アプローチ　51, 75, 79
ゲーム
　繰り返し――　36
　最後通牒――　39
ゲーム形式　70, 73-74
　――アプローチ　70, 72-74
ケーララ州　125, 136-37, 168
限界生産力　48
健康状態　84, 91
顕示選好　34-36
権利　6, 19-20
行為主体　182-83
公共活動　21-22, 42, 94, 125-26, 130, 133-34, 136-41, 172
公共財　38
公共支援主導型発展　168
公共政策　121-22, 124-27
厚生経済学　ii, 32, 51-52, 81, 106, 129
　――の基本定理　43
　――の第一定理（直接定理）　43, 45
　――の第二定理（逆定理）　43-44
　新――　52, 60, 62
厚生主義　62, 64, 76, 78
　――的平等理論　77
　――批判　62
　非――　64
構成的多元主義　41-42
公正な資源配分　75
構造主義開発経済学　122-23, 128
構造調整プログラム　127
構築的普遍主義　189-91
公的支援主導保障　23, 49, 93, 125, 133, 136
購買力平価　204
効用　32, 34, 36-37, 125
　――関数　36
　――最大化　36, 37
　――の個人間比較可能性　32
　序数的――　32
効用主義　98

功利主義　17-20, 98, 155
　　──解　76-77
公理的アプローチ　32
合理的経済人→経済人
合理的な愚か者　i, 37-39, 195
公理的方法　83-84, 95-96
国際通貨基金 (IMF)　199
国際労働機関 (ILO)　201
国民会議派（会議派）　132, 141-42
国連開発計画 (UNDP)　13, 20, 92, 198
国連環境開発会議　203
国連教育科学文化機関 (UNESCO)　201
国連食糧農業機関 (FAO)　166-67, 174
互恵　40
　　──性　40
　　強固な──性　40-41
子ども　166-67, 174
コーピング戦略　161-62
コミットメント　9-10, 37-38, 41, 46, 50, 182-83
コミュニタリアニズム　131, 149-51
雇用労働　116
『金剛般若経』　195

〈サ 行〉

差異　185-87
サステナブル・デベロップメント　204
参加型
　　──開発　94
　　──成長　127
　　──発展　133
ジェンダー　106, 136, 143, 156, 165-67, 170, 175, 176-91, 204
市場
　　──経済　33
　　──の効率性　44, 45, 47, 49-50
　　──の機能　42
　　──の不完全性　106
　　──の暴力性　155-56
　　──メカニズム　170
　　政府と──　42

自然淘汰　40
失業　84, 99
　　偽装──　108-10
私的生産の見方　47-48
支配戦略　35-36
指標
　　FGT──　86, 101
　　開発──　202
　　社会経済──　199
資本
　　──財　196
　　──産出比率　197
　　──装備率　196
　　──論争　196
　　土地節約型──　113
　　労働節約型──　113
社会決定関数　60-61, 64, 66, 68, 70, 73
社会厚生関数　52-53, 60
　　アローの──　51, 55-58
　　拡張された──　75
　　功利主義的──　60
　　バーグソン=サミュエルソンの──　53, 57
　　ロールズ型マキシミン──　60
社会選択論　ii, 32, 51, 81, 106, 129, 132
社会的基本財　75, 77, 98
社会的選択　172
社会的動物　36
社会保障　22
　　──の促進的側面　22
　　──の保護的側面　22
シャドウ・プライス　106
ジャーナリズム　124-26
シャンティニケトン　152
自由　44, 49, 84, 90, 101, 106
　　過程としての──　44, 46
　　機会としての──　44-46
　　機会としての──の弱い意味での効率性　45, 47
　　消極的──　8, 13-14, 44
　　選択の──　72-73

選択の――権　69-70
　　積極的――　13-14
　　福祉的――　8, 14, 20
自由主義　44, 64, 66-68
　　――的権利　44-46, 63, 66, 68-69, 71
『自由と経済開発』　i
宗教中立性　148-49
重工業優先開発戦略　112
囚人のジレンマ　35, 41
手段としての価値　169
順位づけされた相対的剝奪　86-87
循環性　207
準順序　96-97, 100
障害の社会モデル　187
小規模農家　116-18
焦点性公理　85
消費財　196
情報　44
　　――的基礎　88, 101, 132
初期所有財　161, 164
職業グループ　120
食糧生産　154-55, 161, 163-64, 166-69, 174-75
所得ギャップ比率　85
所得水準　200
所有権　48
人口　157-59, 162, 165-66, 171, 175
新古典派　121, 123
人体測定学　166-67
人類学　160, 174
推移性　36-37
スリランカ　121-22, 125, 128, 168, 196
生活水準　126
正義　46, 50
生産量極大化規準　111
成人識字率　205
生存維持水準賃金　111
『成長の限界』　204
成長媒介型発展　168
成長媒介保障　23, 49, 93, 125, 136
成長率極大化規準　111

世界銀行　84, 91, 199, 201
世界保健機関 (WHO)　166-67, 201
セキュラリズム　132, 141-42, 147-49
絶対的剝奪　88, 90-91, 95, 102
センコノミクス（セン経済学）　ii, 32
相互依存　180-82
総合農村開発事業 (IRDP)　199
相対的剝奪　88, 91, 95
総和主義　155

〈タ 行〉

多元主義　130-31, 144, 146-47, 149, 151
多数決ルール　59
ただ乗り　38
脱集計化　120, 155, 169
達成　126
WHO →世界保健機関）
多様性　205, 207
タリバン　195
単純なモデル　110, 112, 127
男女格差　84, 99
単谷的選好順序　59
単調性公理　85
単峰的選好　58
　　――順序　59
中国　123-25, 130, 134-35, 165, 168, 170, 175
定義域の普遍性　55
適正技術開発 (AP)　199
デリー大学経済学部 (DSE)　107
『道徳感情論』　39
トリックル・ダウン　125
奴隷　166, 173

〈ナ 行〉

南北問題　199, 202-3
二乗貧困ギャップ指数　87, 101
人間開発指数 (HDI)　92-93, 101-2, 169, 198, 202, 205-7
ネオダーウィニズム　172
ネルー＝マハラノビス開発戦略　126

農家経営調査　115
農業労働者　120

〈ハ 行〉

剝奪　124-25
バーミヤン　193-94
パレート
　——拡張ルール　62
　——原則　32
　——原理　46-47, 49, 52-53, 55, 62, 65, 67-68
　——効率的，——効率性　43, 45, 47
　——最適　43
　——派リベラルの不可能性定理　46
反グローバリズム　i
PHC →プライマリー・ヘルス・ケア
非経済的な社会関係　202
必要　183-84
非独裁制 ND　56
批判的な参加　126
病気　161, 163-64, 167-68, 173-74
平等
　——・不平等　7-8
　——主義解　75
　不——　32, 46-47, 49-50, 94-100, 106
平等論
　基本的ケイパビリティの——　75, 78
　ケイパビリティの——　79-80
　功利主義的——　75-77
　（包括的な）資源の——　80
ビルマ侵攻　198
貧困　7, 32, 50, 83-94, 106, 201, 205
　——ギャップ指数　85
　——削減　121-22, 125
　——者比率　85
　——の絶対的視点　7
　——の相対的視点　7
　——の物的指標　201
　——撲滅戦略　201
　——ライン　85-87, 200
　構造的——　159-60

　状況的——　159-60
　絶対的——　90, 157
　絶対的——層　200
　相対的——　90, 157
貧困指標　84-88, 206
　センの——　86
『貧困と飢饉』　106
ヒンドゥー至上主義　130-31, 141-45, 147, 151, 171
FAD アプローチ　88, 119, 155, 167
ファンクショニング（機能）　2-7, 20-21, 32, 45, 78, 84, 90-93, 97, 99, 100-1
　——・ベクトル　79
フェミニズム　177
仏教　144, 193
プライマリー・ヘルス・ケア（PHC）　199
プロジェクト評価　106
分益小作　118, 120
分解可能性　87, 96
分配的正義論　75
平均余命　205
ベンガル　152
ベンガル（大）飢饉　90, 107, 118-19, 152, 155, 198
法律　164, 174
暴力　162
北伝仏教　194
保健衛生　136-37, 154, 160-63, 167-68, 174
補償原理　52-53
ホモ・エコノミクス　195, 204
ボランティア　207

〈マ 行〉

マイノリティー　191
マスコミ　169
『マハーバーラタ』　196
見えざる手　37, 43
南アジア　151, 154-56, 161, 165-67, 169, 171
『南への挑戦』　202
民主主義　24-25, 106, 124-25, 130-31, 133

事項索引 243

-34, 138-39, 141, 169-70
無関連の対象からの独立性 I　56

〈ヤ　行〉

優位性（優位）　8, 20-21
UNDP →国連開発計画
輸出志向工業化　121
輸入代替戦略　121
UNESCO →国連教育科学文化機関
善き生　78, 90, 92
余剰労働　196
　──力　106

〈ラ　行〉

利己主義　34, 37-38, 50
理性　129, 131, 140, 142, 145-47, 149-51
リベラリズム
　最小限の──（Minimal Liberty）　64
　センの「──」の条件　63
リベラル・パラドックス　180-82
　センの──　62
　パレート・──　63, 65, 67
『倫理学と経済学』　34, 41
レキシミン解　75
ローマ・クラブ　204
ローレンツ曲線　97-98

執筆者紹介 (執筆順，＊は編著者)

野上裕生（のがみ ひろき）
1961年生まれ．一橋大学大学院経済学研究科修士課程修了．元（独立行政法人）日本貿易振興機構アジア経済研究所．「持続可能な人間開発指数の構想」（環境経済・政策学会編『経済発展と環境保全』環境経済・政策学会年報第6号，東洋経済新報社，2001年，pp. 41-54），「開発戦略における計画化と投資配分──モーリス・ドッブの開発経済学再考」（『アジア経済』（小倉武一先生追悼号）44 (5-6)，2003年，pp. 236-51）ほか．[**序章，Column 1, 2**]

＊**山崎幸治**（やまざき こうじ）
1962年生まれ．ウィスコンシン大学 Ph. D(Economics)．現在，神戸大学大学院国際協力研究科教授．『開発と貧困──貧困の経済分析に向けて』（絵所秀紀との共編，アジア経済研究所，1998年），アマルティア・セン『貧困と飢饉』（黒崎卓との共訳，岩波書店，2000年），「職業選択，企業規模分布と経済成長」（『アジア経済』5月号，2000年），「貧困解消政策──1990年代以降の経済研究の成果と展望」（『国際開発研究』11月号，2000年）ほか．[**はしがき，第1章，第Ⅰ，Ⅱ部解説，あとがき**]

吉原直毅（よしはら なおき）
1967年生まれ．一橋大学大学院経済学研究科博士課程修了．博士（経済学）．現在，一橋大学経済研究所教授．『労働搾取の厚生理論序説』（岩波書店，2008年），*Rational Choice and Social Welfare : Theory and Applications* (joint eds with P. Pattanaik, K. Tadenuma and Y. Xu, Springer, 2008)，『マルクスの使いみち』（稲葉振一郎・松尾匡との共著，大田出版，2006年）．[**第2章**]

黒崎 卓（くろさき たかし）
1964年生まれ．スタンフォード大学食糧研究所博士課程修了（Ph. D. 取得）．現在，一橋大学経済研究所教授．『開発のミクロ経済学──理論と応用──』（岩波書店，2001年），『開発経済学──貧困削減へのアプローチ──』（山形辰史との共著，日本評論社，2003年），『教育と経済発展──途上国における貧困削減に向けて──』（大塚啓二郎との共編著，東洋経済新報社，2003年）ほか．[**第3章**]

＊**絵所秀紀**（えしょ ひでき）
1947年生まれ．法政大学大学院社会科学研究科経済学専攻博士課程単位取得．経済学博士．現在，法政大学経済学部教授．『開発の政治経済学』（日本評論社，1997年），『開発経済学とインド』（日本評論社，2002年）ほか．[**はしがき，第4章，あとがき**]

佐藤 宏（さとう ひろし）
1943年生まれ．南アジア研究者．インド・カルカッタ大学人類学部修士課程修了．『インド経済の地域分析』（古今書院，1995年），「インド政治史への政治経済学的アプローチ」堀本武功・広瀬崇子編『叢書現代南アジア3 民主主義へのとりくみ』（東京大学出版会，2002年）ほか．[**第5章**]

臼田雅之（うすだまさゆき）
1944年生まれ．カルカッタ大学大学院インド中世・近代史学科修了（Ph. D. 取得），現在，東海大学文学部教授．「カリガト絵（ポト）の読解から得られるサバルタン世界の景観」（『東海大学紀要文学部』第79輯，2003年，pp. 27-53）モハッシェタ・デビ短編集『ドラウパディー』（丹羽京子との共訳，現代企画室，2003年）ほか．[Column 3]

峯 陽一（みねよういち）
1961年生まれ．京都大学大学院経済学研究科博士課程単位取得．現在，同志社大学大学院グローバル・スタディーズ研究科教授．『南アフリカ――虹の国への歩み』（岩波書店，1996年），『現代アフリカと開発経済学――市場経済の荒波のなかで』（日本評論社，1999年）『憎悪から和解へ――地域紛争を考える』（共編，京都大学学術出版会，2000年）ほか．
[第6章]

山森 亮（やまもりとおる）
1970年生まれ．京都大学大学院経済学研究科博士課程修了．現在，同志社大学経済学部教授．
"Constructive Universalism: Sen and Sensitivity to Difference," *Ethique Economique*, Vol. 1, 2003,
"Redistribution and Recognition: Normative Theories and Political Economy of Welfare States," in Yuichi Shionoya and Kiichiro Yagi eds., *Competition, Trust, and Cooperation: A Comparative Study*, Springer Verlag, 2000 ほか．[第7章]

中村尚司（なかむらひさし）
1938年生まれ．京都大学文学部卒業．農学博士．現在，龍谷大学フェロー．『豊かなアジア，貧しい日本』（学陽書房，1989年），『人びとのアジア』（岩波書店，1994年），『地域自立の経済学 第2版』（日本評論社，1998年）ほか．[第8章]

アマルティア・センの世界
――経済学と開発研究の架橋――

| 2004年5月10日 | 初版第1刷発行 | ＊定価はカバーに |
| 2013年4月15日 | 初版第3刷発行 | 表示してあります |

<table>
<tr><td rowspan="4">編著者の
了解により
検印省略</td><td>編著者</td><td>絵所　秀紀</td></tr>
<tr><td></td><td>山崎　幸治</td></tr>
<tr><td>発行者</td><td>上田　芳樹</td></tr>
<tr><td>印刷者</td><td>林　初彦</td></tr>
</table>

発行所　株式会社　晃洋書房
〒615-0026　京都市右京区西院北矢掛町7番地
電話　075(312)0788番(代)
振替口座　01040-6-32280

© H. Esho, K. Yamazaki, 2004

印刷　㈱太洋社
製本　㈲藤沢製本

ISBN4-7710-1489-2

後藤玲子・P. デュモシュル編／後藤玲子監訳
正 義 へ の 挑 戦
——セン経済学の新地平——

菊判 322頁
定価 3045円

A. B. アトキンソン著／丸谷冷史訳
アトキンソン教授の福祉国家論

（Ⅰ）A 5 判 218頁
定価 2730円
（Ⅱ）近刊

D. C. ノース著／竹下公視訳
制度・制度変化・経済成果

A 5 判 224頁
定価 2625円

S. エッゲルソン著／竹下公視訳
制 度 の 経 済 学

（上）A 5 判 180頁
定価 2100円
（下）A 5 判 262頁
定価 3045円

野尻武敏著
経 済 社 会 思 想 史 の 地 平

A 5 判 256頁
定価 2730円

佐藤 光
カール・ポランニーと金融危機以後の世界

A 5 判 200頁
定価 2310円

川端正久・落合雄彦編
ア フ リ カ と 世 界

A 5 判 440頁
定価 4725円

井野瀬久美惠・北川勝彦編
ア フ リ カ と 帝 国
——コロニアリズム研究の新思考にむけて——

菊判 330頁
定価 3990円

戸田真紀子・三上貴教・勝間靖編
国 際 社 会 を 学 ぶ

A 5 判 270頁
定価 2730円

鈴木龍也・富野暉一郎編
コ モ ン ズ 論 再 考

A 5 判 280頁
定価 3045円

松島泰勝編
民 際 学 の 展 開
——方法論，人権，地域，環境からの視座——

A 5 判 290頁
定価 2940円

晃洋書房